东坡文化研究丛书

苏东坡与宋代生活审美研究专辑

眉山三苏祠博物馆◎主编

世界知识出版社

图书在版编目（CIP）数据

苏东坡与宋代生活审美研究专辑 /眉山三苏祠博物馆主编.— 北京 : 世界知识出版社，2022.11

（苏海漫游——东坡文化研究丛书）

ISBN 978-7-5012-6571-8

Ⅰ. ①苏… Ⅱ. ①眉… Ⅲ. ①苏轼（1036-1101）－人物研究－文集 Ⅳ. ①K825.6-53

中国版本图书馆CIP数据核字（2022）第196894号

书　　名　**苏东坡与宋代生活审美研究专辑**
　　　　　Sudongpo yu Songdai Shenghuo Shenmei Yanjiu Zhuanji

策　　划　席亚兵　苏灵芝
责任编辑　苏灵芝
责任校对　张　琨
责任出版　王勇刚
封面设计　北京麓榕文化

出版发行　世界知识出版社
网　　址　http://www.ishizhi.cn
地址邮编　北京市东城区干面胡同51号（100010）
电　　话　010-65265923（发行）　010-85119023（邮购）
经　　销　新华书店
印　　刷　汇昌印刷（天津）有限公司
开本印张　787×1092毫米　1/16　15印张
字　　数　230千字
版　　次　2022年11月第1版　2022年11月第1次印刷
标准书号　ISBN 978-7-5012-6571-8
定　　价　75.00元

《苏海漫游》序言

宋人李耆卿《文章精义》评韩愈、柳宗元、欧阳修、苏轼之文为："韩如海，柳如泉，欧如澜，苏如潮。"明末清初，吴梅村在《苏长公文集序》改易其说为"韩如潮，欧如澜，柳如江，苏其如海乎！夫观至于海，宇宙第一之大观也"。以海喻苏轼文章博大精深，并盛赞其为宇宙第一大观。苏轼恣游于儒释道三家，对形而上的哲学概念与生命真谛持续追问，又在政治、经济、历史、文学、艺术等众多领域留下丰富言论与创见，甚至于美食、医药、养生、农业、技艺等都表现出充分的兴趣与关注。所以，不唯文章似海，苏轼在各个门类的创造都可以"苏海"称之。

由于"苏海"涯涘无边，褚人获《坚瓠九集》引董遐周语："大苏死去忙不彻，三教九流都扯拽。"任何阶层、流派都能从苏轼那里获得滋养、启迪。也正如王水照、朱刚二位先生合著的《苏轼评传》所言："每一个中国人，若认真省视自己的精神世界，必会发现有不少甚为根本的东西是直接或间接地来自苏轼的（这里指的当然不仅仅是文学观念，而主要是就世界观、人生观而言），称他为中国人'灵魂的工程师'，绝不过分。就此而言，历史上罕有人堪与相比。"千年以来，苏轼在文史、艺术、哲学诸多学术领域都是难以回避的典范人物，光芒闪耀古今。时至今日，每个人、每一个研究者依然能从"苏海"之中汲取一瓢清澈澄亮的水源，获取启沃生命的力量。

古时，祠堂是地方公共文化空间。三苏祠又与一家一姓奉祀先祖的宗族祠堂不同，是文化巨擘三苏父子的故居祠堂，不拘名姓、身份，皆可入祠拜谒参观，其公共性、开放性、文化性更为显著。三苏父子尤其是苏轼留下了皇皇巨著，眉州地方官员于三苏祠主持刊刻三苏诗文集的记载屡屡见之于方志，三苏祠藏版书籍至今依然有数种存世。20 世纪，三苏祠改弦更张，成为眉山三苏祠博物馆，研究、阐释三苏学术、文化对于博物馆而言，更是责无旁贷。有感于此，2017 年，眉山市举办首届“东坡文化国际学术高峰论坛”，此后一年一期，一期一题，延续至今。《苏海漫游——苏东坡与宋代生活审美研究专辑》即为第五届论坛特邀论文汇编，由三苏祠编辑发行，力图从审美文化维度揭示“苏海”波澜壮阔、无边浩瀚的面貌。

“大海洋洋，谁涉其涯?”涉“苏海”之涯，其艰、其难可想而知。但又何必惧怕“苏海”无涯，进一寸有一寸的欢喜。每一本《苏海漫游》论文集不正是进一寸之欢喜吗?

眉山三苏祠博物馆

2022 年 10 月 18 日

目　录
CONTENTS

苏轼的玩好世界：北宋文士审美生活及其范型意义

蔡志伟

摘　要：“玩好”是一个以审美对象、审美介入与趣味判断为基底架构的“物·审美”概念，是中国古人组建审美生活的物质资源与实践途径。以苏轼赏玩文房器物、奇石、书画为例考察显示，北宋文士已将玩好推向了精雅化的发展阶段。面对玩好鉴藏引发的物欲之困，欧阳修和苏轼相继提出节制之与超越之的克服策略。此外，当时文士还将博物与赏鉴相勾连，以谱录写作实现了闲赏知识的公共化传播。精雅化、克服物欲、知识写作分别从正向、逆向、拓展三个维度上，共同促使玩好“二阶层次”获得了历史性的全面展开。这一方面解释了北宋文士审美生活何以具备范型意义，另一方面也对促建更为良性的当代审美生活具有参考价值。

关键词：玩好　精雅化　克服物欲　知识写作　审美生活范型

引　言

“玩好”一语在先秦时即已出现①，存在名词、动词两种用法，是可用于考

本文作者蔡志伟，现为南开大学艺术与美学研究院博士后、助理研究员。主要从事中国美学史、中国艺术史研究。

① 兹举二例为证，《管子·五辅》：“今工以巧矣，而民不足于备用者，其悦在玩好。”见黎翔凤

察中国古代审美生活的原生性概念范畴之一[①]。

关于“玩”,《说文解字注》写道:“玩,弄也。”“弄,玩也。”[②]二字同义相受,故可彼此互见。“弄”的篆书写作“弄”,为双手持玉的象形文字,本意便是把弄、赏玩玉器。据此,可分析、概括出“玩”内含的两个要素:一是“玉”所表征者——审美对象;二是“双手”所表征者——身体感官与审美对象相交互,以当代美学理论表述即是“审美介入”(aesthetic engagement)。

关于“好”,《说文解字注》写道:“好,媄也。”“引申为凡美之称,凡物之好恶;引申为人情之好恶。”[③]由此可知,“好”(hǎo)本指美女,其引申为“好”(hào)时,经历了由人及物、由对象及情感的发展轨迹:由特指女性美扩展为泛指事物美,由意指甄辨事物的善恶美丑延伸为指代之于事物的情感态度。据此,可分析、概括出“好”内含的两个要素:一是本意“美女”所表征者——审美对象;二是引申义“好恶”所表征者——主观评判活动及其相应心理状态,即趣味判断的过程与结果。

通过将“玩”“好”二字的内含要素相叠加,就可得到“玩好”的基底模型:审美对象+审美介入+趣味判断,可简单表述为“物·审美”。其完整囊括了审美活动的主、客双方与活动进程本身,乃是一个描述人与物如何达成审美交互的关系性概念[④]。

只有明晰于此,这样一个看似简单却又最为基本的问题才能获得妥善回答:在中国古代,“玩好”何以如此繁多并且不断扩容,以致横跨器物、自然、艺术

(接上页)《管子校注》,梁运华整理,中华书局,2004,第201页。《韩非子·亡征》:“好宫室台榭陂池,事车服器玩好,罢露百姓,煎靡货财者,可亡也。”见王先慎《韩非子集解》,中华书局,2003,第109页。

① 刘悦笛先生认为:“‘物之维度’,可以说是梳理中国古典‘生活美学’的重要层面。”(《博览群书》2016年第12期,第124页。)尽管“玩好”并非“物之维度”的全部内容,但是不可否认它是其中最为关键的组成部分,亦即中国古代审美生活最为主要的构成形式。

② 段玉裁:《说文解字注》,上海古籍出版社,1981,第16、104页。

③ 同上书,第618页。

④ 部分学者仅将“玩好”视为一个名词性概念,较少在概念定义中体现其动词性用法,这也连带造成了对玩好之物下辖子类的认知偏差。如杨晓山认为:“‘玩好’指生活中的审美精品。”[(美)杨晓山:《私人领域的变形:唐宋诗歌中的园林与玩好》,文韬译,江苏人民出版社,2009,第2页。]乔迅(Jonathan Hay)认为:“玩好之物的概念与现代西方观念下世俗装饰艺术的概念大致相符。”[(美)乔迅:《魅惑的表面:明清的玩好之物》,刘芝华、方慧译,中央编译出版社,2017,第8页。]本文强调“玩好”是一个描述人与物如何达成审美交互的关系性概念,正是为了弥补、纠正过往对其概念认知的不足。

三大审美门类？原因在于，任何一种可为个人实际占有之物，一旦成为“玩好”的对象，就会被冠以“玩好”的名称。也正因此，“玩好”方才成为中国古人组建审美生活的物质资源与实践途径。

回顾中国古代玩好史，先秦、两汉时期，玩好之物主要供于王公贵胄日常享乐及死后陪葬；魏晋、隋唐以来，文士阶层开始逐步取代王公贵胄成为赏玩活动的弄潮儿与引领者。逮至北宋，在文士的主导下，玩好风尚呈现多维度、体系化的完备发展形态。本文旨在以苏轼为中心，勾勒北宋文士玩好风尚的历史轮廓，阐明他们的审美生活何以具备范型意义，并兼论如何在当下利用之。

一、正向维度：赏玩活动的精雅化格局

北宋时期，文士将各式各样的玩好之物以“佳物”“佳玩”（多指代工艺精品）、“奇物”“奇玩”（多指代自然奇珍）、“清玩”“雅玩”（多指代文化艺术品）等词语进行了不甚严格的分类称谓，此乃彼时玩好之风盛行的显著历史表征之一。本节尝试以苏轼赏玩文房器物、奇石、书画为实例与切入点，从中相应提取彼时文士有关“日用佳物”“自然奇物”“艺文清玩”的一般审美模型。这些模型的出现与形成意味着，玩好在当时已走向精雅化发展阶段；以此作为一种正向维度，乃是理解北宋文士审美生活何以具备范型意义的一个重要方面。

（一）日用佳物——以苏轼赏玩文房器物为例

在北宋文士处，文房器物具备两种面向——实用与审美；而就其美之属性来说，则又分为“功能之美”与“外形之美”，并且二者之间存在主次之别。苏轼《书砚》有云：“砚之美，止于滑而发墨，其他皆余事也。”①

在他看来，砚之为砚首先在于能够执行磨墨这一实用功能，而功能优良则构成了“砚之美”的主要方面。与此相对，如砚之色泽、形制、藻饰等虽是更为纯粹的审美对象，但却因与实用功能无关，只能作为“余事”而被置于“砚之美”的次要方面。米芾《砚史》对此曾有详论：“器以用为功……夫如是，则石理发墨为上，色次之，形制工拙又其次。文藻缘饰虽天然，失砚之用。”②如是可知，在赏玩文房器物时，北宋文士普遍持有功能优先的品鉴策略。

① 《苏轼文集》，孔凡礼点校，中华书局，2013，第2237页。

② 苏易简等：《文房四谱》（外十七种），朱博学整理点校，上海书店出版社，2015，第182页。

制作工艺的精湛与否，决定着文房器物的功能实现。因应于此，当时文士颇为注意文房器物的制作之“法”，而苏轼则特别在意制器流程是否因循如“家法”“旧法”“古法”等传统工艺：

宣州诸葛氏，笔擅天下久矣。纵其间不甚佳者，终有家法。（《书诸葛笔》）

近日都下笔皆圆熟少锋……盖制毫太熟使然……惟诸葛氏独守旧法，此又可喜也。（《记都下熟毫》）

系笔当用生毫，笔成，饭甑中蒸之，熟一斗饭乃取出，悬水瓮上数月乃可用，此古法也。（《记古人系笔》）①

这里，传统制笔工艺因之具有独创性、传承性、不惜工本等特质，而被视为产品精良的可靠保证。关于文房制器是否必以传统工艺为准，当时文士概分为守旧和挺新两派②，也有如黄庭坚者在新、旧之间来回游移。他既曾异议过苏轼太过推重制笔“古法”，又曾撰写《墨说》一文教授墨工张雅“古人法”。③

对于北宋文士而言，文房器物的“功能之美”由两部分共同组成。

一是，“功能性状”。苏轼有语：

砚，端溪紫石也，而滑润如玉，杀墨如风。（《书许敬宗砚二首·其二》）

独钱塘程奕所制，有三十年先辈意味，使人作字，不知有笔，亦是一快。（《书钱塘程奕笔》）④

在此，砚顺畅高效的下发墨效果被以“如玉”“如风”喻之。这显示出，功能优良的砚，能为使用者带来完满的使用体验并引发相应的审美观照；反过来说，使用者的审美观照则为砚的功能性状增益了美学属性。要言之，一种“主客”互进式的功能审美交互关系，正发生于文房器物与其使用者之间。而苏轼对使用“程奕笔”的经验描述，则代表着另一种“主客”一体式的功能审美

① 《苏轼文集》，第2232、2233页。

② 有关于此，约与苏轼同时的文士马涓在为友人李孝美《墨谱法式》作序时有所提及。参见苏易简等《文房四谱》（外十七种），第121页。

③ 《景印文渊阁四库全书》第1113册，台湾商务印书馆，1986，第304、594页。

④ 《苏轼文集》，第2239、2233页。

交互关系。笔的趁手消解了其作为工具的原初属性，被使用者作为了肢体的外部延伸，而此人器合一的使用感受则被以“一快”称之。

其二，“功能表征”。苏轼有语：

> 建州北苑凤凰山……山下有石，声如铜铁，作砚之美，如有肤筠然，此殆玉德也。（《书凤咮砚》）
>
> 予曰：“奇茶妙墨皆香，是其德同也。皆坚，是其操同也。譬如贤人君子，妍丑黔晰之不同，其德操韫藏，实无以异。”（《记温公论茶墨》）①

同是赏砚，却与上引《书许敬宗砚》有所不同。《书凤咮砚》有关“砚之美”的比喻，其对象并非是砚在使用之际所展现出的性状，而是与性状相对应的表征；《记温公论茶墨》有关“墨之美”的比喻亦复如是。文房器物的功能表征成为审美对象，根植于赏玩之际的经验性观察、积累与总结。那一时期，兼具鉴、赏双重性质的“试笔”“试墨”“试纸”“试砚”活动在文士间颇为风行。

另需一提的是，正如以上诸则苏轼文房器物题跋所示，比拟法是当时文士较为常用的鉴赏语言，其包括并可分为两种：“以物喻物”——物质性比拟；“以物喻德”“以物喻人”——精神性比拟。

由于北宋文士将文房器物的“外形之美”作为赏玩“余事”，限于篇幅在此不做展开。仅以两则材料表明他们对此亦有颇高要求，并且讲究造型雅致。米芾《书史》记载，好友薛绍彭曾有诗云：“研滴须琉璃，镇纸须金虎，格笔须白玉，研磨须墨古。”②唐积《歙州砚谱》写道：“择取样制古雅者绘之于图，余数名虽多种，状样都俗也，不取。”③

综上所述，北宋文士为文房器物赏玩建立了一套以功能优先为原则，以“功能之美（性状、功能）+外形之美”为构架的审美模型，而“精良”则是一以贯之的趣味标准。苏舜钦尝言：“明窗净几，笔砚纸墨，皆极精良，亦自是人生一乐事。”④事实上，在赏玩如茶及茶具、香及香器等其他“日用佳物”时，文房器物的赏玩原则、模型与标准也同样奏效。即基于工艺之精获得完满的使

---

① 《苏轼文集》，第 2237、2227 页。

② 米芾：《宝章待访录》（外五种），韩雅慧点校，浙江人民美术出版社，2018，第 57 页。

③ 苏易简等：《文房四谱》（外十七种），第 179 页。

④ 《欧阳修全集》，中华书局，2001，第 1977 页。

用经验，并对器物的“功能之美”与“外形之美”展开进一步观照。

（二）自然奇物——以苏轼赏玩奇石为例

清代郑燮有述：“米元章论石，曰瘦，曰皱，曰漏，曰透，可谓尽石之妙矣。东坡又曰：‘石文而丑。’一‘丑’字则石之千态万状皆从此出。”①值得注意的是，“丑”仅是赏石系列语汇之一，另外尚有“怪”与“无用”。同时此三者也并非北宋文士所创，而是出自白居易的奇石诗作。但是正如郑燮之语所示，以苏轼为代表的北宋文士赏石之风对于后世的影响更加深远。其因在于，在他们手中，“怪”“丑”“无用”三者既被用于标识赏石活动的不同层次，又被粘合为一条由观照奇异形式到感悟天道自然的递进线索。

“怪”主要意指奇石的外形，对此的观照是赏石活动的基础层次。苏轼《怪石供》对“怪”曾有如是解说：

> 《禹贡》：“青州有铅、松、怪石。”解者曰：“怪石，石似玉者。”今齐安江上往往得美石，与玉无辨，多红黄白色，其文如人指上螺，精明可爱，虽巧者以意绘画有不能及，岂古所谓“怪石”者耶？凡物之丑好，生于相形，吾未知其果安在也。使世间石皆若此，则今之凡石复为怪矣。②

无论“怪石”是“美”是“丑”，文士以“怪”称之，都意在标识其异于“凡石”的外形。

北宋僧人释契嵩对于“怪石”及其惯常赏玩方式的一番表述更显直白：“世俗所谓怪石者，必以其诡异形状，类乎禽兽人物者也。”③

这表明，时人对于“怪石”的认定与欣赏，大多建立在其“类乎”他物方面。譬如文同有诗题曰：“山堂前庭有奇石数种，其状皆与物形相类，在此久矣，自余始名而诗之。”④在这种联想活动中，奇石的怪貌被文士以天马行空的诗意想象固定下来。

而更为人熟知的米芾四字相石法——“瘦（秀）、皱、漏、透”，一方面反映出当时对于奇石之“怪”的品鉴方式正在经历细化，奇石本身的形式美感愈

① 《郑板桥全集》《板桥题画》，中国书店出版社，1985，第14-15页。

② 《苏轼文集》，第1986页。

③ 《景印文渊阁四库全书》第1091册，第546页。

④ 《景印文渊阁四库全书》第1096册，第634-635页。

加获得关注；另一方面则反映出有关奇石之“怪”的品鉴标准也在变得严苛，此乃赏石之风愈发好异尚奇的鲜明写照。①

如果说“怪”对应着奇石的外形，那么“丑”则既是对此的再度描述，更将有关天人关系的哲理思考引入其中。在苏轼处，奇石之“丑”总与“文”（“石文而丑”）、“好”（“凡物之丑好，生于相形”）亦即“美”（“妍”）相并提。其他文士赏石之际也有此类表述，例如梅尧臣咏刘仲更所藏奇石时写道：“事固无丑好，丑好贵不惑。”②黄庭坚咏蒋彦回所藏奇石时写道：“厌看孔壬面，丑石反成妍。”③这种言说“丑”“美”并无绝对界限、可以相互转换的赏石话语，主要渊源于道家哲学的辩证法，以及庄子对貌丑德高之士的寓言叙写。通过咏赞奇石之“丑”，文士意在反向消解“丑”这一人为划定的负面价值标识，进而体悟“道法自然”“天下一气”的形而上理趣与境界。在此期间，对奇石之“怪”的物态欣赏，正借以对奇石之“丑”的文化言说被转换、提升为一种精神感思。

外形之“怪”仅是构成奇石之“丑”的一个方面，另一方面则是因“怪”而致的“功能貌缺”（looking unfit）——“无用”。苏轼《咏怪石》写道：

> 家有粗险石，植之疏竹轩。人皆喜寻玩，吾独思弃捐。以其无所用，晓夕空嶃然。礁础则甲斮，砥砚乃枯顽。于缴不可碆，以碑不可镌。凡此六用无一取，令人争免长物观。谁知兹石本灵怪，忽从梦中至吾前……子向所称用者六，星罗雹布盈溪山。伤残破碎为世役，虽有小用乌足贤……④

这段“石精”入梦的奇幻情节，戏仿了《庄子·人世间》中散木托梦木匠言说“无用之用”的寓言典故。这则寓言意在说明，功利价值仅为“小用”，汲汲于此就会为物所役、为世所拘；相反，只有领会“无用之用”乃是“大用”，才能促使生命、德行获以周全与涵养。相较于言说奇石之“丑”，体味奇石之“无用”更加具有由物及人的意涵指向，已基本脱离了对象性的物态欣赏，而完全走向了主体性的精神感思。

综上所述，北宋文士为奇石赏玩建立了一套以“怪—丑—无用”为话语，

① 关于“瘦、皱、漏、透”是否有更为深刻的形而上美学意蕴，这里存而不论，持保留态度。
② 《景印文渊阁四库全书》第1099册，第170页。
③ 《景印文渊阁四库全书》第1113册，第64页。
④ 《苏轼全集校注》（诗集），张志烈等校注，河北人民出版社，2010，第5490-5491页。

由观照奇异形式到感悟天道自然为递进线索的审美模型。当时文士在赏玩园艺植物、珍禽异兽等其他“自然奇物”时，也总体显示出与此相同的方式理路，即初始于好异尚奇的形式趣味，进而跃升为感悟天人关系的精神文化思辨。

（三）艺文清玩——以苏轼赏玩书画为例

苏轼在《书吴道子画后》中对过往千年的文化艺术进程曾有一番论断：

> 君子之于学，百工之于技，自三代历汉至唐而备矣。故诗至于杜子美，文至于韩退之，书至于颜鲁公，画至于吴道子，而古今之变，天下之能事毕矣。①

在他看来，时至唐代，文化艺术发展已臻完备，即便此后仍有发展空间，但却只能是对前代成就的延续与分述。由此论调可见，一种以“崇古”为表征的“古—今”意识正萦绕于他的心头。因应于此，“古—今”成为苏轼与同代文士鉴赏书画之际的话语中心之一。

苏轼不少书画题跋皆以“古法—新意”作为品评概念：

> 颜鲁公书雄秀独出，一变古法。如杜子美诗，格力天纵，奄有汉魏晋宋以来风流，后之作者殆难复措手。柳少师书本出于颜，而能自出新意，一字百金非虚语也。（《书唐氏六家书后》）
>
> 道子，画圣也。出新意于法度之中，寄妙理于豪放之外，盖谓游刃余地，运斤成风者耶？（《跋吴道子地狱变相》）
>
> 汉杰此山，不古不今，稍出新意。（《又跋汉杰画山二首》）②

以上所谓“古法”包含三个递进层次：一是形式层面的经典程式，此乃书画作品品质的底线保障。譬如苏轼评价范宽画作时说：“稍存古法，然微有俗气。”③即便画作近俗，却也因存“古法”而获得肯定。二是体用层面的内理范式，此乃对经典程式的消化吸收。譬如苏轼评价蔡襄飞白书时说：“物一理也，通其意，则无适而不可。”④即把通晓“理”作为掌握“法”的更高阶段。三是

① 《苏轼文集》，第 2210 页。

② 同上书，第 2206-2207、2213、2216 页。

③ 《苏轼文集》，第 2216 页。

④ 同上书，第 2181 页。

可供生发的无尽资源，此是“古法”的最高价值，亦即“新意”的源头活水。苏轼认为，在形式、体用两个层面“游刃有余”地把握、贯通“古法”时，书画家的个人风貌与作品创新性就会自然显露出来。黄庭坚《次韵子瞻和子由观韩干马因论伯时画天马》也曾写道：“李侯一顾叹绝足，领略古法生新奇。”①

实际上，书画品评的“古—今”框架早在晋唐时期就已建立。但是不可否认，该框架在以苏轼为代表的北宋文士手中获得了更进一步的细化与完善。这主要表现在“古—今”由与“质—妍”相联系的风格概念，进一步演进为一种内涵书画创作基本规律的三层次品评机制。

如果说“古法—新意”是居于审美创造一端建立的品评机制，那么以苏轼为代表的一批文士宣称书画鉴赏应当超离形迹，则是立足审美接受一端提出的品评路径，此为当时文士鉴赏书画之际的又一话语中心。苏轼曾言：

> 予尝论书，以谓钟、王之迹，萧散简远，妙在笔画之外。（《书黄子思诗集后》）
>
> 观士人画，如阅天下马，取其意气所到，乃若画工，往往只取鞭策皮毛槽枥刍秣，无一点俊发，看数尺许便倦。（《又跋汉杰画山二首》）②

在沈括、黄庭坚等其他文士那里，“妙在笔画之外”“取其意气所到”之论还被以“书画之妙，当以神会”③、“凡书画当观韵”④等表述之。这些文士认为，书画作品的形式因素与意蕴传达之间存在一种张力，甚至悖论，即后者必然依托前者诉诸表达，但是无论在创作还是在欣赏中，过度着眼前者都将会对后者构成阻碍。由于书画作品以传情达意为最终旨趣，故而需对形式持以一种超越态度。

就某种程度而言，正是以这种强调超离形迹的鉴赏路径为基础，苏轼等文士方才推出了书画意蕴观照的两大重要主题。一是“以书观人”。苏轼《跋钱君倚书遗教经》写道：“钱公虽不学书，然观其书，知其为挺然忠信礼义人也。”⑤二是“诗画一律”。苏轼《书摩诘蓝田烟雨图》写道：“味摩诘之诗，诗中有

① 《景印文渊阁四库全书》第1113册，第19页。

② 《苏轼文集》，第2124、2216页。

③ 《景印文渊阁四库全书》第862册，第798页。

④ 《景印文渊阁四库全书》第1113册，第284页。

⑤ 《苏轼文集》，第2186页。

画。观摩诘之画，画中有诗。”①

而与这种富于超越态度的书画鉴赏路径互为呼应的是，欧阳修、苏轼、黄庭坚等人都明确将书画创作视为一种“聊以自娱”的日常休闲活动，提出了“学书为乐”②“墨戏”③等立场与说法。其中心要义在于，将书画创作语境从艺术领域转移至生活领域，亦即作为填补日常空闲时间的有效方式。并将其乐旨所在从享受最终结果——功利性的艺术成就感，转向享受过程经验——非功利性的艺术完满感。

综上所述，北宋文士为书画赏玩建立了一套以“古—今”框架为品评机制、以超离形迹为品评路径、以艺术日常生活化为活动旨趣的审美模式。而其中显示的两大核心观念——崇古意识与超越态度，则同样存在于他们对琴器琴音、金石碑拓等其他“艺文清玩”的赏玩活动之中。

上述以苏轼赏玩文房器物、奇石、书画为例的考察显示，北宋文士已为“日用佳物”“自然奇物”“艺文清玩”的赏玩活动，各自建构了一套有主题性、有层次性、话语井然的审美模型。当时文士的赏玩活动不仅显示出门类健全、品类丰富、话语自觉的“精致化”态势，而且还贯穿着“雅致化”——“区隔性”追求，即通过对玩好的物质性掌握与精神性谋划，形塑并彰显自身独特的社会文化身份。正是基于“精雅化”的玩好格局，他们以之营构的审美生活方才透发出一种精致风雅的整体面貌格调。

二、逆向维度：物欲问题的反思与化解——从欧阳修到苏轼

意味深长的是，玩好在具备组建审美生活这一正面意义的同时，却又因与物欲相纠缠而呈现负面意义。历朝历代，《尚书》所载“玩物丧志”的劝诫故事言犹在耳，过度沉溺赏玩活动素被视为一种道德伦理问题——“君子役物，小人役于物”。

逮至北宋，道学家们对之进行了再阐发。“尧夫（邵雍）尝言：‘能物物，则我为物之人也，不能物物，则我为物之物也。’”程颐《四箴》则将此进一步表述为：“知诱物化，遂失其正。”④这里，物欲不再仅是一种道德伦理问题，

---

① 《苏轼文集》，第 2209 页。

② 《欧阳修全集》，第 1977 页。

③ 《景印文渊阁四库全书》第 1113 册，第 7-8 页。

④ 程颢、程颐：《二程集》，王孝渔点校，中华书局，2019，第 211 页。

更是一种个体生命问题，意味着人丧失了之于物的主体性与自由意志。

然而与此形成反差的是，当时文士在玩好上却普遍付出相当多的经济花销与身心投入。苏轼就曾自述："仆少时好书画、笔砚之类如好声色。壮大渐知自笑，至老无复此病。昨日见张君卵石砚，辄复萌此意，卒以剑易之。既得之，亦复何益，乃知习气难尽除也。"①无论是为应对道德质疑，还是基于个体生命考量，如何克服玩好引发的物欲之困，都已成为一个亟待文士思考的文化课题。

当时有的文士认为，只要在玩好鉴藏的数量方面加以控制，就能使之显示出恰当性，如杨杰《屏石谣赠郭功父》就写道："争如夫君一胜百，得此自足无伤廉。"②有的文士还认为，通过以物易物而非钱物交易的方式开展玩好鉴藏，也可使该项活动显得合理与正当，如米芾《画史》曾声称："书画不可论价，士人难以货取，所以通书画博易，自是雅致。"③但是严格来说，这些策略无异掩耳盗铃，并未正视、更未解决玩好引发的物欲之困。

真正为此提供解决之道的是欧阳修与苏轼。前者宣称应当"一赏而足""简其所欲"，后者则说应当"游于物之外""寓意于物"。作为一种"逆向维度"，他们对玩好鉴藏中物欲问题的反思与化解，乃是理解北宋文士审美生活何以具备范型意义的另一重要方面。

庆历六年（1046年），欧阳修知任滁州。某日，他在友人的陪伴下寻访了曾为南吴将领刘金置于园中的一组奇石，作有《菱溪石记》。该文末尾写道：

> 夫物之奇者，弃没于幽远则可惜，置之耳目，则爱者不免取之而去……其（刘金）平生志意，岂不伟哉。及其后世，荒堙零落，至于子孙泯没而无闻，况欲长有此石乎？用此可为富贵者之戒。而好奇之士闻此石者，可以一赏而足，何必取而去也哉。④

"赏"而"取"之的反复出现，实为物欲的逐步养成。在此期间，"赏"将渐次屈从于"取"，丧失掉无功利的自由属性，转而为功利性的外在索求所异化。正因于此，欧阳修方才指出应当"一赏而足"，避免物欲对审美活动纯然状态的扭曲与戕害。

---

① 苏易简等：《文房四谱》（外十七种），第227页。
② 《景印文渊阁四库全书》第1099册，第693页。
③ 米芾：《宝章待访录》（外五种），第85页。
④ 《欧阳修全集》，第579页。

然于任何一位文士而言，“一赏而足”的赏玩境界都因太过理想化而缺乏可操作性。欧阳修亦明此理，故此还曾提出一种更为切实的物欲应对方案。其题跋《唐李德裕平泉草木记》时写道：

> 盖泊然无欲，而祸福不能动，其利害不能诱，此鬼谷之术所不能为者，圣贤之高致也；其次，简其所欲，不溺于所好，斯可矣。若德裕者，处富贵招权利，而好奇贪得之心不已。至或疲弊精神于草木，斯其所以败也。①

这里，欧阳修将对“欲”的掌控能力分为高、中、低三等，指出即使无法臻于“泊然无欲”，也绝不能任凭“欲”的驱使，沦为“好奇贪得之心不已”之辈。倘若如此，既有违道德，更“疲弊精神”，全然背离了愉悦身心的赏玩初衷。切实且正确的办法是“简其所欲”，对“欲”自觉节制，以免“溺于所好”。

从文化理路来看，欧阳修的“简其所欲”主要承袭了儒家之于感官欲望的观念态度。在孟、荀二贤那里，感官欲望一方面被视为“性也”②，“人情之不免也”③；另一方面则又强调应当对之加以有效控制，否则就会“蔽于物”④，“为物倾侧”⑤。应当看到，正是由于“欲”被限制于有限尺度之内，“一赏而足”之“足”方才存在可能，一种享受“足”而非困于“欲”的自得之乐才能获得实现，以欧公名言概述即是——“足吾所好，玩而老焉可也”⑥。

作为欧阳修的后辈，苏轼在前半生中基本是以前者之论，来规范并指导自己或友人的玩好鉴藏活动。治平四年（1067 年），他在将价值一万贯的吴道子画作送入寺院为亡父做功德时言及，书画藏品本就聚散无常，应当摒弃求若不及、唯恐失之的世俗态度。（《四菩萨阁记》）⑦熙宁五年（1072 年），他在为友人张次诚墨宝堂作记时谈到，嗜好琴棋书画虽不同于嗜好声色之物，但也需要自觉节制“足以移人”的占有之“欲”。⑧同年年末，他在为友人孙觉墨妙亭作记时表示，金石藏品虽难朽却必朽，企图以易朽之亭保护必朽之金石抑或可谓

---

① 《欧阳修全集》，第 2285 页。
② 《孟子注疏》，孙奭疏，北京大学出版社，1999，第 393 页。
③ 《荀子集解》，沈啸寰、王星贤点校，中华书局，1988，第 211 页。
④ 《孟子注疏》，第 314 页。
⑤ 《荀子集解》，第 102 页。
⑥ 《欧阳修全集》，第 600 页。
⑦ 《苏轼文集》，第 385-386 页。
⑧ 同上书，第 357-358 页。

“不知命也”。①

就某种程度而言，“一赏而足”“简其所欲”尽管已对玩好鉴藏中的物欲问题进行了自觉反思与化解工作，但是仍未彻底根除“欲”的存在及其对“赏”的扭曲与戕害。迟至熙宁八年（1075 年），随着《超然台记》问世，苏轼为该问题的进一步解决提供了一种世界观指导：

> 人之所欲无穷，而物之可以足吾欲者有尽。美恶之辨战乎中，而去取之择交乎前，则可乐者常少，而可悲者常多。是谓求祸而辞福。夫求祸而辞福，岂人之情也哉。物有以盖之矣。彼游于物之内，而不游于物之外。②

这里并未如欧阳修一般，以受控与否或强弱程度，将“欲”分为可正当存在者和不正当存在者两种。而是指出只要是“欲”就无法通过“物”获得满足，并且必然在二者的对立中生出“悲”与“祸”。也就是说，“欲”对“乐”“福”的负面作用，并不因其量层面的不同而产生出质层面的区别。在这种意义上，欧阳修的物欲应对方案虽正确无误，但却有局限性。而苏轼的“游于物之外”则力图从质层面反思、化解物欲问题。他认为可以通过在心物间设置“恰当距离”，即一种既与物相连又与之相离的能动行为模式，促使人在物面前始终葆有主体性与自由意志，从而根本摆脱“欲”这一主体产物对主体自身的反向控制。

两年之后的熙宁十年（1077 年），苏轼将“游于物之外”的世界观正式应用到玩好鉴藏领域，其在为王诜题写《宝绘堂记》时有论：

> 君子可以寓意于物，而不可以留意于物。寓意于物，虽微物足以为乐，虽尤物不足以为病。留意于物，虽微物足以为病，虽尤物不足以为乐……凡物之可喜，足以悦人而不足以移人者，莫若书与画。然至其留意而不释，则其祸有不可胜言者。③

在句式表达上，苏轼“君子可以寓意于物，而不可以留意于物”之说套用了传统儒家“君子役物，小人役于物”一语。但就文化理路而言，他并未借鉴儒家处理感官欲望的观念态度，而是根植于道家的“游”观——所谓“寓”就

① 《苏轼文集》，第 354-355 页。

② 同上书，第 351 页。

③ 《苏轼文集》，第 356 页。

是指保持心物之间的“恰当距离”，以及主体之于客体的能动与自由。另外，这一命题还吸收了某些禅学思想。苏轼在回拒王诜借观“仇池石”时曾说：“定心无一物，法乐胜五欲。”①又于《寄吴德仁兼简陈季常》一诗写道：“平生寓物不留物，在家学得忘家禅。”②如果说欧阳修的“一赏而足”“简其所欲”，旨在以物欲的自觉节制将赏玩活动引向良性轨道，那么苏轼的“游于物之外”“寓意于物”则是对此的再度推进，意图以超越物欲的更高方式推动赏玩活动获得合法性与恰当性。

历史地看，“玩物丧志”这一令人纠结的“道德伦理—个体生命”疑难，是在欧阳修与苏轼手中方才获得反思与化解。而这一疑难的反思与化解，则凸显着北宋文士审美生活的历史性贡献与价值。

三、拓展维度：谱录写作与闲赏知识的公共化传播

《四库全书总目》有述：

> 宋以后则一切赏心娱目之具，无不勒有成编，图籍于是始众焉。今于其专明一事一物者，皆别为谱录。③

作为中国古代博物之学④的专门载体，谱录概于周代就已问世，迄至唐代一直平稳增长，进入北宋以后猛然增多。⑤一如引文所述，谱录在北宋时走向兴盛，乃与玩好风尚直接相关。⑥随着汉唐以来博物之学的志怪色彩以及“士大夫子弟皆以博涉为贵，不肯专儒”⑦的文化倾向获得扬弃与矫正，其被北宋文士作为一种业余学问——欧阳修《博物说》宣称“博物尤难，然非君子本务”⑧，而与闲赏兴趣结合起来，故此出现了大量以玩好之物为对象、兼具知识研究鉴赏

---

① 《苏轼全集校注》（诗集），第4137页。

② 同上书，第2814页。

③ 《景印文渊阁四库全书》第3册，第660-661页。

④ 关于中国古代博物之学的基本性质，学界目前尚未形成一致认知。这里采纳余欣先生的相关定性意见：“是指关于物象（外部事物）以及人与物关系的整体认知、研究范式与心智体验的集合。”见余欣《中古异相：写本时代的学术、信仰与社会》，上海古籍出版社，2015，第10页。

⑤ 参见李志远《谱录考略》，苏州大学出版社，2003，第6-11页。

⑥ 当代学者对此亦有阐发，参见王莹《宋代谱录的勃兴与名物审美的新境界》，《郑州大学学报》（哲学社会科学版）2014年第5期，第113-116页。

⑦ 《景印文渊阁四库全书》第848册《颜氏家训》，第954页。

⑧ 《欧阳修全集》，第1969页。

指南双重性质的谱录著作。

苏轼曾应邀为沈立《牡丹谱》撰写序文，还曾为黄儒《品茶要录》题写后记，赞之“寓之于茶”“以高韵辅精理”①，并亲自写了篇短小的饮馔谱录《东坡酒经》。毫不夸张地说，闲赏谱录的方兴未艾既是北宋玩好风尚的相应产物，更推动着闲赏知识的公共化传播，使其受用人群从文士扩展至所有“好事者”，这是理解彼时文士审美生活何以具备范型意义的一种重要“拓展维度”。

虽然北宋文士的闲赏谱录写作并无固定格式，但是仍可归纳他们获取、呈现、表达闲赏知识的三种主要智性模件。

一、史料与见闻相交织的获取方式模件。其中有的撰写者偏重史料汇编，如苏易简《文房四谱》即为“检寻前志，并耳目所及、交知所载者”编撰而成；有的撰写者则注重耳目实见，如米芾《书史》《画史》《砚史》就是基于“平生目历”②“平生所观”③“目击自收经用者”④；亦有史料、见闻并重者，如周师厚《洛阳花木记》便综合了“耳目之所闻见”与“三贤（唐李德裕、宋范尚书、欧阳修所撰花谱）所录者”⑤。

二、文字与图像相配合的呈现方式模件。当时的闲赏谱录尽管并非皆为“图谱”形式，但是仍有不少文士希望通过图文并茂的呈现方式达到更好的传播效果，例如刘攽《芍药谱·序》声称：“因次序为谱三十一种，皆使画工图写，以示未尝见者使知之，其尝见者固以吾言为信矣。”⑥李元膺在为李孝美《墨谱法式》写序时言及：“有言所不能载者，则见之图画。”⑦尤值一提的是，兼容“考古”“玩古”二义的金石谱录，基本皆使用着图文并茂的呈现方式，以更好地服务于古文字、器物学的研究及鉴赏活动。

三、局域考辨或品类细化的表达方式模件。“局域考辨”是指针对某一地区的某种玩好之物，或是某种玩好之物的不同地域特性进行分析与记述。前者以花谱、茶谱，如欧阳修《洛阳牡丹记》、宋子安《东溪试茶录》等为代表；后者以文房谱录，如欧阳修《砚谱》、米芾《砚史》等为代表，欧、米二人之作

① 《苏轼文集》，第2067页。

② 米芾：《宝章待访录》（外五种）《书史》，第23页。

③ 同上书，第65页。

④ 苏易简等：《文房四谱》（外十七种），第55页。

⑤ 欧阳修等：《洛阳牡丹记》（外十三种），王云整理点校，上海书店出版社，2015，第109页。

⑥ 《景印文渊阁四库全书》第935册，第55页。

⑦ 苏易简等：《文房四谱》（外十七种），第122页。

皆使用了“产地—特征—功能”这一相同的行文程式。“品类细化”是将某种玩好之物分品级或分类别加以记述，如王观《扬州芍药谱》将当地芍药分为七个品级进行载录，刘道醇《圣朝名画评》则将所载画家画作按科分类后再置于九个品级之中。总的来说，“局域考辨”与“品类细化”虽形式不同，但都指向对玩好之物的精细化记载。

闲赏谱录的核心旨趣是说明如何赏玩——发表“品评”或“品第”意见，而这一切的基础则是制订“品方案”。从具备典型意义的北宋闲赏谱录“品方案”来看，其通常由“细则—步骤”共同构成。例如蔡襄《茶谱》制订了“茶色贵白”“茶有真香”“茶味主于甘滑”①的品茶方案；米芾《砚史》制订了“石理发墨为上，色次之，形制工拙又其次”②的品砚方案；刘蒙《刘氏菊谱》制订了“先黄、后白、再紫”“先色与香，而后态”③的品菊方案；刘道醇《圣朝名画评》制订了以“六要”为核心，“先观其气象，后定其去就，次根其意，终求其理”④的品画方案。概言之，文士在闲赏谱录中制订“品方案”的实质与目标是，将个人鉴赏经验条理化成可为他人所认同与应用的公共知识文化资源。这从当时不少闲赏谱录序言载有“以俟博物之君子”“必不见嗤于赏鉴之士”等语可获佐证。

基于三种智性模件并且提供“品方案”的北宋闲赏谱录，一方面是文士赏玩活动的知识化成果，在审美生活领域形塑着他们“博物君子”的风雅文化形象；另一方面也推动了各类鉴赏知识的社会化普及，这在文化传播层面间接促使文士审美生活样式成为其他社会阶层的效法对象。另外，正因北宋文士撰写了诸多“专明一事一物者”的闲赏谱录，南宋以降、延至明清方才出现了以赵希鹄《洞天清录》、高濂《燕闲清赏笺》、文震亨《长物志》等为代表的“杂家类”综合性闲赏谱录。

四、作为范型：北宋文士审美生活的历史地位及其当下反思

中唐至宋，中国社会形态发生了一次重要转型。学者曾将之喻为“旧局面”

① 蔡襄等：《茶录》（外十种），唐晓云整理点校，上海书店出版社，2015，第11-12页。

② 苏易简等：《文房四谱》（外十七种），第182页。

③ 范成大等：《范村梅谱》（外十二种），刘向培整理点校，上海书店出版社，2015，第276页。

④ 卢辅圣编《中国书画全书》（一），上海书画出版社，1993，第446页。

与“新局面”的历史交替[①]，并认为“为宋人之所造就”[②]的社会形态“直至20世纪初都是中国的典型文化”[③]。仅就这一时期社会整体的文化气质而言，汉唐之际崇尚事功的宏阔风貌，已为追求闲适自足的内敛韵致取而代之。文士群体虽然依旧怀揣天下之志，但是与之形成张力关系的是，将自我价值实现置于日常生活领域已然成为一种普遍意识。

在这一过程中，玩好扮演着重要角色。北宋文士李元膺有云：

> 夫君子之观人，不必于其大者。得其平居言笑之余，以及其所玩好，而足以窥见其所存。[④]

在当时文士那里，玩好不仅是组建审美生活的物质资源与实践途径，更被作为一种文化意符用于自我指涉及其外在形塑，并与园林一道构造出了一方“私人领域”[⑤]，调和着他们内心“进取—退隐”的二元矛盾与现实诉求。苏轼在《灵壁张氏园亭记》中就曾写道：“开门而出仕，则跬步市朝之上，闭门而归隐，则俯仰山林之下。于以养生治性，行义求志，无适而不可。”[⑥]而这种闲适自足的生活样态，在后世则被奉为审美生活的经典范型。

这里无意从思想文化角度对北宋文士审美生活的范型意义作出进一步阐释，而是选择立足当时文士的赏玩实践，说明他们营构的审美生活为何能既面向物质性享受又容纳精神性追求，此乃其被视为范型的关键所在。

引文部分指出，作为一个“物·审美”概念，“玩好”是以身体感官对可为个人实际占有的审美对象进行审美介入及趣味判断。然则须知，这仅是“玩

---

① 陈寅恪：《金明馆丛稿初编》《论韩愈》，三联书店，2001，第332页。

② 《严复集》第三册《与熊纯如书》（五十二），中华书局，1986，第668页。

③ （美）费正清、赖肖尔：《中国：传统与变革》，陈仲丹等译，江苏人民出版社，1992，第118页。

④ 苏易简等：《文房四谱》（外十七种），第122-123页。

⑤ “私人领域”（private sphere）是美国学者宇文所安（Stephen Owen）为探讨中唐以降文士园林生活空间所设立的概念，其指出这一生活空间需要文士不断宣告溢余（surplus）才能获得维护。（参见（美）宇文所安《机智与私人生活》，《中国“中世纪”的终结：中唐文学文化论集》，陈引驰、陈磊译，三联书店，2014，第70-90页。）杨晓山随后对此进行了延伸讨论，认为这一生活空间具有占有（possession）、独特性（singularity）、展示（display）和游戏（playfulness）四种基本属性。（参见（美）杨晓山《私人领域的变形：唐宋诗歌中的园林与玩好》，文韬译，江苏人民出版社，2009，第207-216页。）

⑥ 《苏轼文集》，第369页。

好”的基底形态，亦即仅指明了人与物之间物质性的审美交互关系。“玩”“好”二字自先秦起就另有意涵与精神活动相关联，如《易传》所谓：“所乐而玩者，爻之辞也。”①《论语》所谓：“敏而好学，不耻下问。”②这是“玩”“好”之意的再度扩展。诚然，玩爻辞、好学问并非“玩好”，但这并不妨碍将“玩”“好”二字的精神活动意涵，作为“玩好”先验的有机组成部分看待。就此而言，“玩好”原初就具备一种“二阶层次”——物质性层次与精神性层次，其历史逻辑的自我展开实则就是这一“二阶层次”的渐次实现。

概览中国古代玩好史，玩好在先秦、两汉时尚处于其“二阶层次”的第一阶段——物质性层次，多被王公贵胄作为日常享乐之资与社会地位的象征之物。逮至魏晋，随着文士的不断参与，不仅其“二阶层次”的第一阶段得到继续开发，第二阶段——精神性层次也开始被提上日程。而在北宋文士手中，玩好的“二阶层次”则得以深化并展开完毕。其路径及标志有三，即本文所述之三维度：正向维度——赏玩活动的精雅化格局，逆向维度——物欲问题的反思与化解，拓展维度——谱录写作与闲赏知识的公共化传播。

从上文对苏轼赏玩文房器物、奇石、书法的实例解析可见，当时文士一方面从物质性层次，为赏玩“日用佳物”的功能与形式、“自然奇物”的自然美构成、“艺文清玩”的艺术美呈现厘定了一系列品鉴话语；另一方面又从精神性层次，将玩好之物的物态形式与自身独具的文化视野相黏合，进而以之转喻、负载、传达某些特定的观念内容。这种对于赏玩活动的正向建构——精雅化发展，无疑将促使玩好“二阶层次”的历史逻辑获得全面展开。

值得注意的是，玩好“二阶层次”本身存在着一种内在张力。第一阶段的物质性层次——感官的愉悦与满足，既是玩好的基底，又与第二阶段的精神性层次——心灵的投射与滋养构成矛盾对立，或曰在一定程度上对之构成阻碍。这种张力如若未经调和，将致使赏玩者一直沿着玩好的基底逻辑，亦即其物质性层次进行活动。准此，赏玩者必将陷入物欲之困，丧失之于物的主体性与自由意志，而玩好则也将无缘精神性层次的更高阶段发展。如前所述，“玩物丧志”的历史疑难，直到欧阳修、苏轼那里才得到真正意义的反思与化解。由于他们提出的解决方案，为克服物欲提供了思想智慧与操作办法，因此也就调和了玩好“二阶层次”的内在张力，以扬弃第一阶段的方式成全了第二阶段的凸

① 周振甫：《周易译注》，中华书局，2013，第245页。

② 杨伯峻：《论语译注》，中华书局，2006，第52页。

显。与北宋文士对玩好的正向建构——精雅化发展相比照及配合，对物欲问题的反思与化解作为一种逆向建构，同样推动着玩好“二阶层次”的历史逻辑获得全面展开。

从正、逆两个维度实现玩好“二阶层次”的历史逻辑展开完毕，已足能使北宋文士以之营构的审美生活具备范型意义。然而在此之外，当时文士还以闲赏谱录写作为玩好“二阶层次”的历史逻辑展开增添了一种拓展维度。物质性的鉴赏活动，被以一种特殊的精神性方式——知识写作凝结起来。在这种意义上，北宋时期兼具知识研究、鉴赏指南双重性质的谱录著作的大量涌现，不妨可视为玩好“二阶层次”的历史逻辑展开完毕的一个特殊时代注脚。

如今，每当提及北宋文士玩好风尚及其审美生活，人们总会以清雅、风雅等词描述之。学者则阐述道“把握‘玩’是理解宋人艺术的一个关键。但是这‘玩’不是一般的玩，而是一种以胸襟为凭借，以修养为基础的‘玩’”①，“它是随兴而发、兴趣盎然、摒弃外务、沉滓心情而又精神高度集中的一种心境”②。这里意欲指出，今人之所以有如是种种印象与认知，其根源就在于北宋文士完整开发了玩好的“二阶层次”。雅的风貌、超越色彩乃是通过物质性层次与精神性层次的双重操作所交织缩结而成的。

平心而论，当代要比北宋更具玩物的流行风潮，也更具审美生活的普遍态势。按照费瑟斯通（Featherstone）之论，我们已处于“艺术的亚文化”“将生活转化为艺术作品的谋划”以及“迅捷的符号与影像之流”的裹挟之下。③既然我们的日常生活已经审美化了，那么触摸已成过往的北宋文士审美生活究竟有何当代意义？

不少人都声称，北宋文士审美生活为当代人树立了一种有书卷气、格调高雅、富有中国传统文化底蕴的审美生活风格典范。然而值得注意的是，仅从风格样态上将之作为一种范型加以效仿，即便确是一条可行路径，但却未免有些不合时宜。

立足社会学视角，在北宋文士那里，玩好实为一种发挥“聚集和分隔作用”的“审美配置”。而经此形成的审美生活风格样态，则相应具备并彰显出“区

---

① 张法：《中国美学史》，四川人民出版社，2006，第173页。

② 潘立勇、陆庆祥：《宋代美学的休闲旨趣与境界》，《浙江大学学报》（人文社会科学版）2013年第3期，第148页。

③ （英）费瑟斯通：《消费文化与后现代主义》，刘精明译，译林出版社，2000，第95-98页。

隔”（distinction）属性。如将这种携带“区隔”属性的审美生活风格样态视为范型而推崇之，显然与当代生活美学面向普罗大众的基本立场相抵牾。退而言之，由于文士阶层及其身处的社会语境早已消失，因此由他们所创造的审美生活风格样态虽可作为历史而被铭记，但却无法、也不必要被我们在当代语境中亦步亦趋地再度复现。

窃以为，作为范型，北宋文士审美生活的当代价值不在其外部的风格样态上，而在其内部理路——玩好“二阶层次”的展开与利用方面。现今多数情况下，我们依赖于商品消费来组建日常生活及其审美形态，而这将使享受者变为“官能性的人”。鲍德里亚（Baurdrillard）指出：“我们生活在物的时代：我是说，我们根据它们的结构和不断替代的现实而生活着。”“物以全套或整套的形式组成……并引起消费者对惰性的制约：他逻辑性从一个商品走向另一个商品。”[①]以玩好“二阶层次”为参照，这种当代审美生活可以说正倒退且徘徊于第一阶段的物质性层次，人之于物的主体性与自由意志也正在此消失殆尽。补充一句，当仅仅从风格样态上再度复现北宋文士审美生活时，我们就会陷入那种“全套或整套”的雅物商品圈套之中。

正是在应对这一消费社会语境下的当代审美生活困境方面，由北宋文士所完备建构的玩好“二阶层次”体现出了范型意义。它的正向维度提醒我们，审美生活虽以物的感官享受为基底构成，但却也可将之提升至精神性的观照与体验层面。它的逆向维度提醒我们，应当时刻警惕物欲泛滥，需以对于物欲的节制或超越，保持人在与物形成审美交互关系时始终处于一种不为物役的自由状态之中。至于它的拓展维度则鼓励我们，尤其是生活美学学者，对当代审美之物进行知识性的归纳与梳理。一言以蔽之，作为北宋文士营构审美生活的内部理路，玩好“二阶层次”之于当代具有如是价值意义：在现实生活中借助与物达成物质性、精神性双重审美交互关系，完成个体生命和生存环境的自主性建构及指涉活动。这将为我们走出消费社会困局，将审美生活推向更为良性的发展轨道，提供一种不唯一却行之有效的往昔助益。

---

① （法）鲍德里亚：《消费社会》，刘成富、全志刚译，南京大学出版社，2017，第2-4页。

美石与丑石

谷　泉

摘　要：中国赏石，多提美石与丑石。但何为美石，何为丑石，未有明确界定。其背后的人文逻辑，更是扑朔迷离。

关键词：美石　丑石　苏轼

苏轼爱说丑石（《题李伯时画赵景仁琴鹤图二首》《题王晋卿画后》）。但何为丑石，他未做解释。郑燮有一段文字可做参考："米元章论石，曰瘦、曰皱、曰漏、曰透，可谓尽石之妙矣。东坡又曰：'石文而丑。'一'丑'字则石之千态万状，皆从此出。彼元章但知好之为好，而不知陋劣之中有至好也。东坡胸次，其造化之炉冶乎。"（《郑板桥集》）郑燮拿"米芾所论"与"苏轼又曰"比较：将苏轼认定的石头，定义为丑石；米芾认定的石头，也就是瘦、皱、漏、透的石头，定义为美石；并且丑石胜过美石。

美石是中国赏石的主要风格。以太湖石和灵璧石为代表的花石纲遗石、明清园林、大量宫廷绘画实例，都呈现这种风格。今天中国赏石界推崇的、大家手里把玩、口中叨念的，也是这种美石。可大家多提丑石，少提美石；提丑石时，又往往选择瘦、皱、漏、透的石头配图，甚至瘦、皱、漏、透、丑连读。说明大多数人喜欢丑石概念，认可丑这个字，更好地传递石头审美，以及文化的精髓。他们选择瘦、皱、漏、透的石头，作为丑石概念视觉的具体呈现，再

本文作者谷泉，现为中国艺术研究院美术研究所副研究员。主要研究方向为美术理论与工艺文化，出版专著《大地艺术》，译著《茶书》《侘寂》。

确定它们，最能够代表中国赏石的审美。

丑石，首先不是瘦、皱、漏、透的石头。我们看，瘦、皱、漏、透四字，全部是关于石头造型的。北宋提到重要的石头，只说造型——并不是石质、颜色、产地、声音、尺度、重量等其他因素不重要，而是重要到不需要提及。这与之前丰厚的石头文化积淀有关。所以，丑石，不是瘦、皱、漏、透的石头，也不是石质、颜色、产地、声音、尺度、重量等其他因素出众的石头。苏轼有大量关于赏石、画石的文字传世，是文人画思想重要的开创者。参照他所留的各种信息，我们可以推测出，所谓丑石，就是那些将它们放在自然当中，仍然是平淡无奇、普普通通的石头。

稍微有点常识的人，都会知道，自然并无美丑。美丑是人为创造的。美石、丑石，都有深深的人文烙印。在这个问题上，中西方观念泾渭分明。钻石，是西方美石的代表。它的价值，主要在于物质上的稀少。中国美石，以灵璧石、太湖石之类的碳酸钙成分的石头为代表，产量巨大。它们的价值，更来自审美的稀少。

自古以来，中国人热衷山水崇拜。美石是其中重要的道具。历朝历代，中国人花费大量人力物力，通过美石，堆积桃花源一般的存在，进而加强社会统治。担当分配社会资源的凭证，自然不会是那些取之不竭的普通石头。于是乎，中国人发明了一种奇怪的逻辑，从未经加工就跻身礼器的美石，到最终定型的那种头大腰细的石头，也就是不自然的自然，仍然是自然。反正，在石头的世界里，统统来自自然。大家默许了操控石头的“天子”，是天人沟通的合法中介。人文自然获得某种改造世界的权力。

以石头为主体的人文自然的建立，是国家景观不可缺少的一部分。不仅石头是美好的象征，与石头相关的园林、建筑、工艺、书画等，共同组成缜密的、顽固的、无懈可击的整体。在这个统治逻辑里，石头审美的种种可能，已经被推高到一个狭隘、极端、抽象和唯美的境地。一块美石，是自然物，也是礼器——合法的象征、政治的稳定器，并且弥漫着永恒不变的历史感。古代没有CCTV（中央电视台）强化文化统一性，必须要靠艺术，伟大的创造力，耗费巨大的社会资源，极力地推广以及对异己的严厉打击。长此以往，中国的审美越来越依赖身份、地位、金钱等，也就是“美不再是事物本身，而是来自事物的附加值”，甚而越扭曲变形越美丽动人。

因为审美没有客观评价的标准，依赖感性的文学修养和“世界观”，加上利用审美加强统治的需要过于强烈，又天然拒绝数字化，美石世界同样具有威胁性。营造艮岳，运输美石的费资无数，贵到令人咋舌。花石纲导致国家的衰败，就是典型例证。后世心有余悸，不敢再以国家名义运送美石，却又从未轻言放弃。统治阶级心知肚明，美石对于宗社安危的意义，其他很难替代。它最后变成一种理念的继承，不再执着于具体的条条框框——清代皇家园林当中，依然遍布这种典型的、传统审美的石头，但它们基本来自本地，还将选择变成加工——自然的美石也可以被石雕所代替。

北宋，无疑是创造活力爆棚的时代。诸多艺术门类，都在此时达到高峰。集大成与另辟蹊径，一并生发。有美石，就有丑石。抛开美的附加值，普通石头是不是一样可以成为艺术的对象？这种抽象的思辨，只有文化修养极高的人才能做到——就是面对普通事物，引发出不普通的哲学思考，重新确认自我与世界的关系，甚至对某种秩序进行自我校正。发现创造契机的，一定不是权力实际的掌握者或者普通百姓，只有中国的文人群体会重视这样的问题。他们掌握文化资源，拥有一定的社会权力，又不是统治阶级和彻底的被统治阶级，夹缝中，有建立属于自己审美风格的内在需求。

他们意识到，普通石头也是非凡世界的一部分。大家不应该为了稀少的石头，耗费巨大的社会资源。关于美好世界的想象，就是想象，若是必须支付高昂的成本，则需要提出反对的意见。或者，至少在艺术创造领域，有必要跳脱美石那具体、沉重、确定、固化的存在，置身不确定、开放、多变、自由的状况。投入自然，投入万变，投入无限，放下与利益的万般纠缠，才会有一些个体发展的空间。瘦、皱、漏、透的石头，太过完美和典型化，几乎没有什么机会，可以让自我价值得到张扬。石头的美与丑、好和坏、贵同贱，不应该由人为的附加值所决定。意识萌发的生命，没有理由被某种固定选项框定，即使它看上去最好、最美。

眼见统治阶级将石头当作分配社会资源的凭证，文人士大夫忍不住也要行使自己的文化优势。虽然，他们并没有指望创造获得些许胜利，却仍要奋力发出自己的声音，哪怕呕心沥血。丑字的提出，陋劣之中有至好，胸次、造化、千态万状皆从此出，无用至用，不正是苏轼这样拥有伟大人格的人物所思所想吗？可文明的脆弱，一次次证明，没有约束的生活只能是永久的梦想。不错，遵循美石的审美，被严格规训，强调至高无上、唯一不二，以及事实上的禁锢，却成为国家的基石；遵循丑石的审美，则是一种不知后果的实验，发散性、自由、失败，还有众人皆醉我独醒的快意，迎来同好寥寥。

吊诡的是，前者是一种丧失自我，后者也是一种丧失自我。美石与丑石，在这一点上，居然殊途同归。那还是要感谢石头——这种事事万变、包孕万物的物质。芸芸众石，单一也好，多元也罢，都是无限中的有限，大的小，远的近，皆为幻觉。它们都是为了确定人类存在的意义而创造的产品，与真实自然间隔了比从地球到月球还要遥远的距离。这也是中国人为什么选择石头建立生存哲学的理由。

于是，权力机关负责景观建设——艮岳，文人集团负责心理建设——延绵不绝的文化传统。他们（它们）既对立，也互补，或者更确切地说，是表面对立，本质互补。美石与丑石，形成极大张力。两极相互发力，保证了国家在石头文化上的完整性。一条明线，一条暗线。明线是耗费巨大社会资源的国家象征，暗线是都寄托自己的文化理想，以自我的价值观比拟普通却永恒的自然物。统治阶级主导的与被统治阶级喜悦的，常常和文化人所感所悟大相径庭。为社稷谋略的山石景观与为文化延续的山水心态并非完全重叠。但改朝换代频繁发生，政治制度、文化传统、利用美石的手段，则全无改变。

可看了那么多美石，丑石在哪里？它们难道就是野外的石头，不能进入人文世界，尤其不能以物理的方式进入？还是那些普通石头，也可以被大家欣赏，成为艺术吗？遗憾的是，作为观赏对象的丑石，我们实在难以遇见。或许，这是因为丑石原本就是为了让好奇者找寻，不是提供答案的。它拒绝被精致化、进入室内、抽取凡骨，以及最为关键的、统领视觉的中心——丑石，只能远观，不能亵玩。既然中国石的很多问题在精神层面上早已解决，又何必让它们以实物面目，浪荡风尘。

相比中国全力保有张力，较少打破平衡不同，日本好像没有这种负担。他们将缺乏物质化的丑石创造落地。枯山水选择的，一概为普通石头。它们实在太过寻常，却一副独立出尘的凛然姿态，也与逸品的思维能万般匹配。近些年，枯山水风靡大江南北，但未有一处给我留下深刻印象。不要说瘦、皱、漏、透这样造型奇特、罕见的石头不行，就是石质尚佳者也不行。其中一个失败之处，恰恰是石头选得太好。美石，是放不进枯山水里面的——毕竟，美石不枯。稍微优秀的例证，是贝聿铭在苏州博物馆经营的一道山水剪影。石头是差了一些，境界却上来了。那依然是董源江南画意，一个二维半的复刻，与丑石关系不大。它还是美。

大家如果有机会到日本京都龙安寺，坐在木制台阶上，静静地看着那些灰突突的石头就好。不要听信那些解说，也不要寻思能领悟什么混沌初开的奥秘。那些石头，无非随便摆摆的，并没有什么特别的机巧。道理很简单：只要把握石头的真相，怎么摆弄，统统合乎自然之道。自然的山山水水，亿万年的和合无常，哪里重复、刻意、流露出讨好人类的半点欲望——终究，丑石不媚。自然辽阔远大，自然不应该拘囿于人类狭小的空间，成为那些短暂生命活动场所的装饰品。这才是她的本来面目，才是自然一分子的人类，内心为什么要接纳自然的本因。否则，都是拼凑的虚假与矫饰，处处精雕细刻，还要冠名于自然，却无时无刻不拒人于千里之外。

但这并不代表丑石在中国销声匿迹。一方面，中国实在是疆域广大。热爱自然的人，完全可以摒弃“城市山林”，投身真正的林泉高致。另一方面，相同内容，换成其他载体，别有洞天，也未尝可知。就好比画，同为具体物，画是以二维展示三维的存在，到底隔了一层。画中石的物质感，无论如何，不会强于实物。失去重量的精神性，与失去精神的重量感，还是有诸多差异。美石与丑石的讨论，因此移步绘画。再有，宋代之后，绘画是持续保持高度创造活力的艺术门类之一，始终有高水平的作品问世。两两相比，赏石就弱化很多。好像在苏东坡思考的瞬间，气象实际已戛然而止。后人多是追赶，难以超越。更有斥责堕落，也不无道理。

山水画的正式确立，同样依赖图像背后的人文信息支撑。一木、一石，只有成为某种特定意味的符号，才可能在纸绢上成立。不然，这样一种无从与自然一一对应的、程式化的语言，又怎能让观画者感受群山巍巍、清风扑面。山水画出现极晚。五代、北宋的大山大水，之所以快速耸立，统统来自国家秩序的视觉表达。郭熙总结得明明白白：“山水先理会大山，名为主峰。主峰已定，方作以次，近者、远者、小者、大者，以其一境主之于此，故曰主峰，如君臣上下也。林石先理会大松，名为宗老。宗老意定，方作以次，杂窠、小卉、女萝、碎石，以其一山表之于此，故曰宗老，如君子小人也。”（《林泉高致集》）君臣上下、君子小人，这样的山水，也就是美石。反过来看，美石也是这样的山水画。美石，就用一块石头，以单一形象，代表着山水画中所有的形象，挑战“山水画里面有山、有石、有云、有水，还有树木、道路，以及总是小小的点景人物”。美石，毋庸置疑，有复杂的人文内涵加持，造型也必须扭曲、变形到不自然。

大家都觉得范宽的《溪山行旅图》、郭熙的《早春图》，夺取自然之神，是对山水最好地再现。但全体统一口径，不再产生分歧，既回避了这样的山水与真实自然差距甚大这一事实，还直接被惯性思维带偏——人们看见的，都是他们想看见的——而忽视了真实自然传递过来的各种信息。所以，“论画以形似，见与儿童邻”（《书鄢陵王主簿所画折枝二首其一》）。什么是“形似”？是绘画中的形象与现实中被描绘对象，彼此对应吗？是，又不是。是，是观看者看见绘画中的形象，自然联系现实中被描绘的对象。不是，是绘画中的形象，是现实中被描绘对象的艺术表现。两者不具备对等关系。观看者觉得像，是绘画形象背后的人文信息被读取的能力，已经到了众所周知的程度。这也可以解释为，观看者以习惯观察绘画，对绘画信息的读取是有局限的。

传为苏轼所作《枯木怪石图》《潇湘竹石图卷》，画的就是普通石头，即为丑石。他将目光聚焦在普通石头上，远离国家秩序的宏伟景致。不是吗？着眼微小，你就会发现同样一个大千世界自然万物不同，处处不同。而且，普通石头没有被世俗价值所框定，可匹配文人画对于笔墨韵味的追求。灵动、飘逸的线条，萧散简远、古雅淡泊的意境，并不那么适合描绘美石。对形式亦步亦趋地描绘，只会降低品质的要求，于石头、于绘画，均属无益。反倒是丑石，与笔墨纸砚、线条韵味、个人修养、审美取向高度融洽。它们通常简单、生涩、浑圆、厚重，未染美石撩人之姿。画家们通过书法运笔，写出石头的大意，并且传达出简率蕴藉、朴拙生动的内在气质，真正做到有为而作，“出新意于法度之中，寄妙理于豪放之外”（《经进东坡文集事略》）。

苏轼写道：“虽然常形之失，止于所失，而不能病其全。若常理之不当，则举废之矣。以其形之无常，是以其理不可不谨也。”（《净因院画记》）他认为绘画需讲求常理。常理可视之为意气，存在于象外，是脱离物象本身，生发于内心。绘画，理当画意不画形。看他画中的石头，仅仅通过笔墨，就统一了内容和形式。而美石空有形式，内容却需要主流文化填充。一言以蔽之，美石强调群体认同，是建立文化共同体的手段之一；丑石则标新立异，青睐自我认同。因此，在文人画之中，丑石取代美石，是自我对石头资源意识的一次净化。不是之前没有树石题材，而是没有如此突出；而且不再搬运美石的样貌，正是文人以石头，寄托精神情怀的典范。

200 年之后的赵孟頫，遥接苏轼衣钵，更加潇洒率意。他描绘了大量的竹石题材，真正树立了文人画石的典范。《秀石疏林图》为其代表作。画中大石以飞白之笔写出，横涂竖抹，似断实续，疏松秀逸，通天达地。自题诗“石如飞白木如籀，写竹还与八法通，若也有人能会此，方知书画本来同”，堪称书画同源最好的注脚。赵孟頫讲得清楚，丑石是绘画重要的表现对象。文人画家已经意识到，他们需要主动拒绝超乎常态的、不自然的自然。因为只有这样，他们的艺术才能够上接古人，联系上自然才能摆脱那鲜花铺就、理所应当的审美的绝路。

文人画随后蔚然成风。在那些个性突出的文人画家笔下，绘画不再是浮在纸面上的形象，而是与材料合二为一，与人合二为一，与人的情绪合二为一，也不再是脱离个体色彩的、一个只知道追随共同逻辑的视觉再现。也就是到了倪瓒那代人手里，普通石头的画法，可以画成山水，或全景，或一角，均与过往不同。也或许与排斥儒学知识分子的时局合拍，那是画给自己的画，与人近，与人性近。它们自然不属于重大题材创作，少了振臂高呼的亢奋，却在疏离与异己的一河两岸间，洋溢着一种坚定的人生信念。神品之上，还留下逸品的位置。丑石，大概归于逸品。倪瓒的山水才是中国的枯山水啊！

创造，是艺术最闪耀的核心。从苏轼，到赵孟頫，到黄公望，到倪瓒，他们所创造的视觉成就向内、向深、向自我、向广大延伸。在无穷无尽的石头中，拣起一块石头，说，这个就代表中国。他们做到了。那就是符合瘦、皱、漏、透标准的美石。一旦回答了“什么是石头”，就把握了石头的真相。两者沟通无碍，媒介是开放的。从心所欲，圆融无碍——美石是美石；丑石也是美石；其他木块、煤渣、铜渣、陶瓷，抑或塑料、玻璃，都是石头，都是美石。石头，可以是任何事物。美石，可以是任何事物。但是，有石、无石、独美、众美，也会被降格，沦陷虚无。程式化的艺术，怎么都会堆砌出千里江山。它的意义又在哪里？

又300年，原本的新鲜变得陈旧。董其昌试图扭转乾坤，使以线条表现为主的披麻皴，打败了以块面表现为主的斧劈皴，成为绘画石头的最大赢家。像“儒生”一样，对于石头的描绘，被赋予柔、清、润、秀的一面，舍弃刚、露、劲、健的另外一面。石头的画法，自此具有了道德，而与中国画的道德浑然一体，就像王原祁所言：“画之有董巨，犹吾儒之有孔颜也。”（《麓台题画稿》）当然，这种道德观念并非为全体民众所奉行。但这正好从反面说明了教养的重要。有教养的人，决不会以利害人。

董其昌以强大的儒家力量主导绘画，将道家、禅宗的成就吸纳。“崇南抑北”，让丑石成为三教合流的视觉典范——它是禅石、道石，更是儒石。美石与丑石，以及它们背后的人文逻辑，不再泾渭分明。艺术因为实验性而来的锐利，也会因为合法性失去锐利。与苏轼、赵孟頫、倪瓒着眼创新的突破不同，董其昌通过消解创新的方式创新，手段相当干练。追随其脚步的四僧、四王，在美石与丑石问题上，夺人眼球的顶多是绘画风格的差异。“一超直入如来地”（《证道歌》），等于跳不出如来佛的手掌心。看看文人画之后的发展路径，以及中国石全盘美石的思路，实在要赞叹董其昌是经世致用的高手，处理历史问题的老狐狸。

不是吗？苏州明清园林的那些石头，还是当时地主阶级对统治阶层审美认同的具体例证。所谓的文人园林，早已是权力化、资源化、风格化与僵硬化。如果苛求其中还蕴含一点点文人气息的话，就是在它们荒废之际。知识分子面对文化衰败时的无力感，往往激荡最强烈的情绪触动。残垣断壁，枯枝败柳，无可挽回的颓势，带来一种彻底的解脱感。一旦它们被修整完毕，重新开门迎客，莺莺燕燕，游人如织，则又是回到逻辑自洽的那条老路。

放眼望去，21 世纪的中国，“疯狂的石头”依旧天天上演——翡翠白菜、救星石、双凤石、语录石；还有各地现代摩崖，公司门前硕大无朋的泰山石，被商业机构虚假作价几十倍的“某某至宝”，挑战吉尼斯纪录的“最大的字”。只是一块石头罢了，却与政治、经济、文化等时空背景盘根错节、纠缠不清，直至愈发茁壮，有恃无恐。农夫耕氓沉浸在混沌之中，自诩是传统文化忠实的践行者。他们不断从祖先的创造里汲取能量，即使后者久久寡淡无味，依旧对之报以强烈的信仰。这也是它的魅力——一旦能够带来世俗利益，自然物一样是“丑陋的”。

现在流行的画石头的画家，以工细笔法描绘石头，美石仍是首选。倘若参照自然的石头，他们大概就不会画了吧；或者画出来的，就是欧洲写实油画的毛笔、宣纸版。那“论画以形似，见与儿童邻”里面的“形似”，放在这里，是写实还是写意呢？这个问题，就交给读者自行判断。美石的确漂亮，可是美石属于谁，谁又是美石的最终获益者？美石仅仅美丽，还是源自蕴含深刻的人文成就？他们大概没有想过这些，或者早已深思熟虑。驾轻就熟于消费市场，就是在消费这些意淫权力的想象力。一众人等，还沾沾自喜，干着美事，却用了丑字。

不出意外，这些画家手里的赏石，也还是以瘦、漏、皱、透为主。标榜文人画的作品当中，一样有很多针对美石的描绘，或者是介于其间，含糊莫辨。

审美的选择，带有集体无意识的明显痕迹。当美石在赏石圈占主流的时候，大家就遵循那个主流；当美石在中国画中占主流的时候，大家就遵循那个主流；当丑石在文人画中崭露头角的时候，大家就遵循这个主流……哪有高人逸才，能够保持冷静的头脑，对此提出异议，甚至实践具有挑战意味的、新的审美创见。郑燮那么强调丑石，他笔端的石头仍旧秀美，说明创造是最难的。

中国人爱谈文人艺术，视其为高雅。确实，与宫廷艺术使用昂贵材料且作品的意义在于政治相比，文人艺术不使用昂贵材料且作品的意义在于文化。看着一富贵一清白，两者皆擅长过度技艺。也就是说，技艺的使用，与材料成本、设计、制作、流通、买卖、使用、损坏等，超过了合适的比例关系。文人艺术，看着不使用昂贵材料，但并不表示成本低廉。这主要是因为中国古代奉行文官制度，文人集团并不以挑战宫廷为职责。而且，文化资源并非是人人共享。标签文人的他们，有思想、有创造，行动精于算计，又绝不极端。大多数文人擅长描绘的，每每是纸上江山。在某种意义上，文人艺术乃宫廷艺术的变体，或者说是能量消耗较少的一种轻型版本。

从败国石，到败家石，它们反复证明，高能耗的审美不可持续。但哪怕战战兢兢、如履薄冰，美石也从未从国家舞台上消失。普罗大众，上行下效、亦步亦趋，以沾得点儿贵气为荣。美石，从来都在。只是惮于能耗巨大，维持更大实在难以为继，它们变小、变巧，偷工减料或者偷梁换柱。从古至今，除了苏轼、赵孟頫、倪瓒，还有几位爱石者，跳得出君君臣臣、父父子子的美石思路？在没有分别心的自然面前，美石毫无价值。而换作利益链缜密的古往今来，丑石则缥缈不定。大家再仔细分辨，美石之丑与丑石之美，一个自然遵循画意，一个见微以知著，境界迥异。这难道不正是艺术创造的突破口吗？

苏轼也有很多关于美石的言论。比如，评判歙砚石质，他用了“金声玉德”（《孔毅父龙尾砚铭》）四字，简洁明了，牢牢抓住中国石的资源本质，掷地有声，让人浮想翩翩。这些可以称为是他创造的基础，可即使是基础，也比他人表达得要好。他的聪明才智，是在“美石，以附加值为美，以美为美”之外，创造性地提出“丑石，以去附加值为美，以丑为美”。他用了一个丑字，从物理的美石，到精神的丑石，将原本已经僵硬、固化的石头审美瞬间打破，境界随之大开。郑燮所言极是，“一丑字则石之千态万状，皆从此出”，“东坡胸次，其造化之炉冶乎”。仅仅一字，数量的最小单位，却不能被轻易抹去。假使没有这个字，中国石的审美，内涵不知要损失多少。它既然在了——像窒息久了，突然迎来一阵清风，长舒口气——无时不证明中国石短暂的高光时刻。

鉴于人类寿命，以及朝代更迭的速度，物理的石头，给人造成恒久不变的心理错觉。况且，稍有体量的石头艺术，即千钧重负，移动困难。那些鸿篇巨著，往往原地完成，千百年巍然如初，适合成为偶像，为大家所膜拜。泰山顶上的桂冠石刻，是泰山之所以是泰山的理由所在——凝固的时间，亘古常新。徽宗给石头加爵封侯，也是时常以其他方式发生。清代乾隆年间两块重要的中国石，“大禹治水青玉山子”和“青芝岫”，虽然分别放置在紫禁城和颐和园，但具体位置均为乐寿堂，怕也不是巧合。人们面对它们，像是能够挣脱现实之无常，轻易融入万古空寂的历史，还有日日如新的不朽。

被创造的光芒激励，必定属于少数。芸芸众生，只能行走在某种狭隘的观点当中，被符号化的重物所约束。中国石，依然是混沌、赌博，最终证明是正确的。虽有灵光乍现，片羽吉光，可作为社会资源分配的重要途径，中国赏石所秉承的中国艺术的逻辑，从来都是维护这个国家稳定的中流砥柱。苏轼的创造，至多留下一点民情利病的痕迹，成为历代知己的惺惺相惜，却不会朝着转变洪流的方向，一路向西。过去如此，今天如此，未来如此。这也是唯有中国，石头文化一枝独秀，并且延绵至今。背后的理由——相对于其他文明，中国更专注于处理石头的信息。只要沉浸在农业文明中，中国，终究是一个美石的天下。

苏轼的君子观

韩德民

摘　要：儒家思想传统中很早就出现过将君子、小人区别绝对化的倾向，这种倾向对北宋时期欧阳修、司马光等人的观念都产生了直接影响。苏轼则通过吸收庄子的思想资源，力求挖掘君子、小人对立性关系背后的共生性，为寻求更具建设性和妥协性的君子、小人关系处理模式进行了积极的理论探索。在《东坡易传》等著作中，基于对君子、小人关系的新的理解模式，苏轼对《周易》经传中的诸多命题都作出了富有自己特色的诠释。

关键词：君子　小人　性　善恶　共生性

中国传统政治是伦理化的政治，道德是衡量政治正当性的基本标准。政治人物的人格特质，作为政治逻辑与伦理取向的统一体，往往被视作评价政治生态环境好坏的基本依据。君子是儒家倡导的道德理想人格，被儒家代表人物认定为良好政治秩序的先决条件，所谓“无君子，则天地不理，礼义无统，上无君师，下无父子，夫是之谓至乱”（《荀子·王制》）。在这样的传统观念引导下，历代王朝政权内部不同派别之间的斗争，通常都会伴随对相关政治人物道德品格的评鉴乃至攻讦。北宋庆历新政时，新政特别是其中有关吏治改革的内容遭遇强烈质疑，反对者的批评首先指向新政人物相互间的所谓“朋党”问题。这个批评十分尖锐，一则，对照圣人“君子矜而不争，群而不党”（《论语·卫

本文作者韩德民，现为北京语言大学人文学院教授。

灵公》）的古训，“朋党”问题的实质是对新党政治人物的人格品质表示疑问；二则，对王朝政治来说，有效维护君主的权力核心地位至关重要，提出新党政治人物的“朋党”问题，很容易挑起君王对新党群体的疑忌之心。面对这样的挑战，欧阳修撰《朋党论》予以回击，主张将问题的重心从所谓“朋党”转移到“君子”“小人”的辨别上。欧阳修的主张引起广泛回应和热烈讨论，在这种背景下，苏轼依托《周易》《庄子》等理论资源，对欧阳修及儒家传统的君子、小人观进行了新的理论反思，并结合党争的现实教训，提出诸多富于启迪意义的新看法。

一

欧阳修反对单纯从权力斗争角度看待所谓“朋党”问题，认为问题的关键在于如何有效清除“小人”：“臣闻朋党之说，自古有之，惟幸人君辨其君子、小人而已。”（《朋党论》）“君子与君子以同道为朋，小人与小人以同利为朋”，以“同道为朋”，则所追求的是道义，对天下国家自然有百益而无一害；反之以“同利为朋”，则所追求的只能是私欲满足，对社会公义必然造成危害，进而影响政权稳定。对君子、小人阵营化对抗的可能结果，欧阳修表现出积极进取的心态：“故为人君者，但当退小人之伪朋，用君子之真朋，则天下治矣。”（《朋党论》）也就是说，只要君主能端正态度，站稳立场，君子就必然战胜小人，国家治理就自然能取得良好效果。他对历史上的君子、小人斗争从正反两个方面进行了梳理：“尧之时，小人共工、驩兜等四人为一朋，君子八元、八恺十六人为一朋。舜佐尧，退四凶小人之朋，而进元、恺君子之朋，尧之天下大治。及舜自为天子，而皋、夔、稷、契等二十二人并列于朝，更相称美，更相推让，凡二十二人为一朋，而舜皆用之，天下亦大治。《书》曰：‘纣有臣亿万，惟亿万心；周有臣三千，惟一心。’纣之时，亿万人各异心，可谓不为朋矣，然纣以亡国。周武王之臣，三千人为一大朋，而周用以兴。后汉献帝时，尽取天下名士囚禁之，目为党人。及黄巾贼起，汉室大乱，后方悔悟，尽解党人而释之，然已无救矣。唐之晚年，渐起朋党之论。及昭宗时，尽杀朝之名士，或投之黄河，曰：‘此辈清流，可投浊流。’而唐遂亡矣。……更相称美推让而不自疑，莫如舜之二十二臣，舜亦不疑而皆用之；然而后世不诮舜为二十二人朋党所欺，而称舜为聪明之圣者，以能辨君子与小人也。”（《朋党论》）

与欧阳修相反，苏轼认为，君子、小人政治对抗的结果，必定是消极的：

“有党则必争，争则小人者必胜。”就人性基本规律而言，君主必然远君子而亲小人：“何以言之？君子以道事君，人主必敬之而疏；小人唯予言而莫予违，人主必狎之而亲。疏者易间，而亲者难睽也。而君子者，不得志则奉身而退，乐道不仕。小人者，不得志则侥幸复用，唯怨之报。此其所以必胜也。”（《续欧阳子朋党论》）

对于苏轼的判断，可以尝试从三个方面作更深入的透视：一是君主在权力体系中的独尊地位；二是君子、小人不同的处事与做人方式；三是君主的个人意志偏好。

有关人君独尊的政治地位，在中国文化传统中很少会有人表示异议。商鞅说：“权者君之所独制也。”（《商君书·修权》）商鞅的说法背后联系着深厚的政治文化土壤，并不只是法家人物主观的意识愿望。古希腊、古罗马意义上的国家，属于次生性政治组织，由诸多来自不同氏族群落的成员组成。这些成员相互之间没有先天血缘关联，国家组织内部主要包含两类性质的人际关系。一类是相对平等的成员之间的契约性合作关系，另一类是征服者与被征服者之间的奴役性关系。国家政治组织的这种构成方式，决定了其内部利益诉求的多元性。这种多元性不仅表现为征服者与被征服者的不同利益诉求，也表现为有相对平等合作关系的社会成员有各自不同的利益诉求。基于国家构成方式上的利益多元性，对其普遍性意识形态及权力运作模式都产生了深远影响。

中国传统中所谓国家，则是原生性氏族组织不断扩充完善的结果。虽然就规模和实际包容而言，无疑属于政治组织或者说国家，但就形式而言，却保持着宗法亲属组织的诸多特征，其意识形态始终没有彻底突破宗法伦理的外衣。宗法伦理所致力于倡导和维护的，是共同体成员现实利益的共同性与精神情感关系的亲和性。为了克服分裂倾向，维护这种一元性社会文化结构的稳定，就要努力避免多个政治集团同时并存的局面。不论实际局面如何，在这种社会体系中被认定为具有合法性或说正统性的政治统治集团，永远只能有一个。为了避免这唯一具有合法性的统治集团自身的分裂，从而导致整个国家共同体自上而下的分裂，其内在组织方式也需要以统一集权的方式维持稳定而唯一的核心。所谓“天无二日，土无二王，家无二主，尊无二上”（《礼记·曾子问》），就是这种现实组织逻辑的观念性概括。当然，作为对应，这个政治集团及其核心也有责任以整个国家共同体利益唯一代表的名义承担管理职能，所谓“天下乃皇天之天下也，陛下上为皇天子，下为黎庶父母，为天牧养元元”（《汉书·鲍宣传》)。作为唯一核心，在周制下，受到分封制度及政治统治技术的限制，天子的地位很大程度上是象征性的。但在依托郡县制的中央集权体制不断完善之后，一元性的政治文化逻辑找到了更有效的工具依托，君主的专制地位因之有可能从秦汉到明清日益加强。儒家有关社会治理方式的主张与法家不同，但就强调要自觉维护君主在整个管理体制中的核心地位这一点而言，与法家没有区别。所谓“正名”，实际上是以尊君为基本前提的。用荀子的说法就是：“分均则不偏，势齐则不壹，众齐则不使。有天有地而上下有差，明王始立而处国有制。夫两贵之不能相事，两贱之不能相使，是天数也。”(《荀子・王制》)总之，无论是在观念认识还是制度设计层面，强调君主在实现对整个天下社会的一元化控制过程中的核心地位，这在很早的时候就已经形成了十分强大的传统。君主作为个体，其性格、品行、修养等情况，本是历史发展过程中的偶然性因素；但在中国特有的权力体系中，君主可以利用自己对整个政权管理体系的控制地位，发挥对历史发展方向的几乎是决定性的影响。君主的这种独尊地位从根本上决定了在体制内政治斗争过程中除争取君主个人的支持之外，没有其他选择。就此而言，君子和小人的处境没有区别。

君子和小人既属两类不同人格主体，其处事风格自然不同。汉代曾有关于儒生、文吏两类不同出身官员优劣长短的诸多讨论，对于理解北宋党争有关“君子”“小人”的争论，也多少可以提供某种参考。如贾谊认为：“夫移风易俗，使天下回心而向道，类非俗吏之所能为也。俗吏之所务，在于刀笔筐箧，而不知大体。”(《治安策》)王充提出：“孔子曰：‘孝悌之至，通于神明。’张释之曰：‘秦任刀笔小吏，陵迟至于二世，天下土崩。’张汤、赵禹，汉之惠吏，太史公序累，置于酷部，而致土崩。孰与通于神明令人填膺也?”(《论衡・程材》)深受儒家仁义之说浸染的道德君子，即便处理政务的能力相对欠缺，却对政治文化生活不失根本性的正面范导作用；而类似张汤这样貌似能干的酷吏，虽就日常事务办理而言有一日之长，却不可能真正成为体制支撑的中流砥柱。从长远看，甚至可能完全相反，成为危及江山稳固的灾患源头。站在儒家立场，施政理民当然应以儒家君子为主，这也是欧阳修《朋党论》中申述的逻辑。在儒家被认定为官方意识形态的情境中，很少会有人正面反对这种逻辑，但这不等于其就一定能够有效发挥对实际政治运作的约束作用。君子秉持从道不从君原则，其与君王的关系必须接受道的规范，不可能达到如胶似漆亲密无间的状态，所以苏轼说“人主必敬之而疏”。小人不同，小人没有确定的是非原则，如果要说有什么原则的话，那就是尽最大努力揣摩人君的隐秘心理，曲意逢迎。小人的这种处事与从政风格，决定了其往往能让君主产生心有灵犀、同声相应的错觉，极大地拉近相互间的心理距离，所以苏轼说“人主必狎之而亲”。一方面是意识形态层面要求敬重道德君子的原则设定，另一方面是个人心理情感层面对小人之臣的亲近喜爱，权力者会如何应对这种二重性心理动机呢？

从道理上说，君主个人感情上的亲疏好恶应局限于私人生活范围，涉及公共政治决策时，应该秉持超越个人感情好恶之上的超越性是非判断标准，否则难免涉嫌腐败。但阿克顿勋爵有名言谓，权力使人腐败，绝对的权力绝对使人腐败。权力对人性的腐化作用，很多时候都是以感情向理性的顽固渗透能力为中介依托的。为了克服这种渗透的可能性，现代政治学理论普遍倡导权力监督与权力制衡等原则。中国传统政治学对此也并非完全没有思考，譬如儒家就强调君主职位的公共属性，“天之生民，非为君也；天之立君，以为民也”（《荀子・大略》）。影响所及，即便杨广这样的暴君也能够意识到“非天下以奉一人，乃一人以主天下也”（《隋书・炀帝纪》）。法家主张君主不能以“私意”而应该用“法”进行治理：“法者，君臣之所共操也；……君臣释法任私，必乱。”（《商君书・修权》）“私”即个人情感喜怒好恶，其特点是随时迁移，缺乏明确固定的取舍标准。放任其对政治管理的干扰，必然导致混乱乃至崩塌。“法”的特点就在于固定而明确，有利于给整个社会生活带来稳定预期。道家强调人君应该秉持无为而治原则，不可喜怒无常、轻举妄动。但在具体落实路径上，各派都无一例外地走向对君主个人明智的依赖，而普遍忽视对权力的外部制度性约束。汉代以后的儒家普遍强调臣下对君主的劝谏责任，设想君主借助包括臣子进谏等方式在内的手段，克服自己身上可能的私意。劝谏通常涉及两方面的内容，一是就道德合理性立论，二是就利害得失立论。就道德合理性原则说，君王职责即是服务天下苍生，理应以仁心公心待天下，而不能私心自用，从个人情绪出发决定国事之取舍。为了帮助君主培养“仁心公心”，儒家发展了内容非常丰富的君子修养学说，《大学》《中庸》就是其中最有代表性的文献。就利害得失说，儒家强调身为人君，对利益的理解需要更开阔的视野，不能专注于眼下具体得失，而应立足全局和长远利益所在，立足于整个江山社稷。如果把公器当作满足私意的工具，那就难免不最后身死国灭。用荀子的话说就是：“国者，巨用之则大，小用之则小；綦大而王，綦小而亡，小巨分流者存。”（《王霸》）欧阳修的“朋党论”，基本上就是依托儒家这套政治话语展开论证说理的。

与欧阳修不同，苏轼则转而更多地考虑了政治博弈的现实逻辑。就总体而言，个体参与公共政治生活时偏于理性，置身私人生活场景时更放任感情。公共政治生活领域，并存着诸多可能是相互冲突的主体意志，每个主体都需要承受并化解来自其他主体的压力。所谓理性落实在这个领域，意味着的首先是参与公共生活的一种能力，这种能力的基本表现就是能够意识到自我之外其他异质主体的存在。理性意识自内向外延伸，就落实为法律、道德、纪律等。私人生活空间内通常无须面对严格的外在约束，从而个体情性可以相对舒展。社会成员需要在公共和私人两种性质的生存情境之间往返切换，这种切换对于保持人性的相对平衡状态，客观上是有帮助的。但专制君主却很难享受这种特殊的“帮助”。由于被赋予在整个系统中的独尊地位，专制君主很难遭遇普通人在公共生活领域常常会遭遇的形形色色外在阻碍。不仅如此，在系统内部，专制君主的个人意志，通常都能够借助体制的强大动能获得实现。即便那些客观上难以实现的意志，围绕在君主身边的人，一般也都会基于迎合的动机，利用各种手段给君主造成已经得到有效贯彻落实的错觉。一个人所拥有的独尊地位，与他个人可能赋有的自律能力，从理论上说应该对应。但君主终归是人而非神，人性的基本弱点，诸如盲目、狭隘、冲动、易变、虚荣、嫉妒等心理动机，在君主身上，首先是没有办法完全克服；其次则是会由于失去强有力的外在约束而迅速膨胀。君主身处高位，需要随时承受形形色色谄媚、逢迎的侵蚀。这种侵蚀势必对其心理健康造成日益严重的伤害，不仅所谓“天纵神圣”注定只能成为欺骗，而且即便只是保持普通人常规水平的理智，对于绝大多数专制君主来说也都可能渐渐变成难能可贵的例外状态。反倒是种种匪夷所思的“任性”，很容易成为专制者的常态。民谚有所谓“伴君如伴虎”之说，就是对君主“任性”状态的生动刻画。对于处在“任性”状态的君主来说，以道自持的君子自然难以赢得其发自内心的喜爱，而小人由于以迎合君王的私意为行事唯一准则，相对就比较容易被认定为难得的知音。

二

儒家传统中很早就出现过将君子和小人的区分绝对化的倾向，如荀子就称：“君子，能亦好，不能亦好；小人，能亦丑，不能亦丑。君子能，则宽容、易直以开导人；不能，则恭敬、缚绌以畏事人。小人能，则倨傲、僻违以骄溢人；

不能，则妒嫉、怨诽以倾覆人。”（《荀子·不苟》）也就是说，一旦被认定为君子，则其身上的优点固然是优点，即便劣势也被认为能够以特定方式发挥积极作用；反之，一旦被认定为小人，其不足固然应予否定，即便本来意义上的优点，也会被认为终将造成危害。顺应这样的逻辑，荀子认为君子的主体性人格品质才是健康社会秩序的有效保障。至于礼义法度，只能算是君子手中的一种工具而已：“法者，治之端也；君子者，法之原也。故有君子，则法虽省，足以遍矣；无君子，则法虽具，失先后之施，不能应事之变，足以乱矣。”（《荀子·君道》）这种倾向对后世产生了广泛影响，欧阳修对这种话语逻辑多有继承，政治上本是与欧阳修对立的司马光，立论时同样依托类似套路：“夫君子小人之不相容，犹冰炭之不可同器而处也。故君子得位则斥小人，小人得势则排君子，此自然之理也。然君子进贤退不肖，其处心也公，其指事也实；小人誉其所好，毁其所恶，其处心也私，其指事也诬。公且实者谓之正直，私且诬者谓之朋党，在人主所以辨之耳。”①

苏轼君子观特有的理论意义，就是在与前述影响广泛的儒家主流君子观的对照中凸显出来的。他有关这个问题的认识中最值得重视的地方，一是克服了有关君子和小人之间绝对性界限的偏见；二是认为不能将君子、小人政治对抗的出路寄托在君主亲君子远小人的明智选择上。君子和小人之间的区分不具有绝对性，首先是因为多数时候，所谓君子、小人只是特定后天际遇造成的，且可能随时变化：“且夫君子者，世无若是之多也。小人者，亦无若是之众也。凡才智之士，锐于功名而嗜于进取者，随所用耳。孔子曰：‘仁者安仁，智者利仁。’未必皆君子也。冉有从夫子则为门人之选，从季氏则为聚敛之臣。唐柳宗元、刘禹锡使不陷叔文之党，其高才绝学，亦足以为唐名臣矣。”（《续欧阳子朋党论》）生活世界是复杂的，环境际遇也与时迁移，后天获得的内容不一而足，且相互间难免张力和冲突，人性结构上的这种张力和冲突决定了其内容的立体性。每个个体都赋有自己的一份才智，或为君子，或为小人，所遇到的具体应用环境会发挥重要的制约作用，所谓“从夫子则为门人之选，从季氏则为聚敛之臣”。君子和小人既是“随所用”的结果，二者间的区别就不是固定不变的，而可以以各种不同方式促使其发生变化：“人唯好善而求名，是故仁义可以诱而进，不义可以却而退。若汉高帝起于草莽之中，徒手奋呼，而得天下，彼知天

① 《资治通鉴》，中华书局，1956，第7899页。

下之利害与兵之胜负而已，安知所谓仁义哉？观其天资，固亦有合于仁义者，而不喜仁义之说，此如小人终日为不义，而至以不义说之，则亦怫然而怒。故当时之善说者，未尝敢言仁义与三代礼乐之教，亦惟曰如此而为利，如此而为害，如此而可，如此而不可，然后高帝择其利与可者而从之，盖亦未尝迟疑。”（《汉高帝论》）君子和小人之间的区分不具有绝对性，还因为无论君子还是小人，都不可能是纯粹的。将其间的区别绝对化，将导致这对范畴使用过程中的标签化，导致用贴标签的方式代替对具体人物性情的分析。这既不利于深化我们有关生活及人性的准确认识，也不利于我们在准确认识的基础上对政治斗争中的是非曲直作出恰如其分的评价。

苏轼对君子小人关系的特殊理解，与其人性观是对应的：“性，所以成道而存存也。尧舜不能加，桀纣不能亡，此真存也。”性是尧舜不能额外增加、桀纣也无法减损的。那意味着它是为君子小人所共有，同时也超出善恶范畴之上的。荀子以欲为性的思想对苏轼有明显影响：“人生而莫不有饥寒之患，牝牡之欲。今告乎人曰，饥而食，渴而饮，男女之欲，不出于人之性，可乎？是天下知其不可也。圣人无是无由以为圣，而小人无是无由以为恶。圣人以其喜怒哀惧爱恶欲七者御之而之乎善，小人以是七者御之而之乎恶。由此观之，则夫善恶者，性之所能之而非性之所能有也，且夫言性者，安以其善恶为哉！”（《扬雄论》）但苏轼强调欲与性的联系，不是为了像荀子那样强调先天性情与纲常名教的对立，而是借以深化纲常名教的自然生命根基，防止所谓道德流于对形式性细节的拘执：“道者其所行也，德者其行而有成者也，理者道德之所以然，而义者所以然之说也。君子欲行道德，而不知其所以然之说，则役于其名而为之尔。夫苟役于其名而不安其实，则小大相害，前后相陵，而道德不和顺矣。譬如以机发木偶，手举而足发，口动而鼻随也。此岂若人之自用其身，动者自动，止者自止，曷尝调之而后和，理之而后顺哉！是以君子贵性与命也。欲至于性命，必自其所以然者溯而上之。夫所以食者，为饥也，所以饮者，为渴也，岂自外入哉！人之于饮食，不待学而能者，其所以然者明也。盍徐而察之。饥渴之所从出，岂不有未尝饥渴者存乎，于是性可得而见也。有性者，有见者，孰能一是二者，则至于命矣。”（《东坡易传》卷九）他反复辨析性的各种后天经验性呈现与性本身的区别：“古之君子，患性之难见也，故以可见者言性。夫以可见者言性，皆性之似也。君子日修其善，以消其不善，不善者日消，有不可得而消者焉。小人日修其不善，以消其善，善者日消，亦有不可得而消者焉。夫不可得而消者，尧舜不能加焉，桀纣不能亡焉，是岂非性也哉！君子之至于是，用是为道，则去圣不远矣。虽然，有至是者，有用是者，则其为道常二，犹器之用于手，不如手之自用，莫知其所以然而然也。性至于是，则谓之命。命，令也。君之令曰命，天之令曰命，性之至者亦曰命。性之至者非命也，无以名之，而寄之命也。死生祸福，莫非命者，虽有圣智，莫知其所以然而然。君子之于道，至于一而不二，如手之自用，则亦莫知其所以然而然矣。此所以寄之命也。情者，性之动也。溯而上，至于命，沿而下，至于情，无非性者。性之与情，非有善恶之别也，方其散而有为，则谓之情耳。命之与性，非有天人之辨也，至其一而无我，则谓之命耳。”（《东坡易传》卷一）基于同样逻辑，他明确驳斥了孟子的性善论思想：“昔者孟子以善为性，以为至矣，读《易》而后知其非也。孟子之于性，盖见其继者而已。夫善，性之效也。孟子不及见性，而见夫性之效，因以所见者为性。性之于善，犹火之能熟物也。吾未见火，而指天下之熟物以为火，可乎？”（《东坡易传》卷七）

苏轼与欧阳修有关君子和小人关系认识的区别，不是通常意义上的对立。如果将欧阳修理解为正题的话，则苏轼不是以反题而是以合题的方式实现了对欧阳修的超越。在这种超越中，苏轼体现了自己思维方式上的某种辩证法品格。按照苏轼的思路，所谓君子、小人不能作为外在性标签，不能作为身份资格性的标志。不能说我是君子，我是属于君子阵营的，因此就理所当然地拥有了面对小人的道德优势乃至特权。照欧阳修的说法，小人结党是一种错误乃至罪恶，应该借助君主的独尊地位灭除之；同样的行为发生在君子身上就成了理所当然。这种思路实际上掉进了思维的陷阱。就先天基本可能性言之，君子与小人没有区别，导致小人成为小人的那些内在动因，在君子身上同样可能存在。所谓君子身上不可能完全排除小人的元素，反过来君子的人格成分在所谓小人身上也未必就完全灭失了。面对小人，如果我们真的像自己所标榜的那样是君子的话，感受到的就不应该是自鸣得意，而只能是戒慎恐惧，所谓“战战兢兢，如履薄冰”（《诗经·小宛》）。就外在际遇言之，如若我尚未蜕变为小人，则其间虽不排除自我努力的作用，但也未尝没有际遇运气的成分。因为好运气而成就了自我当下的君子状态，那么好运气是否就一定能够永远伴随自己呢？这个实际上是很难预判的。历史上那些盖棺定论的小人，也未必都是从一开始就做好了扮演小人角色的心理准备的。其中很多人很长时间里都曾被视作君子，而之所以沉沦到小人的道德深渊，往往都曾经历了形形色色的不得已。扪心自问，如果我们自己陷入类似不得已之中，是否就一定能把握得更好呢？就被认定为小人的对方言之，由于人是变化的，即便是在我们的认定有充分依据的情况下，也无法排除对方未来浪子回头甚至最终比我们更胜一筹的可能。面对当下被认定的小人，如果仅仅由于自己的一日之长，就自以为马上可以颐指气使，这其实正是小人的心态特征。总之，所谓君子、小人，更应该被作为人性内在可能性的一种界定，更适合用作自我内在道德反省的参照和借鉴，而不宜作为自我标榜或对他人进行道德批判的工具。

三

在苏轼的理解中，君子与小人似乎存在某种共生性。既然共生，则完全清除小人的设想就不仅不现实，甚至也不具备充分的正当性。合理的方案更应该致力于寻求二者间的相互制约、适当平衡关系，当然理想的平衡状态应该以君子为主导。苏轼的这种价值取向通过对《周易》的诠释获得了更理论化的阐述：“《彖》曰：‘泰，小往大来，吉，亨。’则是天地交而万物通也，上下交而其志同也。内阳而外阴，内健而外顺，内君子而外小人。君子道长，小人道消也。”《周易》第十一卦泰，卦象下乾上坤，内卦三爻为阳爻，喻示阳气由外而内；外卦三爻为阴爻，喻示阴气从内而外。阳爻象征君子，“大来”即君子进入核心位置发挥主导作用；阴爻象征小人，“小往”即小人被放逐到外围处于从属地位。彖辞总结卦意说是“君子道长，小人道消”。就自然喻象来说，阴气在上而下沉，阳气在下而上升，阴阳和合，融洽畅达，有利于天地间诸般生物健康成长。苏轼就此阐发说：“阳始于复而至于泰。泰而后为大壮，大壮而后夬。泰之世，不若大壮与夬之世，小人愈衰而君子愈盛也。然而圣人独安夫泰者，以为世之小人不可胜尽，必欲迫而逐之，使之穷而无归，其势必至于争，争则胜负之势未有决焉，故独安夫泰，使君子居中，常制其命；而小人在外，不为无措，然后君子之患无由而起，此泰之所以为最安也。”（《东坡易传》卷二）就阴阳或者说君子小人势力此消彼长的格局言之，复卦一阳始生，中经临卦的阳气渐次上升；到泰卦时，内卦三阳爻与外卦三阴爻形成阴阳交合平衡的状态；然后大壮乾下震上，初九到九四步步上逼；到夬卦乾下兑上，只剩最后一只阴爻孤悬外缘。某种意义上，大壮和夬卦所呈现的君子小人斗争格局更令人振奋，但圣人却认定泰卦象征着最吉祥亨通的状态。为什么会这样呢？苏轼的解释是“世之小人不可胜尽，必欲迫而逐之，使之穷而无归，其势必至于争，争则胜负之势未有决焉”。既然小人不可尽除，那么泰的君子小人各安其位而又相对平衡乃是最理想的状态。大壮、夬之所以不如泰更令人感到踏实放心，是因为置身其间，面对貌似令人振奋的形势，君子容易因头脑发热犯急躁冒进的错误，小人则可能由于君子的躁进而被迫负隅顽抗，顽抗则意味着双方都需要为此付出更高代价。

给小人留下必要的生存空间，以此作为保障已经取得的主导地位的手段，较诸除恶务尽的思维，体现了方法论上的一种提升。这不仅在讲究中庸的中国传统中有体现，在其他文化体系中同样有体现。美国司法实践中常见的控辩交易，贯穿其背后的其实就是这种逻辑。控辩交易的实质，就是控方以给予被告相对较轻定罪的方式，换取被告（辩方）的主动认罪。控方乐于进行这种交易，是因为从认定被告犯有某种罪行，到以充分确凿的法律事实确证被告的这种罪行，中间需要付出大量司法成本，而且成本支付后结果仍存在不确定性。被告愿意进行这种交易，是因为如果拒绝接受交易阶段控方给出的相对较轻罪名，那么一旦控方搜集到充分扎实的证据并经庭审确认，就可能需要承受更严重的处罚。

给小人保留适当空间，作出某种妥协，理由除方法论层面的，也涉及价值观层面的。无论君子还是小人，作为具体的人，其存在都具有多侧面性。苏轼因此强调，应该正视并承认小人身上可能的优点与长处：“君子之于小人，不疾其有丘山之恶，而幸其有毫发之善。‘剥床以足’，且及其辨矣，犹未直以为凶也，曰蔑贞而后凶。小人之于正也，绝灭无余，而后凶可必也。若犹有余，则君子自其余而怀之矣。故曰‘剥床以辨，未有与也’。小人之为恶也，有人与之然后自信以果。方其未有与也，则其愧而未果之际也。”（《东坡易传》卷三）世俗社会流行的心理定式是，凡对自己怀有恶意或甚至凡是反对自己的人就是小人，小人自然怙恶不悛，所以清除小人应该抱除恶务尽的态度，以免留下后患。但如果能够超越当事人的自我中心意识，站在冷静观照的立场上，那么很容易就能认识到，顺我者昌、逆我者亡的狭隘心态，实际上更接近小人而非君子。小人专注私利，容易陷入偏狭极端，遇到问题通常都不愿反省自身的原因。所谓道德的意义，对其来说主要就是可以用来打击对手的一种工具而已。君子则志在天下公义，理应心胸开阔，能够相对公正地看待其他人，包括小人。君子《泰》九二爻辞曰：“包荒，用冯河，不遐遗；朋亡，得尚于中行。”苏轼的理解是：“阳皆在内，据用事之处；而摈三阴于外，此阴之所不能堪也。阴不能堪，必嫉阳；嫉阳，斯争矣。九二，阳之主也，故‘包荒，用冯河’。‘冯河’者，小人之勇也；小人之可用，惟其勇者。‘荒’者，其无用者也；有用者用之，无用者容之，不遐弃也，此所以怀小人尔。以君子而怀小人，其朋以为非也，而或去之，故曰‘朋亡’。然而得配于六五，有大援于上，君子所以愈安也，虽亡其朋，而卒赖以安，此所以为‘光大’也。”（《东坡易传》卷二）在苏轼看来，“勇”就是小人身上的可用之处。君子包容广大，对于小人也能恰如其分地用其所长，使之发挥积极作用。这份善意和公正落实在小人身上，即便不能促使其马上发生根本性转化，起码不至于激发新的破坏性冲动，有利于保持当下的平稳安定。君子如此对待小人，并非出于个人私利或私情，只是觉得道理本就如此。所以不论结果如何，都不会感到不安，即便有朋友因不理解而背弃自己，也不会动摇，所以说“虽亡其朋，而卒赖以安”。站在人生观自我反省的高度，对任何其他人都保持公正态度，即便是对小人也能怀着一分善意，正是这样的操守，才是君子终究有别于小人的根本保障。再进而言之，现实的君子，身上总难免或多或少残留某种程度的小人成分。一旦全社会陷入对小人除恶务尽的极端思潮，那最后的结果很可能是人人自危，并反噬及于自以为在除恶的君子自身。

围绕君子和小人关系的各家看法中，欧阳修的特点是强调君子和小人之间的对立性，并将君子和小人关系上的这种对立性延伸到一系列其他范畴关系中。同样是辨析泰卦和大壮、夬卦的卦象变化，欧阳修和前述苏轼的判断几乎完全不同：“夫刚之德，君子之常用也，庇民利物，功莫大焉。其为卦，过泰之三而四为大壮，五为夬。壮者，壮也；夬者，决也。四阳虽盛而犹有二阴，然阳众而阴寡，则可用壮以攻之，故其卦为壮。五阳而一阴，阴不足为，直可决之而已，故其卦为夬。然则君子之用其刚也，审其力，视其时，知阴险小人之必可去，然后以壮而夬之。”尽管也意识到“圣人于壮、决之用，必有戒焉”，但落脚点仍在“以众攻其寡”，在“夬乘其衰而决之”（欧阳修《送王陶序》）。苏轼易学的优势，就在于多数情况下都能避免类似欧阳修这种两军对决的简单化思维模式，更辩证地理解各种不同性质的对立。如他对于刚柔关系的理解，这种特点也表现得很突出：“夫物非刚者能刚，惟柔者能刚耳。”（《苏氏易传》卷一）“刚”之可贵，不在于“刚”本身，而在于“刚”对“仁”的持守，而所谓“仁”，作为一种爱、一种接纳、一种包容，其中必已经内在地消化了柔的品格特征：“所好夫刚者，非好其刚也，好其仁也。”（《刚说》）这样的观念在阐释《乾》时则通过对“健”与“刚”的区分加以提示：“夫天岂以刚故能健哉?以不息故健也。流水不腐，用器不蛊。”（《东坡易传》卷一）有意识地将“健”与“刚”加以区分，将“健”与作为喻象的“流水”比附，如此实际上赋予了“健”以“柔”的意蕴。这种意义上的“健”，或说柔中之刚，“在水而言使得水常流常新；在人而言则是生活活力的源泉”①。

朱熹《杂学辩》首论《东坡易传》，以为苏轼的学说杂而不纯，站在儒家道统立场上，这个评价不为无理。苏轼出入佛老数十年，深受儒家传统之外的其他思想，特别是庄子思想影响。据其自述，年轻时曾“读《庄子》叹曰：吾昔有见，口未能言，今见是书，得吾心矣”（《宋史·苏轼传》）。但他接受庄子道家思想，从自觉动机上来说，并不是要据以抛弃儒家思想，而是希望通过吸收庄学中的营养，化解儒家思想传统中的某些痼疾，实现儒道的互补融合：“余以为庄子盖助孔子者，要不可以为法耳。”（《庄子祠堂记》）朱熹将苏轼的易学乃至整个蜀学称作“杂学”，本是一种批评。但从我们这里的讨论角度观察，正是由于愿意从儒学传统外吸收营养，才使他有可能摆脱欧阳修、司马光等人的狭隘，建立起阐释君子、小人概念的更开阔视野，为北宋时期相关理论研究的深化作出重要贡献。在这样的意义上，我们不妨接受朱熹所作“杂学”这个评定，同时将其作肯定性的理解。

---

① 此处有关“健”与“刚”区分的讨论，参考吸收了程刚《健与随：苏轼易学影响下的人格理想与文艺理想》中的相关内容，参看《古代文艺理论研究》（第十一辑）第461页。

民间歌谣与北宋“淡怨”审美之形成

——基于欧阳修文风的考察

韩　伟

摘　要： 民歌不仅是中国音乐的源头，更为中国文学的发展提供着不竭动力。一直以来，欧阳修以“文章道术为学者师”的形象出现在世人面前，其文学实践和文学观念中的民间因子多被忽略。早期闲适的京洛生活，以及中年之前的历次贬谪，使其与民间文学充分接触，“樵歌”“棹歌”“楚谣”“俚歌”等民歌因素在其作品中频繁出现，并被不断提纯，最终积淀为一种审美追求。民间歌谣自然随性的表现形式，以及言志体俗的内在属性，不仅为欧阳修的作品提供了“淡”的外衣，更使其作品淡中有物、淡内含讽，“淡怨”风格由此形成。“淡怨”扩充了“淡”的指涉空间，彰显了欧阳修的文学史、美学史意义以及在宋型文化形成过程中的价值。

关键词： 欧阳修　民歌　淡怨　美学意义

毋庸置疑，欧阳修是宋代文坛的领袖型人物①，其经历真宗、仁宗、英宗、

本文作者韩伟，现为黑龙江大学文学院教授，博士生导师。主要从事中国古典美学、文论研究。文章为国家社科基金重大项目“中国诗歌的语言艺术原理及其历史生成规律”（编号：18ZDA279）、国家社科基金一般项目“古代乐论视域下中国美学范畴形成与建构研究”（编号：20BZW031）、黑龙江省省属高校基本科研业务费项目“中国礼乐美学史撰写与研究”（编号：HDRWYY201905）的相关成果。

① 本文所引欧阳修作品，悉据《欧阳修全集》（李逸安点校，中华书局，2001），除转引“附录”部分他人文献外，不再单独出注。

神宗四朝，是北宋时期审美风格、文学风格、学术风格的主要缔造者。作为政治家，他不仅身体力行支持改革、纠偏时弊，而且“奖引后进，如恐不及”①，曾巩、王安石、三苏等都曾受其扶掖。作为史学家，其《新唐书》《新五代史》去取精当，“简而有法”，堪称史家典范。作为文学家，“挽百川之颓波，息千古之邪说”②，规约了有宋一代的基本诗学走向。顾随在《驼庵词话》中称“宋代之文、诗、词，皆奠自六一”③，这种认知几乎代表了宋代以后研究者的共识。此种背景下讨论宋代学术自然无法绕开欧阳公。但据笔者目前所见，在众多研究成果中，对欧阳修艺术风格的形成原因及过程还有深掘的空间。本文认为，民间文化尤其是民歌因素在欧阳修诗学旨趣的形成过程中发挥了重要作用，它扮演着潜在助推器的角色。下面拟针对这一问题做些考察，希望就正于学界大贤。

一、民歌情怀的早期驻留

天圣八年（1030 年），24 岁的欧阳修以殿试甲科十四名的身份进士及第，紧接着便被授予将仕郎、试秘书省校书郎，任西京留守推官，自此开启了他四十余年的仕宦生涯。在西京洛阳，他受到钱惟演的赏识，入其幕府，“钱文僖惟演守西都，梅圣俞（尧臣）、谢希深（绛）、尹师鲁（洙）、欧阳永叔（修）、杨子聪（愈）、张太素、张尧夫（汝士）、王几道（复）同在幕下，号为八友。以文章道义相切劘，率常赋诗饮酒，间以谈戏，相得尤乐。洛中山水园庭塔庙佳处，莫不游览”④。从中可见，在与友人一咏一唱、寄情山水的过程中，除了以高雅诗赋彰显才能之外，亦不免掺杂“谈戏”的成分。按谢绛《游嵩山寄梅殿丞书》所载，欧阳修曾与友人同游嵩山，“冒夜行二十五里，宿吕氏店。马上粗若疲厌，则有师鲁语怪，永叔、子聪歌俚调，几道吹洞箫，往往一笑绝倒，岂知道路之短长也”⑤。其中明确提到欧阳修歌“俚调”一事，因缺少具体史料，现已无从考证其所歌俚调到底为何种歌曲，但将其定位为民间小调当大抵不错。

---

① 《宋史》，中华书局，1977，第 10381 页。

② 同上书，第 10383 页。

③ 顾随：《驼庵词话》，三联书店，2018，第 148 页。

④ 《景印文渊阁四库全书》，台湾商务印书馆，第 1034 册，第 266 页上。

⑤ 《欧阳修全集》，第 2718 页。按：明道元年春天，欧阳修曾与杨愈、梅尧臣游过一次嵩山，此为第二次。与此相关的诗文如《嵩山十二首》《与谢三学士绛唱和》《送梅圣俞归河阳序》《书梅圣俞稿后》等。

此事发生在明道元年（1032 年）九月，正任河南府通判的谢绛奉命代皇帝祭祀中岳嵩山，欧阳修、杨愈、尹洙、王复四人陪同。《游嵩山寄梅殿丞书》便是五人游览结束之后，谢绛写给妹夫梅尧臣的书信。当时欧阳修 26 岁，正值意气风发之际，饮酒、狎妓、远足在其生活中占有相当比重。后来回忆这段生活时，他不无惭愧地说：“仆知道晚，三十以前尚好文华，嗜酒歌呼，知以为乐而不知其非也。及后少识圣人之道，而悔其往咎。”（《答孙正之侔第二书》）这一时期其“歌呼”的主要内容或者是艳词，或者是民间俗曲。事实上，两者又存在天然之联系。尽管历来很多研究者出于“为尊者讳”的考虑，或者认为“小人或作艳曲，谬为公词”①，或者臆断为“刘辉伪作”②，但诸如《减字木兰花·楼台向晓》《减字木兰花·歌檀敛袂》《玉楼春·春葱指甲轻拢捻》《南歌子·凤髻金泥带》《南乡子·好个人人》《迎春乐·薄纱衫子裙腰匝》《宴瑶池·恋眼哝心终未改》等作品已确定出自欧阳修之手无疑。实际上，这些作品并非真正不堪入目，只不过较直白地描写了男女的自然情感而已。这在受温柔敦厚观念影响的传统文人眼中，自然有伤风化，似乎与欧阳修这位文坛领袖式人物极不相配，所以宁可相信非其亲作。实际上，艳词恰是民间俗曲的类型化和高雅化呈现，民歌中大量充斥着赤裸的爱恋、肉欲内容。欧阳修对民歌的这种态度虽然显露于少年轻狂时期，但却一直贯穿始终，在《崇文总目叙释·小说类》中称“俚言巷语，亦足取也”③，甚至晚年退居汝阴（今安徽阜阳）时，提及韩愈时亦以“资谈笑，助谐谑，叙人情，状物态”（《六一诗话》）为据，高度赞扬其“曲尽其妙”的成就。这种评价便带有以民间通俗精神为旨归的色彩。

与这种倾向相一致，欧阳修的诗作中出现了很多民歌性意象。“樵歌”“棹歌”“俚歌”等被多次提及，比如“林穷路已迷，但逐樵歌响”（《游龙门分题·上山》）、“樵歌杂梵响，共向松林归”（《游龙门分题·宿广化寺》）、“归路逐樵歌，落日寒川上”（《伊川独游》）、“行歌采樵去，荷锸刈田归”（《秋郊晓行》）、“向暮卷空罾，棹歌菱浦北”（《游龙门分题·鱼罾》）等，这些都为天圣至明道年间的作品。此时作者还未经历仕途坎坷，充满了理想化气息，自

① 曾慥：《乐府雅词》（序），辽宁教育出版社，1997，第 1 页。

② 罗泌：《题六一词序》，见陈良运《中国历代词学论著选》，百花洲文艺出版社，1998，第 143 页。

③ 《欧阳修集编年笺注》第 7 册，李之亮笺注，巴蜀书社，2007，第 89 页。

然山水与民间歌谣在他生活中占有相当比重。值得注意的是，这些诗作中反复出现“逐樵歌”“行歌采樵”之类的表达，它们已经不单纯是字面意义上对林间歌声的追寻，更加代表了诗人的主观审美追求，俨然成了诗人审美倾向的投射。

经历了短暂的恬适时光之后，欧阳修进入了仕途的坎坷期。景祐三年（1036年），范仲淹因直陈时弊，触怒权相吕夷简，很多文人以“朋党”之罪牵连其中。欧阳修上书指斥司谏官高若讷见风使舵，献媚失职，“不复知人间有羞耻事”（《与高司谏书》），遂以“越级上书”之名遭到报复。谗言之下，仁宗下诏责其“妄形书牍，移责谏臣，恣陈讪上之言，显露朋奸之迹”①，因此欧阳修被贬为夷陵（今湖北宜昌）令。夷陵属于历史上的“荆蛮”之地，民风原始，巫俗盛行。欧阳修虽仅在此一年有余，但却对楚谣俚歌印象深刻，获得了进一步接触民间歌舞的机会。在《初至夷陵答苏子美见寄》一诗中他说：“时节同荆俗，民风载楚谣。俚歌成调笑，擦鬼聚喧嚣。”这是诗人初到夷陵写给好友苏舜钦的诗篇，介绍了荆楚之地的风土人情，其中提到的“楚谣”“俚歌”给诗人留下了深刻印象。据《东湖县志》记载，此地百姓崇尚渔猎，其时往往“连歌彻夜”，婚丧习俗或者“鼓乐筵宾，喧阗屡日”，或者“鼓锣喧闹，足蹈手舞，尽夜而罢”②。这种情况在欧阳修其他诗作中亦有反映，《黄牛峡祠》称“大川虽有神，淫祀亦其俗。……潭潭村鼓隔溪闻，楚巫歌舞送迎神”，《夷陵书事寄谢三舍人》亦称“腊市渔盐朝暂合，淫祠箫鼓岁无休。……月出行歌闻调笑，花开啼鸟乱钩辀”，在耳濡目染过程中，欧阳修势必会产生情感的认同，在潜移默化中受到影响。事实上，随着对当地文化了解的深入，欧阳修表现出了难得的推崇之情。针对很多人对此地的偏见，他在《夷陵县至喜堂记》一文中辩驳称：“然不知夷陵风俗朴野，少盗争，而令之日食有稻与鱼，又有橘、柚、茶、笋四时之味，江山美秀，而邑居缮完，无不可爱。……是非惟有罪者之可以忘其忧，而凡为吏者，莫不始来而不乐，既至而后喜也。”很显然，“风俗朴野”是他对夷陵的基本定位，他对这种原生态的生活状态非常推崇，而“楚谣”“俚歌”恰是这种朴野风俗的重要组成部分。

夷陵世俗生活的浸染，不仅可以使诗人远离政治的纷扰，也逐渐净化了

---

① 曾枣庄、刘琳：《全宋文》第12册，巴蜀书社，1990，第45页。

② 《东湖县志》，宜昌市委党史（地方志办公室）等校勘整理，清同治三年续修本，第69页。

诗人的心灵，由此对自然之美也多了一份情愫。景祐四年（1037 年），欧阳修由许州还夷陵，途中作《自枝江山行至平陆驿五言二十四韵》，其中有如下诗句：

山鸟啭成歌，寒蜩嘒如哽。
登临虽云劳，巨细得周省。
晨装趁徒旅，夕宿访闾井。
村暗水茫茫，鸡鸣星耿耿。
登高近佳节，归思时引领。
溪菊荐山樽，田鴽佑烹鼎。
家近梦先归，夜寒衾屡整。
崎岖念行役，昔宿已为永。
岂如江上舟，棹歌方酩酊。

虽然全诗略带感伤情绪，但鸟声、鸡鸣、寒蝉、溪菊、田鴽却构成了一幅有声有色的立体画卷。景物相似，却身在旅途，不由得产生“梦先归”的急切之情，最终在想象中的“棹歌”声中寻找到了感情的慰藉。客观而言，无论早期放浪形骸的京洛生活，还是首次被贬夷陵的心灵放逐，这些都为欧阳修与民间文艺的深入接触提供了契机，前者是铺垫，后者是发酵。加上后来贬谪滁州、扬州、颍州的生活经历，这种原始情愫被不断升华，最终以类似盐溶于水的方式，渗透到了欧阳修的整体诗词创作之中。

二、民歌因素的深入渗透

总体上看，景祐三年（1036 年）至皇祐元年（1049 年）这段时间，欧阳修基本处于外任贬谪的状态。人生不幸诗家幸，也恰是在这段时间欧阳修才可以更充分、更多元地接触民间文化，吸收民间养料，在山林牧歌中实现人生境界的进一步提升，所谓“行歌招野叟，共步青林间”（《游琅琊山》）、“援琴写得入此曲，聊以自慰穷山间”（《奉答原甫见过宠示之作》）是也。此时欧阳修的文风渐渐由少年放纵变得“绝去刀尺，浑然天质”①，进一步奠定了自己的诗美风格。我们认为，市井生活的经历为欧阳修文学思想、文学创作的成熟奠定了

① 《曾巩集》《祭欧阳少师文》，陈杏珍、晁继周点校，中华书局，1984，第 526 页。

坚实基础，民间艳乐、俗曲成了他后来诗词中驰骋想象、锻造语言的武库。否则，若纯以高雅的文士生活而入，则后来的作品很可能成为缺少生活气息的掉书袋之作。这无论对诗词内容的提炼，还是对艺术表达的成熟而言都不是好事。欧阳修所反对的宋初西昆体、晚唐体的症结也恰在于此。

袁宏道《雪涛阁集序》中称欧阳修的诗词“于物无所不收，于法无所不有，于情无所不畅，于境无所不取，滔滔莽莽，有若江河”①，指出了欧阳修诗词取材广泛的特点。某种程度上，这与欧阳修对民间生活的吸纳不无关系。在欧阳修的很多作品中，往往含有大量关于民间节日（如人日、元宵、上巳、清明、端午、七夕、中秋、重阳以及冬至）、民俗活动（如祭祀、灯会、捕鱼、登高、采莲）等方面的描述，此类作品如《生查子·去年元夜时》《渔家傲·三月清明天婉娩》《采桑子·清明上巳西湖好》《越溪春·三月十三寒食日》《蝶恋花·越女采莲秋水畔》等。与此相一致，欧阳修很多作品的语言风格也带有明显的俚俗色彩，试看一首《渔家傲》：

> 妾本钱塘苏小妹，芙蓉花共门相对。昨日为逢青伞盖，慵不采，今朝斗觉凋零㬠。
>
> 愁倚画楼无计奈。乱红飘过秋塘外。料得明年秋色在，香可爱，其如镜里花颜改。

以第一人称苏小小口吻，上片将自己与门前的荷花相对比，因一时慵懒，误了花期，导致莲叶凋落。下片感慨岁月无情，抒发秋色循环、容颜易逝的无奈。总体看来，全词的叙事内容和叙事方式颇似民歌，且有明显的口语化色彩。“无计奈”之“奈”应属于语气助词，同样的例子又见于董解元《西厢记诸宫调》卷一：“大师遥见：坐地不定害涩奈，觑着莺莺，眼去眉来。”凌景埏校注称“涩奈：羞涩。‘奈’，语助词。有时也写作‘涩耐’”②。另外，“凋零㬠”之“㬠”也属于同样性质，是表示程度的语气词，相当于“甚”。这些日常词汇的使用，进一步印证了欧阳修诗词的民间色彩。

在欧阳修的众多作品中，最能体现其民间性的应该是鼓子词。鼓子词之名始于宋人《元微之崔莺莺商调蝶恋花词》，是一种以鼓为主要伴奏乐器的演唱

---

① 《袁宏道集笺校》，钱伯城笺校，上海古籍出版社，1981，第710页。

② 《董解元西厢记》，凌景埏校注，人民文学出版社，1962，第34页。

技艺，主要盛行于两宋之际，元明以后仍有少量文人创作。按照现有材料，最早进行鼓子词创作的应是欧阳修，代表作是《渔家傲》（正月斗杓初转势）十二章。该组词以联章体的形式，分别吟咏十二月的节令变化和景物特征，将十二月景色寓于《渔家傲》词牌之下。除此之外，还有归于欧阳修名下的《渔家傲》（正月新阳生翠管）十二章联章词，但对这组与《渔家傲》（正月斗杓初转势）高度相似的词作，出处颇有争议，杨绘《时贤本事曲子集》称“未知果公作否”①。《渔家傲》（正月斗杓初转势）组词后附无名氏跋语曰：“荆公尝对客诵永叔小阕云：‘五彩新丝缠角粽，金盘送，生绡画扇盘双凤。’曰：‘三十年前见其全篇，今才记三句，乃永叔在李太尉端愿席上所作十二月鼓子词。数问人求之，不可得。’”②这段话一方面明确交代了这组词为“鼓子词”的性质，另一方面通过对王安石、李端愿生卒年的考察，可大概推测这组词应该作于庆历五年（1045 年）到嘉祐元年（1056 年）之间，“其时公年不满五十”③。

对于鼓子词的性质，郑振铎最早在《中国俗文学史》中指出：“当为士大夫受到‘变文’影响之后的一种典雅的作品。……当是宴会的时候，供学士大夫们一宵之娱乐的。”④后来学者中刘永济继承此说，《宋代歌舞剧曲录要》认为鼓子词多为“文人遣兴之作”或宴会中“娱乐宾客之用者”⑤。上述观点自然不错，但却并未将问题推向深入，即这种文人“典雅”之作的源头是什么？我们认为，其源头必然可以追溯到民间歌诗。作为“最早出现”的鼓子词，欧阳修的《渔家傲》（正月斗杓初转势）取材于十二月。这种以时间为顺序的叙述方式，在民间或者按照一年四季、十二月的宏观样态体现，或者按照微观时辰的逻辑运行。前者最早如《豳风·七月》《子夜四时歌》，后来历朝历代，大江南北都流传有以十二月为叙事线索的大量民歌，其中当然包括欧阳修曾生活过的四川、湖北、江苏、安徽等地；后者则以“五更”题材最为普遍。按照吴立模、刘半农等人的考证，见于文献记载的五更调可以上溯到晚唐至宋代之前，且极

① 唐圭璋：《词话丛编》，中华书局，1986，第 7 页。
② 《欧阳修全集》，第 2030-2031 页。
③ 张正学：《中国古代俗文学文体形态研究》，四川人民出版社，2017，第 459 页。
④ 郑振铎：《中国俗文学史》，东方出版社，1996，第 268-269 页。
⑤ 刘永济：《宋代歌舞剧曲录要》，武汉大学出版社，2013，第 21 页。

有可能是由“五更转”发展而来。①很显然，欧阳修的这组联章词属于宏观样态，只不过较之民间歌谣更加文雅化而已，但基本叙事逻辑存在明显的相似处。

用欧阳修自己的话说，这种建基于民间文体之上的雅化歌诗，产生的是一种“清欢”式审美效果。这在其《采桑子·轻舟短棹西湖好》十一首联章词中表现明显。虽然《采桑子》组词不像《渔家傲》组词有明确的证据表明它们属于“鼓子词”，但从基本形态来看，众多研究者仍将它们归入鼓子词的行列。②这组词是欧阳修晚年（65 岁）退居颍州西湖所作，十一首词在基本叙事逻辑上将宏观时间、微观时间、人生际遇相结合。就宏观时间而言，几首词的首句分别是“春深雨过西湖好”（其二）、“群芳过后西湖好”（其四）、“清明上巳西湖好”（其六）、“荷花开后西湖好”（其七）；就微观时间而言，几首词的首句分别为“轻舟短棹西湖好”（其一）、“画船载酒西湖好”（其三）、“天容水色西湖好”（其八）、“残霞夕照西湖好”（其九）。作者又将这些自然层面的宏观时间、微观时间与自己的人生际遇相互化合，所谓“何人解赏西湖好，佳景无时”（其五）、“平生为爱西湖好，来拥朱轮。富贵浮云，俯仰流年二十春”（其十）。整体来看，这组词实现了景物与人生、时间与空间的深度统一。一般情况下，鼓子词并非单独出现，在宴饮场合往往会配以散体“致语”，构成念、唱结合的形式。《西湖念语》便属于这组词的“致语”，其中对这组词的性质进行了如下描述：“因翻旧阕之辞，写以新声之调，敢陈薄技，聊佐清欢。”明确指出此为“翻旧阕”而作的“新声”。“采桑子”词牌始于南唐，旧题“丑奴儿令”“丑奴儿”“罗敷令”等。李煜、冯延巳等人较早以此格式进行创作，到了宋代已经较为普及，欧阳修之前以晏殊的作品最具特色。因此，《西湖念语》中的

① 按：《歌谣周刊》1924 年 4 月第 51 期刊载有吴立模《五更调与五更转》一文，考察五更调的产生时间及来源问题，并附有吴立模与当时在法国的刘半农关于这一问题的往来书信。刘半农为其提供了自己发现的《太子五更转》材料，吴立模据此更加坚定了五更调源自五更转的观点。现将《太子五更转》转录于此：“一更初，太子欲法坐心思：□知耶娘防守□，何时得度雪山□；二更深，五百个力士睡昏沈，遮取黄羊及车□，朱鬃白马同一心；三更满，太子腾空无人见，宫里传齐悉达无，耶娘肠肝寸寸断；四更长，太子苦行万里香，一乐菩提修佛道，不藉你分上作公王；五更晓，大地下众生行道了！忽见城头白马纵，则知太子成佛了！”后来民间流传的大量五更题材唱段有逐渐艳情化的趋势，这是另外一个问题。

② 近代以来，首先提及欧阳修《采桑子》的是王国维，其在《宋元戏曲史》（上海古籍出版社，1998，第 32 页）中指出该组词与普通词的区别在于“重叠此曲，以咏一事”。于天池在《宋代文人说唱伎艺鼓子词》［《北京师范大学学报》（社会科学版）1999 年第 5 期］一文中亦指出，《采桑子》“虽然没有明确标出是鼓子词，但从它的《西湖念语》来看，却是典型的鼓子词”。此外，马兴荣《中国词学大辞典》、李雪梅《中国鼓词文学发展史》等著作皆将《采桑子》归入鼓子词之列。

“旧阙”当指已经成型的文人之作，而“新声之调”当是指“鼓子词式”的民间连珠体形式。这样，就使《采桑子》实现了通俗与高雅的融合。通俗体现了普通人的日常之“欢”，高雅则保持了文人阶层的精神之“清”。这应该也是欧阳修援民歌入诗词的深层目的所在。

三、民歌与“淡怨”旨趣的形成

欧阳修在《六一诗话》中多次提到梅尧臣，对其诗风评价极高，称梅尧臣“闲远古淡”“深远闲淡”。《六一诗话》属于欧阳修晚年“退居汝阴”之作，两人相识30余年，兴趣相投，文风接近，对老友诗风的总结和高扬，又何尝不是自己诗美理想的折射？事实上，对“淡”的推崇，除了梅尧臣的影响，民间文学的自然取向应该是非常重要的原因。

清人沈曾植评价欧阳修诗作“颇多通俗俚语，故往往与乐章相混”①。此处所言之“乐章”当更多是指民间乐歌，其诗作中所谓的“通俗俚语”便是其“尚淡”旨趣的具体呈现。民间因素的浸润，使得欧阳修诗风呈现一种自然清淡的特征，叶梦得称“其言多平易疏畅”②，苏轼亦称“其言简而明”③。欧阳修本人也明确表明了自己的态度，其曾通过曾巩转告王安石“孟韩文虽高，不必似之也，取其自然耳”④，表达殷殷劝诫之情。在给徐无党的信中称“然不必勉强，勉强简节之，则不流畅，须待自然之至”（《与渑池徐宰书》之五）、“犹爱吾子辞意甚质”（《答徐无党第二书》），勉励之余也对徐无党质朴的文风予以称赞。在给张棐的信中谈及以文明道之意，认为六经之文“其道易知而可法，其言易明而可行”（《与张秀才第二书》），鼓励取法六经文风进行实际创作。为了将崇尚自然、淡泊的旨趣表达得更充分，欧阳修专作《斲雕为朴赋》，文中他提出“素以为贵，将抱朴而是思；焕乎有文，俾运斤而悉去”，主张祛除文章华丽雕饰的外表，返归平易质朴的本质。

如果说“尚淡”仅是欧阳修诗风的外在呈现的话，那么对“怨刺”传统的皈依则是其内在精髓。其对民间歌诗的重视，绝不仅仅因为它们以自然的风貌为其带来感官愉悦这么简单，更为重要的是民歌具有“通下情”的作用。《毛诗

① 唐圭璋：《词话丛编》，第3610页。
② 何文焕：《历代诗话》，中华书局，2004，第407页。
③ 《苏轼文集》，孔凡礼点校，中华书局，1986，第316页。
④ 《曾巩集》，第255页。

大序》很早就指出“风，讽也”，“主文而谲谏，言之者无罪，闻之者足以戒”。民众借助歌诗表达内心所想，统治者凭借民歌反思政治得失，于是“观风”成了正直之臣和贤明君主的重要活动。欧阳修对民歌的重视，恰恰是其文学家身份之外，政治家理性的折射。“诗可以怨”“诗可以观”传统在他这里获得了延续，这也是其重视民歌的深层动机所在。康定元年（1040 年）在《赠杜默》一诗中，欧阳修首先以凤凰起兴，称赞杜默“其音和且清”，并指出“杜默东土秀，能吟凤凰声”。但在他看来这样还不够，于是建议对方“子盍引其吭，发声通下情”，承担起歌者的责任。杜默的老师是宋初理学开创者石介，石介在《三豪诗送杜默师雄并序》中称有宋文坛“石曼卿之诗，欧阳永叔之文辞，杜师雄之歌篇，豪于一代矣”[①]，据此，后人遂以“诗豪”“文豪”“歌豪”称呼三人。很显然，欧阳修希望杜默秉承风雅传统，为民间发声，歌之有物。

事实上，欧阳修对“怨刺”的认知与其对民歌的重视相互同步。明道元年（1032 年），时年 26 岁的欧阳修写就《书梅圣俞稿后》，文章主旨是在推扬梅尧臣的诗风，但大部分篇幅却是在讨论音乐。在他看来，音乐可以“达天地之和，而与人之气相接”，并指出春秋以前“诸侯之国亦各有诗，以道其风土性情”。很显然，他不仅看到了音乐和谐天地、和谐人心的形而上作用，亦重视民歌呈现风土人情的现实功能。正是基于这种考虑，最终才得出“诗者，乐之苗裔”的结论。这一命题，不仅彰显了诗与乐在发生学上的同根性，更加规定了两者在功能论上的一致性。除此之外，在《梅圣俞诗集序》中他亦称赞梅圣俞“学乎六经仁义之说，其为文章，简古纯粹”，这更充分地表明欧阳修眼中所谓的“闲淡”“纯粹”实际上乃是一种形式之自然与内容之兴寄的深度统一。宋祁在《授知制诰举欧阳修自代状》中评价欧阳修的文章时，称“措辞温雅，有汉唐余风”[②]。此处之“温雅”与本文的“淡怨”意思相近，认为其秉承了汉唐以来自然平和而又言之有物的诗学传统。在《六一诗话》中，欧阳修认为白体之弊为“得于容易”，西昆体之弊为“语僻难晓”，晚唐体则单纯“以精意相高”。结合欧阳修对宋初文坛上述不良文风的否定，可以说他既反对单纯的形式浅白，也反对孤立的内容深奥，而是试图营造一种“谲讽淡泊”的审美氛围。

正因欧阳修对民歌的深度接受，才使其表现出与梅尧臣“同中有异”的审美追求。如这部分开头所言，欧阳修与梅尧臣“文风接近”。这主要表现为他们

---

① 石介：《徂徕石先生文集》，陈植锷点校，中华书局，1984，第 13 页。

② 曾枣庄、刘琳：《全宋文》第 12 册，第 244 页。

都有对“淡”的审美追求，但“接近”却不等同于“一致”。每个人的性格、际遇、生活环境绝不可能完全一致，这也必将导致不可能存在完全相同的创作风格和审美旨趣。事实上，梅尧臣在对“平淡”的追求中，也包含着怨刺的因子，比如在其《寄滁州欧阳永叔》①中除了称赞欧阳修“君才比江海，浩浩观无涯”，还以“不书儿女书，不作风月诗”与欧阳修共勉。但坎坷的人生际遇，使其难于施展人生抱负，诗歌在“济世”层面所达到的高度也不免受到限制。朱自清先生就认为梅尧臣的平淡初为“闲肆平淡”，后来则“间亦雕琢”②。这种“平淡”与陶渊明、王维不同，也与欧阳修有所差异。相比之下，梅尧臣逐渐向纯艺术的层面深入，“状难写之景如在目前，含不尽之意见于言外”成了其最终的诗美追求，而欧阳修却将梅尧臣《依韵和晏相公》中所期望的“文字出肝胆”③真正付诸实践并发扬光大。所以，如果说梅尧臣所尚之“淡”，倾向于“无为”之淡的话，那么欧阳修所践行之“淡”，则可以说是“有为”之淡。或者说，梅尧臣的“淡”是“闲淡”，而欧阳修之“淡”属“雅淡”。

欧阳修没有将含有“怨刺”的文字，变成生硬的载道之文的原因恰在于对“淡”的深入理解。我们认为，这种效果的实现与其深厚的民间文学底蕴密不可分。在《送杨寘序》中，欧阳修借讨论琴音，进一步诠释了自己的审美追求。在他看来，古琴之音“纯古淡泊，与夫尧舜三代之言语、孔子之文章、《易》之忧患、《诗》之怨刺无以异”。从中不难看出，所谓的“纯古淡泊”绝不仅仅是形式层面的自然天成，更为主要的是内容层面的忧患、怨刺，这与其对文学的看法如出一辙。正是在这种思想的指导下，他才可能实现“滑稽嘲谑，形于风刺”的自由境界。由此可见，欧阳修所践行的“淡怨”实现了李白式的自由与杜甫式的沉郁的深度整合。尽管其文学成就无法与二人匹敌，但在风格建构层面的努力则值得肯定。艺术境界的日趋精纯，加上中年以后逐渐提升的政治地位，为其审美理想的普及提供了助力。有研究者指出，其“借助‘场屋’之权有效地推行起‘平易流畅’的文风诗风”④。欧阳修历任主考官，从长远来看，他的主观好恶必然在潜移默化之中左右举子们的创作倾向，从而形塑了有宋一代文学的整体审美追求。

---

① 《梅尧臣集编年校注》，朱东润编年校注，上海古籍出版社，2006，第 330 页。

② 朱自清：《宋五家诗钞》，上海古籍出版社，1981，第 1 页。

③ 《梅尧臣集编年校注》，第 368 页。

④ 韩经太：《中国诗学平淡美理想》，《中国社会科学》1991 年第 3 期。

综上所述，欧阳修作为北宋文坛巨匠，诗、词、文都具有开风气之先的作用。尽管其词作中仍带有一丝花间词的影子，但他在词境拓展方面却作出了突出贡献，遂使宋词变成了“无事不可入”的文学正宗。在诗歌与散文创作方面，他一方面呈现流畅自然的语言风格，另一方面则在流畅中寄予深厚，体现出文学家的艺术才能与政治家的经世胸怀的统一。我们认为，欧阳修作品总体艺术风格的形成除了其自身超拔的文学天赋，民间文学尤其是民间俚曲的长久浸润也是一个不容忽视的动力因素。本文所论之“淡”，绝不是一汪清水般的纯净无物，它更像是一杯醇厚可人的香茶，表面看来似乎平淡无奇，但其中却蕴蓄着对自然的提炼，更加含有令人精神振发的因子。民间歌谣自然随性的表现形式，为欧阳修的作品提供了“淡”的外衣；同时，其言志体俗的内在属性，则使其作品淡中有物、淡内含讽，两者水乳交融便形成了欧阳修独特的“淡怨”风格。如果从整个宋代文化史来看，以欧阳修为主导的文人式的“淡怨”追求与以周敦颐为代表的理学家的“淡和”旨趣，在宋代社会逐渐合流。前者在形而下层面实现了审美与社会的整合，后者则在形而上层面实现了天理与人间的勾连。这一过程中便完成了“淡”的全方位建构，也对宋人的精神境界实现了立体性统摄，塑造了“宋型文化”的独特风貌。

不死之物：枯木怪石的世界

黄小峰

摘 要：本文以可能是苏轼存世的唯一真迹《木石图》为出发点，讨论了宋代文人文化中对枯树与怪石的痴迷所具有的文化意义。作为一个有漫长文学传统的主题，枯木何以会成为苏轼绘画的主要题材？与北宋绘画的发展有怎样的关系？园林文化在对枯木的表现中起着怎样的作用？宋代文人对于佛教尤其是禅宗的信仰是否与枯木绘画发生着关联？论文主要从美术史的角度进行考察，尝试对这些问题提出自己的见解。

关键词：苏轼 《木石图》《狮子林图》 寒林图 文同 禅宗

引 言

宋代文人的审美趣味对后世产生了深远的影响。苏轼作为宋代文化偶像之一，又在相当程度上形塑了宋代的文人审美。苏轼的影响及其偶像化一直持续至今。在2020年“千古风流人物——故宫博物院藏苏轼主题书画特展”中，有一件有趣的作品——清代乾隆年间的宫廷词臣画家钱维城所画的苏轼收藏并命名的“雪浪石”及抄录乾隆御书《雪浪石记》。不只钱维城，乾隆的词臣画家张若霭、张若澄弟兄也都画过苏轼的“雪浪石”。乾隆帝对于苏轼和“雪浪石”的痴迷直接促成了乾隆年间在河北定州对于苏轼曾收藏的“雪浪石”的复原。因为乾隆的认定，这块被认为是苏轼在定州得到的“雪浪石”如今已成为河北

本文作者黄小峰，现为中央美术学院教授、人文学院副院长。

省的重点保护文物。而“雪浪石”甚至借助苏轼的命名在宋代就成为一种独特的观赏石种类。①

“雪浪石”只是与苏轼有关的文化生产的一个例子，不过却很好地揭示出一种文人审美，那就是对于清玩之物的迷恋。能够摆放在园林和居室的石头是其中一个重要的种类。除了被乾隆认定的“雪浪石”，苏轼曾收藏过的众多石头已经无法找到了。苏轼对于石头的热爱更多是通过他的诗词和绘画对后人产生影响。苏轼不仅是百代流芳的文学家，也是划时代的书画家，是宋代文人绘画的代表人物。《枯木怪石图》（也称《木石图》，图 1）被认为是现存唯一的苏轼绘画真迹，用水墨描绘了一块形状奇怪的石头、一株枯树和一丛竹子。本文将以这件作品为中心，从绘画史的角度进行考察，尝试去理解枯木怪石对于苏轼以及宋代文人艺术的意义。

一、园林与枯木

让我们还是从清代的宫廷说起。今天的紫禁城，御花园里有不少姿态奇特的枯木。累累的树瘤被数百年间经过此地的人——说不准也包括明清的皇帝们——摸得光可鉴人。与这些枯木合影，成为现今游客们的固定节目。倘若恰有乌鸦的鸣叫，瞬间便会让人们感觉到历史的厚重存在。不过，这些供今人寄托怀古之思的枯树，并不是当年景象。换句话说，明清两朝的皇帝们根本就不愿意在紫禁城内看到枯树的存在。

存世的明清宫廷绘画，向我们展示了紫禁城与皇家园林的若干片段，几乎看不到任何枯木。明代前期宫廷画家绘制的几幅表现宫廷生活的长卷绘画，包括《元宵行乐图》《宣宗行乐图》《御花园赏玩图》《四季赏玩图》，是观察皇家园林景观的绝佳图像。学界曾争论画面描绘的究竟是明宣宗还是明宪宗，但多数证据都指向宪宗（公元 1464—1487 年在位）。以《御花园赏玩图》为例，画中描绘了皇帝于御花园游玩的八个场景。那些姿态各异的苍松翠柏，的确是御花园的主要景观，无一例外都是郁郁葱葱的，焕发着勃勃生机，搭配着同样葱郁的槐、柳、芭蕉、翠竹。不知道在皇帝眼里，草木繁茂是否代表国家的欣欣向荣，

---

① 水赉佑：《苏轼雪浪斋铭刻石考》，《书法》2019 年第 11 期。谢飞、夏文峰编著《雪浪石》，文物出版社，2018。

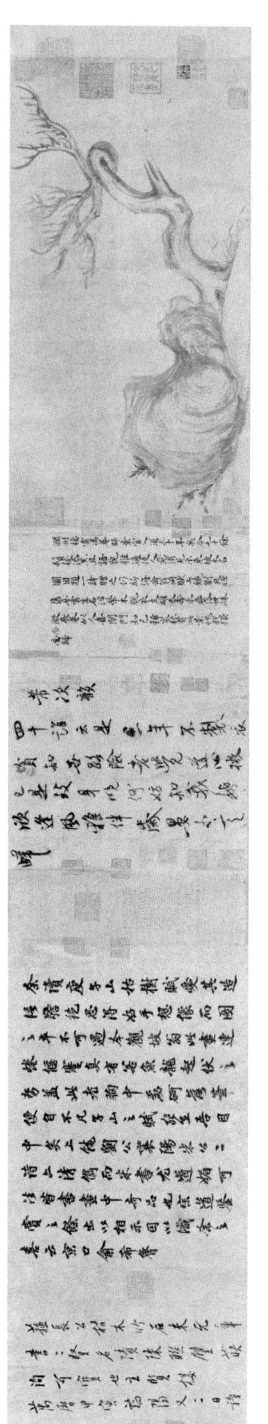

图1 苏轼《枯木怪石图》

图2 《明宣宗行乐图》（局部）卷，绢本设色，故宫博物院藏

但可以肯定的是，具有祥瑞意义的景观是宫廷所必需的。画中的御花园，有两株交错在一起的柏树，正是所谓的“连理树”。早从汉代起，连理树的出现就被视为上天对贤明君王的嘉奖。《晋中兴书》的“征祥”篇中说：“王者德泽纯洽，八方同一，则木连理。连理者，仁木也。或异枝还合，或两树共和。”图中描绘的就是“异枝还合”的连理树。巧的是，在定名为《明宣宗行乐图》（图2）的另一幅画中，也有一组“异枝还合”的连理树，同样是柏树。这组连理树出现在捶丸的场地里。这里有大片空地进行运动，或许不是御花园，而是紫禁城西边的另一片皇家园林“西苑”，即今天的北海和中南海。在今天紫禁城的御花园里，正可以看到一组连理的古柏——它们是皇家景观的核心。

今天御花园的连理树，大约是清代中后期所种植。清代的皇帝们，和明代的皇帝们一样，也不会希望看到皇宫中和皇家园林里有饱经风霜的枯木。树枯了，就会被移走，替换新的树木。不过，皇帝们的艺术趣味里，却并不排斥枯木。清朝最有名的艺术皇帝是乾隆，他在1757年画了一幅《枯木竹石图》（首都博物馆藏）。在现实世界里，皇帝拒绝枯木，在艺术的世界里，皇帝却需要枯木。枯木对他而言，代表着汉人文化的一个重要传统。他在画上题写了对于这种题材的认识：“枯木竹石之作，昉于东坡。盖名流墨戏，文章翰墨之余，自然流露发见耳。”乾隆的认识也是如今人们的流行看法，即这类画作属于“枯木竹石”，描绘枯木、怪石和墨竹的组合，是北宋文豪苏轼的创造，属于文人在正事（学术和文学）之外的图画游戏。乾隆仿“枯木竹石”的意义在于，这也是他在正事（当皇帝）之外的图画游戏。乾隆的发挥还在于，他把这种“枯木竹石”的描绘与特定的时间联系起来。他是在腊月里画这幅画的，显然是为了迎接新春。如此说来，画中奇石旁的枯树并不是枯死的树，而是冬天树叶凋零的树，春天到来，将会再次茂盛。这就是乾隆在自题中所说的“自觉天机盈溢”之所在——万物遵循着时间的规律，周而复始，生生不息。

乾隆绘制的画面里，土坡之上，矗立一块奇特的石头，掩映几丛不凋的翠竹和一株木叶尽脱的大树。这个场景究竟是在野外还是在园林之中？从石头造型来看，是一块园林中的观赏石，场景与其说是野外，毋宁说是园林一角。说得更清楚的是画上乾隆大臣介福的题诗，其中“御园结嘉景，古致森可掬”一句明白无误地指出这个场景被视为皇宫中御花园里的吉祥景致。不过，画面的构图，很难想象是来自御花园的实景，甚至也非直接来自苏轼，而是来自对元代绘画中“枯木竹石”流行样式的模仿。皇帝的花园里不需要真的枯死的树。

哪怕寒冬到来，御花园里的槐树、柳树等树叶尽脱，但这些经冬而枯的树也只有在“枯木竹石”这个绘画空间中才能够获得意义。皇帝感兴趣的不是真的枯树景观，而是对枯树的文化想象。

古人在造园的时候，是否会有意识地把枯树作为园林景观呢？鉴于明朝以前的园林鲜有留存下来的实例，只从对历史中著名皇家园林和私家园林的记载里，很难得到确切的认识。历代绘画中，尤其是宋元绘画里，保留下来的对于园林的描绘，大多也不见得是实景，所以对于这个问题，恐怕很难会有确切的回答。南宋刘松年的《四景山水图》（故宫博物院藏），大约描绘的是四季里不同的园林景象，不是具体的园林，而是当时美好园林的集合。即便是在冬景中，点缀庭院建筑的主要景观也还是苍翠的巨大松树和雪竹。几株凋落的落叶树的树梢只在建筑物后面隐现。根据姜斐德（Alfreda Murck）的研究，传为另一位南宋宫廷画家马远的《春游赋诗图》（纳尔逊—阿特金斯美术馆藏）有可能意在表现南宋张镃的私家园林。院子里松柏古树和梅、柳不少，但没有一棵是枯树，因而显出苍翠的生机。园林是个充满生机的所在，正如《牡丹亭》中杜丽娘的欢呼：“不到园林，怎知春色如许？”

最早在园林——或是对园林的表现——中看到对枯木的欣赏可能要到明代前期。在乾隆皇帝所钟爱的古代绘画中，有一幅传为元代画家倪瓒的《狮子林图》（故宫博物院藏）。尽管是一件摹本，但依然被认为是了解苏州著名园林狮子林在元代时面貌的窗口。

元代的狮子林是一座禅宗寺庙的园林，由高僧天如惟则（1286—1354 年）的弟子们出资兴建，以供奉禅师居住和讲经说法。“狮子林”的得名一种说法源于寺中状如狮子一样的怪石，另一种说法是为纪念惟则的师父中峰明本，明本曾在西天目山的狮子岩说法。大片的怪石在画面中确实是表现的重点，出现在画卷的尾部。不过，怪石却差一点儿要被一株枯树抢了风头。这株枯树苍老虬曲，老干上分出两枝，像人的两臂，一臂指天，一臂指地。它旁边，就在进入园中主要建筑物的入口，还另有两株高大的枯树，就像双阙，守住入口。根据流传下来的天如禅师的《狮子林即景十四首》组诗，可以知道这株虬曲老树是一株古梅树：“林下禅关尽日开，放人来看卧龙梅”，“斜梅势压石栏干，花似垂头照影看。白昼云阴天欲雪，半池星斗逼人寒”。按照天如禅师的描述，这株“卧龙梅”只是老迈，尚没有枯死，而依然能绽放花朵，在当时就是狮子林的一景，常有香客来参观。它和其他两株树被画成枯枝，合理的解释是因为时在冬季。画面上伪托的倪瓒的款显示绘制的时间是“十二月”。即便如此，为何以枯木形态出现的古梅和古树在画面中会占据如此重要的位置？它们几乎就在画卷中央，不仅是画面中最大、最古老的树，也是被描绘得最为清晰和仔细的植物。它们还共同衬托出画面中点题的关键景物：一尊带头光的佛像出现在由古树所框定出来的一间草堂里，使观者意识到所看到的是一座佛教寺庙的园林。

二、佛教与枯木

画中园林的枯木，是刻意营造的景观。在佛教的语境中，枯木与坐禅修行的特殊方式有关。天如禅师的《狮子林即景》组诗中有一首描绘了参禅的僧人嗅到园子里栀子花的浓香时的景象：

指柏轩中六七僧，坐忘忽怪异香生。
推窗日色暖如火，薝葡花开雪一棚。

第二句的“坐忘”一词，出自《庄子·大宗师》：“堕肢体，黜聪明，离形去知，同于大通，此谓坐忘。”这里用来说明僧人参禅静坐时的状态。在《庄子·齐物论》中也有另外一段对于这种“坐忘”状态的阐发：“南郭子綦隐机而坐，仰天而嘘，荅焉似丧其耦。颜成子游立侍乎前，曰：‘何居乎？形固可使如槁木，而心固可使如死灰乎？今之隐机者，非昔之隐机者也。’”“槁木”即枯木。“坐忘”的状态，应是成为枯木和死灰，对于内在世界和外在世界不再有分别，从而与大道融为一体。然而在天如禅师的诗中，正在进入“坐忘”状态的一群僧人竟然会被园林中“薝葡花”的香气所吸引。“薝葡花”是佛经中提及的一种佛花，常被认为就是栀子花。这究竟是因为僧人修行不够，还是他们修行太高深？《狮子林图》中的枯树恰好标示出跏趺坐的佛像，这正是所有“坐忘”的僧人所应有的样子：形如槁木，心如死灰。真正的枯木和想象中的枯木相互阐发。

倪瓒的图是为狮子林的第三代住持如海所绘。比倪瓒年轻一辈的苏州画家徐贲（1335—1378 年）在洪武年间也应如海之请绘制了《狮子林十二景图》（图 3），此图现存台北故宫博物院，和倪瓒的画一样也并非原本。徐贲的画采取一景一图的形式，与倪瓒的手卷很不相同。但其中有一景，两幅画却可以相互比较，即对于古梅树的描绘。这一景在徐贲画中名为“问梅阁”。卧龙般的梅

图 3　徐贲《狮子林十二景图》仿本的《狮子峰》一开，台北故宫博物院藏

树俯瞰水面，醒目的枯枝间有一些墨点，似乎暗示着将开的梅花。古梅的旁边有两株高大的古树，一株是长着松针的松树，一株是没有叶子的枯树，二者形成了荣枯的对比。除此之外，枯树在徐贲的画中也反复出现。“吐月峰”一段，庭院里除了园石和翠竹，另外七棵树全都是木叶尽脱的枯树。在“雪夜兀立”一段，草堂中坐禅的僧人和四株高大的枯枝古木相互映衬。图画空间中的狮子林枯树景观，在清代落到了实处。清代晚期刊印的《姑苏名园狮子林》版画，应是对清代狮子林的实景写照，藤蔓缠身、嵌空镂孔的枯树是画面的中心景观之一。狮子林几经改造，今天的游人，则会看到与紫禁城御花园同样的枯柏。它们或许曾经苍翠，如今则以枯老的枝干吸引着人们的视线。

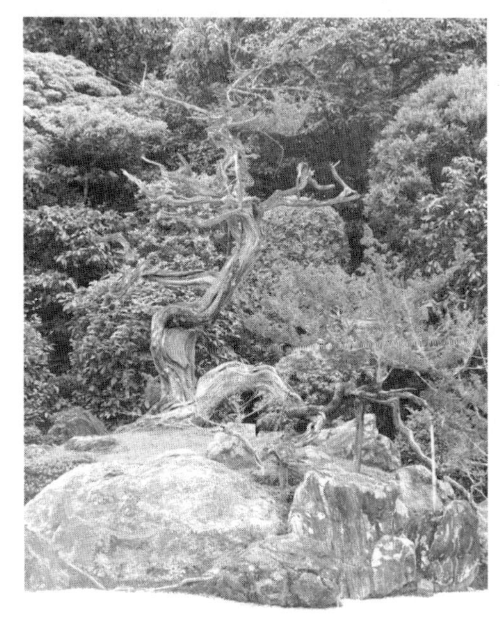

图 4　日本京都南禅寺金地院“鹤龟之庭”的“龟石”

禅宗寺庙狮子林的枯木景观，立

即就会让我们的思绪跨越国度，想起日本禅宗寺庙中流行的所谓“枯山水”。尽管它并非寺院所独有，但其发展与禅宗有一定关联则是不争的事实。枯山水的盛行大约是在15世纪以后，常见的是以白沙石为江海，以深色的石块为山形、动物。有时在枯山水景观中也会装点枯树。京都南禅寺金地院里著名的“鹤龟之庭”造于宽永九年（1632年）。白沙中央的石块，象征阿弥陀三尊和净土世界。白沙两边的石块分别是鹤与龟。右边为鹤石，上有高大、茂盛的古松一株。左边是龟石（图4），上有姿态奇特的枯柏一株。其姿态与倪瓒《狮子林图》中的卧龙梅颇有些近似。“鹤龟之庭”是为幕府三代将军德川家光所造，龟鹤与净土世界既表现了吉祥寓意，也蕴含佛教的意趣。枯柏与老松所形成的荣枯对比，恰是点睛之笔。

京都南禅寺属于禅宗的“临济宗”。“临济宗”是禅宗的重要流派，形成于中晚唐，宋代的时候从中国传入日本。“临济宗”的开创者是临济义玄（？—867年）禅师，其思想则传承自其师黄檗希运（？—855年）。在黄檗禅师的语录《传心法要》中，有一段文字被认为是后世临济一脉所谓“枯木禅”的源头：“如今末法向去，多是学禅道者，皆着一切声色，何不与我心心同虚空去，如枯木石头去，如寒灰死火去，方有少分相应！”黄檗禅师说修行要像“枯木石头”“寒灰死火”，正是借自《庄子》中所说的槁木死灰的“坐忘”状态。其发挥是把“枯木”与“石头”放在一起，由此便不只是一个物，而形成了一个颇具视觉意象的景观。数十年之后的五代时期，长沙石霜山的庆诸禅师把这种修禅方式发挥到极致，跟随其修行的僧人被称作“枯木众”：“堂中老宿长坐不卧，屹若榴杌，天下谓之‘石霜枯木众’是也。”（《宋高僧传》卷12《唐长沙石霜山庆诸传》）后来，禅僧起居修禅的僧堂就被称作“枯木堂”。

在南宋时编成的禅宗典籍《五灯会元》中，类似的以枯木喻禅的方式更具视觉感。卷六的“亡名道婆”讲了一个故事：

> 昔有婆子供养一庵主，经二十年，当令一二八女子送饭给侍。一日，令女子抱定，曰：“正恁么时如何？”主曰：“枯木倚寒岩，三冬无暖气。”女子举似婆。婆曰：“我二十年祇供养得个俗汉！”遂遣出，烧却庵。

按理来说，僧人已经修行到了一定境界，即使突然被妙龄少女紧紧拥抱，也像寒冬岩石旁的枯木一样，达到坐忘的状态。然而在供养僧人的老太婆看来，倘如僧人真正达到枯木死灰的境界，怎么还有冷暖之分，怎么还能把这种状态自己讲述出来呢？他似乎尚未达到“本来无一物”的境界，大概就和狮子林指柏轩中那六七位参禅入定的僧人一样，看似坐忘，却依然会被园子里的花香所扰乱。

“枯木倚寒岩，三冬无暖气”的视觉意象，在宋代以来的绘画中出现得十分频繁。南宋画家梁楷的《出山释迦图》（图5）就与之十分贴合。画面表现的是太子悉达多经过六年苦修，终于悟道，于是出山成佛。这一题材在宋代的禅宗绘画中很流行。画面里环绕佛陀的，便是巨大的岩壁和几乎与岩石长在一起的几株枯木。在汉地，相传释迦牟尼的成道日是在农历十二月八日，即腊八，于是描绘他出山的画面往往画成寒冬景象，和《过去现在因果经》《修行本起经》等记载了佛陀苦修成道的经典不尽一致，有了更多对气氛的渲染。①根据佛经，佛陀苦修时是于娑罗树下静坐，吃得极少，以至于“身形消瘦，有若枯木”。枯瘦而营养不良的身体状态在画面中被清晰地表现出来，与画面中岩石上的枯木相互呼应、相互说明。释迦牟尼双掌合十，眼目低垂，在寒风中伫立。这是开悟的状态，恰好被枯木般的身体和周遭的枯木所揭示出来。枯木与禅定悟道的关系，最视觉化的表现是佛教的罗汉画。虬曲

图5 梁楷《出山释迦图》轴，绢本设色，107厘米×48厘米，日本东京国立博物馆藏

① （日）板仓圣哲：《梁楷〈出山释迦图〉的诸问题》，见《浙江大学艺术与考古研究（特辑一）：宋画国际学术会议论文集》，浙江大学出版社，2017。

古老的枯树中，罗汉在树洞里静坐参禅。罗汉所体会到的，也正是佛陀当时的状态。

图 6　南宋《大德寺五百罗汉》之《树中坐禅》，绢本设色，日本京都大德寺

三、枯木怪石图

梁楷笔下具有禅宗意味的枯木，与宋代枯木绘画的传统密不可分。正如乾隆所言，后人最为熟知的，是苏轼笔下的枯木怪石，他正是凭借着这个题材而在艺术史上占据着崇高的位置。苏轼的绘画，目前只有一件较为大家所认同的作品传世，即私人所藏的《枯木怪石图》。[①]画面画了一个斜坡，一块巨石，一棵枯树，两枝墨竹。倘若按照苏轼那个时代的标准来说，画中的石头不是一块好的观赏石。宋代时已经明确了瘦、皱、透、漏这几大赏石标准。或者多孔洞，或者石形尖峭。总之，观赏用的石头要险、怪、奇，或者是苏轼所说的“丑”。而苏轼画中的石头笨重，没有起伏和窍孔。一大一小两块石头，看起来像一只老龟。这可能意味着画中的石头不是费尽人力寻觅、雕琢而成的观赏石，而是野外的一块普通大石。那么，画中的环境就是在野外，而不是庭院园林里。画中的枯树形态奇特，最有趣的是树干到顶端突然一个 360 度的回身扭转。美术史上的流行说法，是将枯木竹石看成苏轼人格的显现，看成一种自我表现。这种说法大概来自苏轼同时代人，尤其以米芾的一段话最为著名。作为苏轼的朋友，米芾在《画史》中有这样一段评论：

> 子瞻作枯木，枝干虬屈无端，石皴硬，亦怪怪奇奇无端，如其胸中盘郁也。吾自湖南从事过黄州，初见公，酒酣曰：“君贴此纸壁上。”观音纸

① 对这件传奇作品的研究有不少，主要聚焦在真伪考辨赏，相关研究可参见郭怀宇《虬曲无端写盘郁：苏轼〈木石图〉辨析》，《紫禁城》2020 年第 7 期。

也。即起作两竹枝、一枯树、一怪石见与。

有趣的是，米芾所讲的苏轼在黄州为他所画的画，和这幅《枯木怪石图》相似，都是枯树一、石头一、竹枝二。在米芾看来，苏轼画的枯木和石头视觉特征很强，共同特点是“无端”，即无论是树石的形象还是具体的描绘笔法，都看似无休无止。米芾进一步将这种无休无止的视觉特征比作苏轼内心积累的那些曲折幽深的意气。苏轼另一位好朋友黄庭坚也表达过类似的看法。在《题子瞻枯木》诗中，他说苏轼是“胸中元自有丘壑，故作古木蟠风霜”。意思和米芾所说的差不多，苏轼之所以画枯木，是因为他胸中已经有了山川大地，画出的枯木就是这山川大地的一部分。

这种极端自我表现的方式，看起来与现代艺术极其相似。在苏轼的时代会是这样吗？必须看到，无论是米芾还是黄庭坚的说法，都是一种修辞的说法。黄庭坚在另一首吟咏苏轼画竹石的诗中，更是说“东坡老人翰林公，醉时吐出胸中墨”，怎么能把这话当真？所谓“醉时吐出胸中墨”，其实应是对苏轼诗的巧妙引用。苏轼有一次在友人郭祥正家喝酒，喝醉后征得主人同意，在墙上画了一铺竹石，并写了《郭祥正家醉画竹石壁上郭作诗为谢且遗古铜剑》一诗：

空肠得酒芒角出，肝肺槎牙生竹石。
森然欲作不可回，吐向君家雪色壁。

醉酒、呕吐、作画，在这里被文学化地比拟为一种身体内部奇妙的自主运行过程。内脏被酒浇灌，自然而然地生长出了竹子和石头。它们沿着内脏向上，冲破喉咙，化为水墨，洒落在墙面上。如果把这个叙述当真，那这哪里是绘画，这简直就是法力无边的神仙。

米芾、黄庭坚和苏轼的修辞手法，似乎都在表达这样的意思：枯木竹石绘画，本质上而言并不是对外在自然世界中枯木和怪石的模仿，而是身体内在运行规律的一种表象。与苏轼一样传奇的是其表兄文同（1018—1079年）。文同也以善画枯木竹石得名。苏轼在《书补之所藏与可画竹三首》中，对文同画竹子时的状态有这样的描述：

与可画竹时，见竹不见人。岂独不见人，嗒然遗其身。
其身与竹化，无穷出清新。庄周世无有，谁知此疑神。

苏轼画画，是用酒在身体内部长出了竹石，文同则是把身体幻变成了竹子。诗中用了“坐忘”的典故，在苏轼眼里，文同通过画画的方式变成了庄子。无独有偶，苏轼的友人李之仪（1048—1117年）在看过苏轼在郭祥正家墙上所画的竹石以及苏轼的诗句之后，发出如下感慨：

一杯未釂笔已濡，此理分明来面壁。
我尝傍观不见画，只见佛祖遭呵骂。
人知见画不见人，纷纷岂是知公者。

在他眼里，面对墙壁画画时的苏轼，不是别人，正是面壁苦修、正欲成道的释迦牟尼佛。如此说来，无论是文同的“坐忘”，还是苏轼的“面壁”，画枯木竹石，不就是一种修行的方式吗？这里的枯木并不是真实的枯木，而是修行时身心俱灭的槁木死灰状态。

枯木竹石绘画与佛教的关系值得进一步思考。苏轼对禅宗以枯木喻禅的方式一定不陌生，他和禅宗高僧往来频繁，甚至被看作“临济宗”黄龙派慧南弟子东林常总（1025—1091年）的法嗣。他的枯木竹石在当时除了以他为中心的文人圈，流传其实并不广泛，但他却时常就画在佛教寺院的墙壁上。他有一位仰慕者慧洪觉范（1071—1128年）是临济宗黄龙派僧人，就曾专门到汴梁的戒坛院寻访苏轼的枯木。苏轼的另一位禅僧挚友道潜（1043—1106年）也曾在看过他在某处寺庙中所画《枯木》之后说：“偶向僧坊委陈迹，每经风雨听龙吟。”“僧坊”即僧房，是僧人日常修禅起卧之堂舍，也即所谓的“枯木堂”。“龙吟”指的是唐末曹山本寂禅师的公案故事“枯木龙吟”。是说在死寂中能听到巨响，意味着绝灭一切妄念，达到不生不灭的大自在境地。

文同也常在寺庙墙壁上画枯木。东京净因院的道臻禅师（1014—1093年）是临济宗的高僧，他就曾请文同为净因院的东斋画了枯木竹石。东斋是僧人起居处，枯木竹石画在这里，也许并不美观，但一定会起着帮助禅僧修行的作用。之后，道臻禅师重修净因院的“法堂”，又请文同来画壁，苏轼则专门为此撰写了著名的《净因院画记》。“法堂”是禅宗寺院演布大法的地方，通常位于佛殿的后方、方丈的前方。在这里画上枯木，也是再合适不过的了。文同还在成都嘉佑院住持纪长老的方丈中画了枯木和竹石，深受长老的推崇。

苏轼画面中的枯树，很少有人会想知道究竟是什么树。从树木弯曲的姿态，尤其是树干上部圆形的转折来看，这应该是一棵枯柏。树干上有些长长的线条，这也与柏树的树皮特征相一致。韩拙《山水纯全集》在林木画法一节，专门讲到了画古柏：

> 诀曰："柏不丛生。"要老逸舒畅，皮宜转纽，捧节有文，多枝少叶，其节嵌空，势若蛟虬，身去而复回，状迭纵横，乃古柏之状。

画中那旋转一周的树干，正是"身去而复回"。柏树与佛教有着密切的关系。松柏是佛教寺院最重要的植物。狮子林中，就有"指柏轩"。这个典故来自晚唐的赵州禅师。有人问禅师："如何是祖师西来意？"禅师指了指院子里的柏树说："庭前柏树子。"在佛教绘画中，枯柏的形象最常出现的地方就是罗汉画中。吐鲁番发现的一件大约为晚唐的罗汉图残片，画的是"迦诺迦伐蹉"尊者，图中就画有枯柏，应是罗汉的配景。宋代佛画中，枯柏和古柏出现得更为频繁，成为各种罗汉画的重要组成部分。

《枯木怪石图》是一幅画在纸上的小画，无论是枯树、石头还是墨竹，都画得十分简率。这种纯粹用水墨画成、讲求不同干湿用笔的简率画风，与南宋以来逐渐成气候的"禅画"之间可看到近似之处。南宋末的禅僧画家牧溪法常，虽然比苏轼晚了一百六七十年，但其绘画与《枯木怪石图》仍可进行比较。在《观音猿鹤三联画》（图7）中，《鹤》轴中表现岩石质感的皴法、岩石背后伸出

图7 牧溪《观音猿鹤三联画》，日本京都大德寺

的墨竹，都与《枯木怪石图》有相近之处。《猿》轴中，黑色的母子长臂猿坐在一株凌空斜向生长、藤蔓缠绕的古树上。以前的学者常以为画中古木是松树，实际上，从树身长线条描画的树皮质感和蓬松的淡墨画出的针状叶形来看，应和《枯木怪石图》一样，也是一株古柏。

四、寒林图

把枯木图像与禅宗思想贯通在一起，的确是一种创新。苏轼、文同画“枯木竹石”的时代，所面对的描绘枯木的传统，是被称为“寒林”的题材。苏轼的后辈孙觌（1081—1169 年）曾见过一封苏轼在黄州为官时给友人王巩的信，其中说自己“画得寒林竹石，已入神品”。另一位后辈何薳（1077—1145 年）也见过一封苏轼为官黄州时写给章质夫的信，信中说：“某近者百事废懒，唯作墨木颇精。”可见，“枯木竹石”，就是“寒林竹石”。可是，“寒林”是一片森林，怎么就会被简化成一株枯树了呢？

按照宋人所记述的画史，五代、北宋初年开始有画家画“寒林”题材。南唐的董源，画过《雪竹寒林》，他的传世绘画中就有一件《寒林重汀图》。后梁的关仝，《宣和画谱》中说他“尤喜作秋山寒林”。寒林是冬天的树林，枯木是主体。沈括有一首《图画歌》，其中就说“枯木关仝极难比”。“寒林”的另一位重要画家，是与董源、关仝同时代的山东青州人李成。现存虽然有归于他名下的几幅寒林作品，但不能肯定其中有他的真迹。李成的寒林在宋代声名显赫。比他晚一百余年的邓椿在其所编的画史著作《画继》中阐述了对于李成寒林题材的一种看法：

> 李营丘，多才足学之士也。少有大志，屡举不第，竟无所成，故放意于画。其所作寒林多在岩穴中，裁札俱露，以兴君子之在野也。自余窠植，尽生于平地，亦以与小人在位，其意微矣。

他基本是从儒家政治学说的角度来解释的，认为寒林中的枯树寄托着李成对自己的身份认同，象征着不受君王重视的君子。从《小寒林图》（图 8）、《读碑窠石图》（大阪市立美术馆藏）等传为李成的寒林图来看，无法看到其中包含有邓椿所说的对怀才不遇的隐喻。原因很简单：在画中根本看不到邓椿所说的生长在岩石上的枯树与生长在平地上的其他植物之间的对比。画面只表现了岩

图 8　（传）李成《小寒林图》卷，绢本水墨淡设色，39. 4 厘米×71. 4 厘米，辽宁省博物馆藏

石上的枯树，并没有所谓的平地和平地上的植物。也许李成本人在画画时的确会附加上个人情绪，但“寒林”作为一个绘画母题，具有超越个人情绪的更加广阔的意义。

存世的几乎所有传为宋人的寒林题材绘画，都已无法知晓作者，甚至连具体的绘制时代也不能准确判定。好在宋代的作者观念不似如今这么强大，一幅佚名的绘画，同样能够折射出时代的许多景观。到北宋末年，寒林枯木已经是山水画的“标准配置”，写进了教科书中。宋徽宗时期的宫廷画家韩拙写有一篇重要的山水画论《山水纯全集》，在“论林木”一节讲到画“寒林”：

> 至于寒林者，务森耸重深，分布而不杂。宜作枯梢老槎，背后当用浅墨画以相类之木伴和为之。

寒林不是一棵两棵树，而是一片树。韩拙说得非常清楚，寒林要画成枯木和古木。为了既凸显出代表性的枯树，又营造出一片树林的效果，就需要用浅色的墨在主体的枯树之后描画出隐隐约约无穷无尽的感觉。需要注意的是不能让树林显得杂乱，因此就需要把相似的树组合在一起。传为李成的《小寒林图》，几乎就是韩拙所写文字的图示。画面不大，前景是一片起伏的坡石，根脉外露的古木顶天立地，背后则隐约可见有连绵山脉，山脉的顶部只到画幅的一半，也即古木的腰部。利用这种仰视的视角，产生出古木高耸之感，这便是

"森耸"。这里的古木是古松，枝干上尚可看到较为稀疏的松针，正如荆浩《笔法记》中所说："皮毛苍鳞，枝枯叶少者，为古松也。"用重墨画出，背后山脉用淡墨画出，用墨色差别形成前后的距离，这边是"重深"。画面左下部还有一条溪流，从远山流出，在古木附近逐渐形成宽阔的水面，这条由远及近的水源，更加强调了画面的"重深"之感。画面中浓墨画出的古木清晰地分为三组：顶天立地的松树为中央组，右边是古藤缠绕、倒垂向水面的临水组，左边靠近画面边缘还有另一组。三组古木形象地说明了什么是"分布而不杂"。除了中央组的几株古松画有松针，其他的树都是没有叶子的枯树，这便是"宜作枯梢老槎"。在重墨画出的几株古树后面，可看到较淡墨色画出的其他树。中央组的两株古树是松树，因此后面用淡墨衬出的另两株也是古松。左边的重墨古树背后，淡墨画出的也是与之相似的树。毫无疑问，这就是"背后当用浅墨画以相类之木伴和为之"。画面以古松为中心，会让人想起郭若虚《图画见闻志》中所记载的李成《松柏寒林》。倒伏向水面的枯木则会让人想起《林泉高致·画格拾遗》中记载的郭熙在温县宣圣殿所画的一铺壁画《古木平林》："层峦群立，怪木斜欹，影浸寒水，根蟠石岸。"可以说，这幅《小寒林图》堪称是经典寒林图像的凝结。尽管乾隆皇帝把这幅画珍藏在"三希堂"，并且坚定地相信是李成的手笔，但也许是一幅北宋后期的绘画，所要表达的也不是邓椿所说的科场失意的文士对政府的隐喻。

图 9　郭熙《早春图》轴，绢本设色，158.3 厘米×108.1 厘米

邓椿略带政治色彩的解读很可能是受到比韩拙稍早的另一位宫廷画家郭熙的影响。郭熙是存世北宋绘画中唯一一件作者与创作时间都十分清楚的山水画作《早春图》（图9）的作者。他的儿子郭思还将他论述山水画的言论编辑成书，名为《林泉高致》。这篇画论中最有名的是对山水的自然景观与国家政治景观之间的隐喻关系的论述：

> 大山堂堂，为众山之主，所以分布以次冈阜林壑，为远近大小之宗主也。其象若大君，赫然当阳，而百辟奔走朝会，无偃蹇背却之势也。长松亭亭，为众木之表，所以分布以次藤萝草木，为振挈依附之师帅也。其势若君子轩然得时，而众小人为之役使，无凭陵愁挫之态也。

大松树是君子，灌木杂树是小人。这本是源于儒家经典的看法，是儒家学者根据植物的生物特征所做的引申，并不是郭熙的创新。作为画家，他的创新是把事物的视觉特征，比如植物在图画中的位置、大小、姿势以及不同植物之间的视觉关系，与一套儒家政治理念联系起来。这些都在他画于1072年的《早春图》中表现得一清二楚。尤其值得注意的是，画中显要位置的巨大松树，恰好还是连理松。同样的连理松在画面四处不同景深全都出现。正是因为郭熙对于视觉特征背后的意识形态的关注，使得北宋的官方绘画著录书《宣和画谱》对其赞誉有加："至其所谓'大山堂堂，为众山之主。长松亭亭，为众木之表'，则不特画矣，盖进乎道欤！"

《早春图》也是北宋画中少有的有清楚定名的画作，由郭熙直接题写在画面上。在"早春"意象中，最重要的便是画面中那些枯木。最大一株枯木位于巨松的下部，在靠近古松的巨石上扎根。和古松的挺拔相对比，它姿态异常虬曲，枝条异常杂乱。后世常说郭熙擅长的"蟹爪枝"，指的就是枯树的这种画法。除了弯曲的枯树与挺直的古松，画中还有第三种树，即一种有树叶而不凋谢的常绿阔叶树。这三种树构成一个单元，在画面中反复出现。单纯只看其中一种，都无法判断画面的时间，只有把三者联系起来，"早春"才从中显现出来。按照《林泉高致》的说法，树木植物依照在画面中的重要性有明显的等级秩序：

> 林石先理会大松，名为宗老。宗老意定，方作以次杂窠、小卉、女萝、碎石，以其一山表之于此，故曰宗老，如君子小人也。

大松、杂窠、小卉、女萝四种等级，重要性依次递减，在《早春图》中几乎都可以看到。"杂窠"是杂木，它们就是画面中央古松周围不知名的虬曲的枯木和常绿的阔叶树，它们也出现在画面远近不同的各个地方。“小卉”则是指低矮的草本植物，它们可能是画中山头上覆盖的植被。“女萝”是松萝、藤蔓，缠绕在画中的一些古松和杂木上。四种植物不同的植物特征体现为视觉特征的差异。《早春图》中的枯木几乎全都是杂木，只长在岩石的险峻处，或是倾斜的山岩的侧面，或是边缘和缝隙，而且几乎全都是倒垂着生长。其他那些常绿的杂木，用墨涂抹出树叶的大致形状，正是《山水纯全集》中所说的“杂木取其大纲，用墨点成浅淡相等”。所谓杂木，是指不适用于建筑材料的树木，多是枝干扭曲、节眼众多，种类不一，但都是松、柏之外的树木，包括小乔木与灌木。在《林泉高致》的图像隐喻中，杂木是不能成材的树木，与草和藤萝一样，都是小人，与象征君子的堪为大材的挺拔的古松形成鲜明的对比。郭熙似乎很喜欢画这种枯杂木。他的另一件作品《树色平远图》（图 10）是一幅与《小寒林图》相仿的小手卷，画中的枯木也都是类似《早春图》一样叫不出树种的杂木，也与不落叶的小乔木画在一起，传达出类似的秋冬或早春景色。若不是和《早春图》一样也添加了人物活动和建筑，就是一幅“寒林图”。这让我们想起传为李成的另一件《小寒林图》（台北故宫博物院藏），画中枯木景观全都由不同的杂木组成。在北宋郭若虚《图画见闻志》中，就记载曾见过当时一位著名画家王士元所画的《杂木寒林》：“尝见张文懿家有《杂木寒林》，高丈余，风韵遒举，格致稀奇。”《小寒林图》的杂树底下也有和《树色平远图》中类似的两位拄杖的年老文士。这些画中的杂木，似乎不再是《林泉高致》中说的小人，强烈的政治隐喻在这里不再适用。托名王维的《山水论》的山水画口诀性的文字中说：“古木节多而半死，寒林扶疏而萧森。”正适用了寒林给人的视觉感受。拄杖的年老文士出现在这样的寒林里，不得不让我们想到，他们是结伴在这个偏远的地方步行游览，意味着古木和寒林是引起人视觉愉悦的景物。

苏轼的“枯木怪石”正是在寒林枯木的这些视觉传统中发展出来的新的表现方式。其最显著的视觉特点是作了很大的简化，由一片寒林简化为一株枯木。无独有偶，苏轼的友人王诜也在对寒林进行另一种简化。作为驸马，王诜在当时的文人圈子里非常重要。苏轼曾在一封给蜀地宝月大师的信中说：“驸马都尉王晋卿画山水寒林，冠绝一时，非画工所能仿佛。”和没有专门学习过绘画的苏轼不同，王诜的画艺相当高超。被宋徽宗收藏并被定名为《渔村小雪图》（图 11、图 12）的作品是一幅横长的手卷，由树叶凋落的树木组成的冬季寒林分别出现在画面的起始部分、中段部分和结尾部分。起始与中段的寒林多是杂木，

图10 郭熙《树色平远图》卷，绢本水墨淡设色，32.4厘米×104.8厘米，大都会博物馆藏

图11 王诜《渔村小雪图》卷，绢本水墨浅设色，44.5厘米×219.5厘米

只是作为烘托其他主要景观的背景，比例很小，但结尾部分的寒林却与众不同，画得很大很突出。这是临河斜坡上的枯木景观，只有若干古木，没有成林。主体是两株古松，一株有稀疏的松针，一株完全没有，形成明显的荣与枯的对比。与挺拔直立的古松形成鲜明对比的是三株极度虬曲的枯木，其中一株伸向河面，有一段已经浸入水中。三株弯曲的树木也有荣枯的对比。其中一株盘曲的高度最高，在树干顶部，长出了好几组枝叶，树叶画得清清楚楚，为柏叶，这是一株柏树。由此可知其他两株也应是柏树。此外，在三株古柏之间，还有两棵细长的杂木，一棵是枯木，另一棵矮一些的有树叶。如此一来，这段枯木景观就画了二松、三柏、二杂木，再配以更低矮的枯杂木和缠绕松、柏、杂木的藤蔓，形成了以五株松柏古树为主的寒林景观。画面以这一枯木寒林为结束，应当具有深意。这片寒林虽小，但景物十分完整，《林泉高致》中说的“大松、杂窠、小卉、女萝”四种不同等级秩序的植物在这片小小的寒林中均有表现。我们会看到，枯与荣的对立与转化是这片寒林之景的核心。尤其是那株长出新枝新叶的老柏，有着最为复杂的扭转形态。树干顶部有两次 360 度的扭转，每转一次，就长出数个新枝，虽不茂盛，柏树特有的鳞片状的针叶却描绘得十分清晰。荣枯转换和枯木逢春的生命力得到强有力的展现。

图 12　王诜《渔村小雪图》局部

对比王诜对寒林枯木的表现和苏轼的枯木竹石会看到：枯木都长在具有类似角度的斜坡上，都有姿态相似的弯曲的古柏，且都是核心景物。所不同的是，王诜依然在描画一片冬季的寒林，它依然存在于具体的时间（冬春之际）、空间（荒野）之中。老松、古柏与杂木的荣枯转变依然是宇宙变迁的征象。苏轼则彻底舍弃了寒林，舍弃了时间，舍弃了空间。画里的枯木竹石不属于任何时空。

也因为如此，画也向任何一种解释开放。

尾　声

苏轼的儿子苏过（1072—1123年）也像父亲一样，善画枯木竹石。在苏轼《题过所画枯木竹石三首》中，可看到父亲对儿子的赞赏，也可看到苏轼眼中的枯木竹石究竟是什么：

> 老可能为竹写真，小坡今与石传神。山僧自觉菩提长，心境都将付卧轮。
>
> 散木支离得自全，交柯蚴蟉欲相缠。不须更说能鸣雁，要以空中得尽年。
>
> 倦看涩勒暗蛮村，乱棘孤藤束瘴根。惟有长身六君子，依依犹得似淇园。

这三首诗，把“枯木竹石”分开来写，依次写的是怪石、枯木、竹。第一首中，“老可”是文同，“小坡”是苏过。将自己的儿子提高到与文同等同的高度。诗中后两句讲的是禅僧的修行。“卧轮”指的是活动在隋唐之际的高僧昙伦，人称卧轮禅师。昙伦的禅法提倡心性的修持，禅宗经典《坛经》中记载了他一个著名的偈子：“卧轮有伎俩，能断百思想，对境心不起，菩提日日长。”苏轼的诗即是化用自此，绘画在此与禅宗的修行紧密地联系在一起。第二首诗根植于《庄子》，散木、支离、能鸣雁，全部都出自《庄子》。“散木”出自《庄子·人间世》，指因无用而享天年的树木。“支离”也出自《庄子·人间世》意为残缺而不中用。“能鸣雁”出自《庄子·山木》，意为有用之物。这首诗用庄子“无用之用”的思想来阐发枯木的意味，或者说画中的枯木就是《庄子》中因为无所可用而得以永远存在的散木。第三首诗写竹，“涩勒”是一种有刺而坚硬的竹。苏轼将这种竹与像君子一样的竹进行了对比。将竹比作君子，来自儒家经典《诗经》的《卫风·淇奥》。

苏轼这三首诗，竟然从释、道、儒三个不同方面都阐发了枯木竹石的意义。枯木竹石变成了包罗万象的东西，可以被任何思想所阐释，也可以阐释任何思想。还有什么能够比得上它吗？

“道”与“艺”：论北宋科举与审美

李昌舒

摘　要：北宋对中国历史的一个重要贡献是科举制，科举制对于审美具有重要影响。具体而言，科举考试以儒家经典为主，因此，儒学得以复兴，古文得以发达。儒家强调审美的济世功用，审美的功利主义思想占据主流。由于没有门第约束，为了实现移风易俗，兼济天下的理想，他们必须通过道德自律，将自己树立为道德的权威。作为具有“文—官”双重身份的士人，他们都是能“文”之人，但需要在二者之间维持一种平衡，在恪守官员职责的前提下游心于艺。因此，北宋审美具有“重道”“轻技”的特点。在具体的审美活动中，凭借着高超的审美修养和创作能力，他们通过雅俗之辨将自己与其他阶层区分开来，维持自己社会精英的身份；同时，又在平凡的日常生活中化俗为雅，即俗即雅，将日常生活和审美融为一体。

关键词：科举　道　德　艺　雅俗

鉴于晚唐五代的武人之祸，北宋立国之初，就确立了抑武崇文的基本国策。崇文的一个主要举措就是将隋唐以来的科举制发扬光大，这意味着在君主专政的封建体制中，政治的主导力量由魏晋以来的门阀士族转为经由科举选拔的庶族士人，这也就是学界常说的唐宋转型。其中的关键因素是科举制。金铮说：“北宋科举较之唐代科举大大发展了一步，基本上脱弃了前期封建社会荐举制的

本文作者李昌舒，现为南京大学文学院教授、文学院副院长。

残余，对后期封建社会整个社会结构、文化形态的最终形成产生了重大的作用。如果说科举制度在历史上经过长期孕育而在唐代脱胎成形的话，那么科举制度的成熟定型则是在北宋。……北宋科举的一系列条规和立法，元、明、清三代都递相承袭，即令有所变化，也不过是在北宋基础上进一步深化、扩展罢了。”①在此意义上，研究中国封建社会中后期的政治、思想、文艺，需要重视北宋科举制。本文尝试从科举制的角度，探讨其对士人的影响，以及在此基础上对于审美的影响。

一、科举与“道”“德”的推崇

学界对宋代文化有一个基本概括，即“宋学”或“宋型文化”，其奠定者是范仲淹、欧阳修等一批在仁宗庆历年间主导政坛的士人。庆历四年的“庆历新政”虽然持续时间短暂，但影响深远，下面一段话是颇具代表性的：“即便说到唐宋变革，也还要提示一种见解的存在，就是在思想史上，宋代之为宋代，是从北宋庆历年间开始的。也就是说，‘唐宋变革’这句话中的‘宋’，其内容体现在庆历以后。”②宋初三朝，主要是对科举的机制和方式加以完善。真宗开始，在考试内容上，从之前的诗赋逐渐转向儒家经典。在这种思想氛围中成长起来的士人到了仁宗庆历年间，作为一个群体登上政治舞台，他们普遍重视儒学，以及与儒学相适应的古文。二者互为表里，以“文”为形式，以“道”为内核。③庆历士人所推崇的“道”并非仅仅是纯粹的理论，更多的是强烈的济世精神。范仲淹在仁宗天圣三年所作的《奏上时务书》可以视为其后来主持的“庆历新政”的施政纲领，其关于文学的思想是：“臣闻国之文章，应于风化，风化厚薄，见乎文章。……况我圣朝千载而会，惜乎不追三代之高，而尚六朝之细。……可敦谕词臣，兴复古道；更延博雅之士，布于台阁，以救斯文之薄，

---

① 金诤：《科举制度与中国文化》，上海人民出版社，1990，第102页。

② （日）土田健次郎：《道学之形成》，朱刚译，上海古籍出版社，2010，第8页。

③ 陈植锷：“所谓科举，从形式上讲，……是政治制度之一种，但从内容上讲，它自身又属于文化的一部分。这里即侧重后一方面讲。分清科举的这两层意义十分重要，因为科举作为一种取士制度，隋唐之际就已经开始了，为什么在北宋之前长达300多年的时间它就不能导致儒学的繁荣呢？即以有宋而论，建国伊始即已开科取士，缘何至仁宗初年才有宋学之勃起？可知作为一种制度的科举取士和作为一种文化的科举考试，在儒家传统文化的发展史上所起作用的轻重大不相同。”（《北宋文化史述论》，中国社会科学出版社，1992，第78页）

而厚其风化也。”[①]范仲淹的观点很明确：复兴古道，振作文章，从而改变风俗教化。在更为激进的石介那里，“斯文”与“斯道”是直接等同的。虽然欧阳修曾批评过石介的书法和文风，但就复兴儒学、干时济世的思想而言，二者是一致的。[②]程杰说：“由于统一于社会政教、士人精神的建构过程，北宋诗文革新首先表现为文学礼乐教化、‘治教政令’功能的强化。隋唐以来士人沉溺个人情感，只知文章技艺的‘才士’的、‘纯文学’的心理性格受到普遍的反省和否定，文以载道、文章系乎治乱、文章关乎教化的传统儒家文学思想得到确认与尊崇，为文立言越来越要求能‘左右名教，夹辅圣人’，服务政治，‘有补于世’。”[③]因此，“文”与“道”的关系在北宋中期是紧密相融的。几乎所有的士人，无论是后世所区分的道学家，还是文学家，都发表过关于“文”与“道”关系的言论。虽然在表述上有所不同，但几乎都是以“道”作为“文”的内核，都以积极入世、有益教化为目的。

其次，“德”的重要性。道德在今天是一个词，但从词义上讲，二者是有区别的。“道”侧重于社会的、政治的，“德”则更多是个人的、伦理的。[④]二者又是紧密相连的，遵从社会的“道”必须完善个人的“德”，只有从个人之“德”出发，才能实现社会之“道”。换句话说，社会之“道”的实现要以个人之“德”的完善为前提。北宋士人大多并不强调二者的区分，而是同等重视。就文学而言，为了传播、宣扬“道”，就需要修养个人之“德”。作为“北宋五子”的第一人，周敦颐的一段话是论者经常引用的：“文，所以载道也。轮辕饰而人弗庸，徒饰也，况虚车乎！文辞，艺也；道德，实也。笃其实，而艺者书之，美则爱，爱则传焉。贤者得以学而至之，是为教。”[⑤]作为北宋中期的文坛盟主，古文运动的旗帜，欧阳修的一段话可以视为北宋文学家的代表：“夫世无师矣，学者当师经。师经必先求其意，意得则心定，心定则道纯，道纯则充于中者实，中充实则发为文者辉光，施于事者果毅。三代、两汉之学，不过此也。”这两段话经常被用来作为北宋道学家和文学家关于文学观念的区别，其实二者的相似

---

① 《范仲淹全集》，李勇先、王蓉贵点校，四川大学出版社，2007，第200页。

② 参见《欧阳修全集》《读徂徕集》《重读徂徕集》及《上杜中丞论举官书》，李逸安点校，中华书局，2001。

③ 程杰：《北宋诗文革新研究》，内蒙古教育出版社，2000，第8页。

④ “所谓‘道’，其在物为客观的‘理’，其在人为主体的‘德’。”（王水照、朱刚：《苏轼评传》，南京大学出版社，2004，第482页）

⑤ 《周敦颐集》，梁绍辉、徐荪铭等点校，岳麓书社，2007，第78页。

性大于相异性，都是强调文章必须以道德为根本、为内容。随着时代的发展，作为二人弟子的程颢、程颐兄弟和苏轼、苏辙兄弟分别将“道”与“文”发展到更高层次。“道”与“文”的矛盾也被突出，于是有了后世所说的“周程、欧苏之裂”，也就是道学家与文学家的分裂。但回到历史事实，这种分裂既有学术观念的不同，更多的则是党争以及意气用事的结果。程颢本人就有很多诗作，苏轼兄弟又何尝不重视道德修养？一个有趣的案例是当有人将苏轼视为纯粹的文学家时，他的弟子秦观挺身而出，为老师辩护。①美国汉学家包弼德的一段话可谓直探本源：“不论苏氏父子和程氏兄弟后来变得多么不同，在 1057 年的时候，他们有许多共同的渴望。他们所感兴趣的圣人是一个在做事之中保持道德的个人。他们在探求人们可以共同享有什么观念，这些观念可以在所有的环境中指导他们。他们试图构想一种道德无瑕，同时又参与世务的学者形象。这就等于在为个人的道德自主寻找根据。这毫无疑问是早先古文思想的一个重要方面，但是现在对那种根据的寻求已经成为一个严肃的思想目标。大概在 1057 年，他们对当时流行的观念进行反思，即一个有道德追求的年轻人，什么样的目标适合他。他们双方无疑都继承了欧阳修在成熟阶段对个体的关心。”②魏晋南北朝的门阀士族并不过分突出道德修养的要求，因为一则九品中正制本身就包含了对道德的考察，再则他们有家族仪轨可以制约。科举选拔的北宋士人则主要依靠自己，“为个人的道德自主寻找根据”。因为科举制并不涉及对应举者的道德考察，作为改造社会、移风易俗的主体，士人只能通过自己以及共同体的舆论约束，以实现道德的完善。于是，魏晋南北朝的通脱风流转变为北宋庆历以后的严谨自律。

陈寅恪先生在《唐代政治史述论稿》中曾指出传统士族具有“门风之优美”，而通过科举跻身仕途的士人多有“逞才放浪之习气”。③在北宋，士族既然已经基本退出政治舞台，科举士人成为政治主体，则如何约束这种习气就成为一个严峻而迫切的问题。余英时先生说：“知识分子不但代表‘道’，而且相信‘道’比‘势’更尊，所以根据‘道’的标准来批评政治、社会从此便成为中国知识分子的分内之事。……由于‘道’缺乏具体的形式，知识分子只有通过

---

① “苏氏之道，最深于性命自得之际；其次则器足以任重，识足以致远；至于议论文章，乃其与世周旋，至粗者也。”（秦观：《淮海集笺注》，徐培均笺注，上海古籍出版社，2000，第 981 页。）

② （美）包弼德：《斯文：唐宋思想的转型》，刘宁译，江苏人民出版社，2001，第 221 页。

③ 《陈寅恪集：隋唐制度渊源略论稿 唐代政治史述论稿》，三联书店，2011，第 260-261 页。

个人的自爱、自重才能尊显他们所代表的‘道’，此外便别无可靠的保证。中国知识分子自始即注重个人的内心修养，这是主要的原因之一。”这段话对于科举出身的北宋士人是特别适合的，正如欧阳修所说：“士之所负者愈大，则其自顾也愈重。”①从中唐到北宋，有一个显著的“孟子的‘升格运动’”。②这与庆历士人密切相关。“孟子升格运动被重新唤起，那是在宋仁宗的庆历之际。当时，伴随着政治上求变呼声的高涨和‘新政’的一度施行，学坛上出现了一股社会思潮，而‘尊孟’也成为这一思潮的取向之一。……在庆历思潮的有力推动下，‘尊孟’成为当时学者流行的学术取向。”③孟子之所以获得升格，既有文体的因素：议论为主的散文文体是古文的典范，更有思想的因素：孟子对集义与道于一身的浩然之气的追求与新型士人的道德自律相契合。

不妨引用一个有趣的案例以作说明。仁宗嘉祐六年，苏辙与兄长苏轼同时参加了“贤良方正能直言极谏科”的制举考试，苏辙在答卷中认为当今皇帝好色懒政、劳民伤财、好邀虚名，将仁宗和执政大臣骂得体无完肤。④即使他自己也认为言之太过，多年之后，苏辙回忆说：“予采道路之言，论宫掖之秘。自谓必以此获罪，而有司果以为不逊。上独不许曰：‘吾以直言求士，士以直言告我。今而黜之，天下其谓我何？’”⑤承认自己当年的言论来自道听途说，会因此获罪。仁宗却坚持留用，在任命书中有这样一段话：“而辙也指陈其微，甚直不阿。虽文采未极，条实未究，亦可谓知爱君矣。”⑥这个案例具有意味深长的影响：在仁宗以及北宋大多数君主的宽仁统治下，士人从读书伊始就以道德作为评判标准，甚至在参加科举考试时对君主直言不讳，并通过这种特殊的“爱君”方式获得功名。这对于那些准备应举者和通过科举、出仕为官者的影响是不言而喻的。翻检宋人文集，指摘君主、议论朝政可谓是蔚然成风，处处皆是，这也就是学界常说的“宋人好议”。它既是君主“异论相搅”有意引导的结果，也是士人以天下为己任的表现，而推动这一现象的指挥棒则是科举制。需要说

① 《朋党论》。类似的表述还有很多，如，欧阳修：“陋巷之士得以自高于王侯者，以道自贵也。”（《欧阳修全集》卷149《与焦千之书》）王安石：“士虽厄穷贫贱，而道不少屈于当世，其自信之笃、自待之重也如此。”（《王安石全集》卷2《与龚舍人书》）

② 周予同：《中国经学史论著选编》，邓秉元编，复旦大学出版社，2015，第243页。

③ 徐洪兴：《思想的转型：理学发生过程研究》，上海人民出版社，1996，第101-102页。

④ 《宋史》卷三百三十九《苏辙传》，中华书局，1977，第10822页。

⑤ 《苏辙集》，陈宏天、高秀芳点校，中华书局，1990，第1237页。

⑥ 同上书，第1375页。

明的是，苏辙应制举的文章中引起轩然大波的主要是对仁宗道德的批评，既然如此，则士人自己的道德更是要经得起考验。一个明确的佐证是，欧阳修在攻讦对手时屡屡以私德作为证据，他自己也屡次因私德被对手攻击，直至最后因此而退出政治舞台，郁郁而终。这在此前魏晋隋唐时代是难以想象的，这说明对道德完美的要求已经是士人共同体的一种普遍共识。

二、道德与审美

道德与审美或者说善与美的关系是古今中外美学史的一个基本问题。对于北宋这些经由科举而出仕的士人而言，对道德的重视必然影响到审美。苏轼借用孔子的话评价范仲淹说："孔子曰：'有德者必有言。'非有言也，德之发于口者也。"①将道德视为文艺的根本，推崇文艺的教化作用，这是北宋士人的普遍观点，学界对此已有充分探讨，此处需要展开讨论的是，由"重道"而"轻技"的审美创作论。欧阳修《答吴充秀才书》："夫学者未始不为道，而至者鲜焉。非道之于人远也，学者有所溺焉尔。盖文之为言，难工而可喜，易悦而自足。世之学者往往溺之，一有工焉，则曰：'吾学足矣。'甚者至弃百事不关于心，曰：'吾文士也，职于文而已。'此其所以至之鲜也。"这是明显的由"重道"而"轻技"。虽然作为古文运动的领袖，欧阳修的文学成就足以使其成为"文坛盟主"，但他对于技法的警惕意味着与六朝隋唐以来的文人有很大区别，这是北宋士人的一个突出特点。黄庭坚说："孝友忠信，是此物之根本，极当加意，养以敦厚醇粹，使根深蒂固，然后枝叶茂尔。"②这是"重道"。他又说："子美诗妙处乃在无意于文，夫无意而意已至，非广之以《国风》《雅》《颂》，深之以《离骚》《九歌》，安能咀嚼其意味，闯然入其门耶！"③这是"轻技"。"无意于文"可以说是大多数文学家的基本观点，不仅如此，也可以说"无意于书""无意于画"等。类似的表述在北宋士人文集中不胜枚举。南宋费衮的一段话可以说是对北宋这一审美观的总结："书与画皆一技耳，前辈多能之，特游戏其间，后之好事者争誉其工，而未知所以取书画之法也。夫论书当论气节，论画当论风味。凡其人持身之端方，立朝之刚正，下笔为书，得之者自应生敬，况其字画之工哉？至于学问文章之余，写出无声之诗，玩其萧然，笔墨间足以

① 《苏轼文集》《范文正公文集叙》，孔凡礼点校，中华书局，1986，第311页。

② 《黄庭坚全集辑校编年》，郑永晓整理，江西人民出版社，2008，第596页。

③ 同上书，第926页。

想见其为人，此乃可宝。而流俗不问何人，见用笔稍佳者则珍藏之，苟非其人，特一画工，所能何足贵也？如崇宁大臣以书名者后人往往唾去，而东坡所作枯木竹石万金争售，顾非以其人而轻重哉！蓄书画者当以予言而求之。”①

崇宁为徽宗年号，崇宁大臣当指蔡京等人。这段话可注意者有二：一是人品决定书品、画品，道德是审美的根基；二是士人应该以游戏的态度对待书画，不应该沉迷技法。显然，这是承续北宋士人的“重道”而“轻技”观点。这里提到的苏轼的“枯木竹石”为后世所珍贵，显然并非出于绘画技法，而是出于对道德人品的推崇。有趣的是，就技法而言，苏轼的书、画并非上乘，时人以及苏轼自己对此都有清醒的认识，但后世却将他作为宋人书法四大家（即苏轼、黄庭坚、米芾、蔡襄）的第一人，这种评价也是着重于道德而非技法本身。

形成这一评价标准的原因很明确：对于这些出身平民却能出入朝堂的北宋士人而言，社稷苍生才是最重要的，其中的关键就是科举制。科举制将北宋士人推到了一个中国古代历史上空前绝后的政治地位最高的时代。左思身处门阀士族的西晋，悲鸣“世胄蹑高位，英俊沉下僚”。孟浩然身处盛唐，但科举落第，终身布衣，是一位李白也要“高山安可仰”（《赠孟浩然》）的高士，但他也曾感慨：“欲济无舟楫，端居耻圣明。坐观垂钓者，徒有羡鱼情。”（《望洞庭湖赠张丞相》）正如闻一多先生指出的，他的内心其实是矛盾的。②与前人形成鲜明对照的是，因为科举的普及，北宋士人满怀理想和激情。范仲淹、欧阳修等人就是成功的典型。二人都是幼年丧父，由寡母投奔他人而得以生存，通过发奋读书，出将入相。命运之所以能够发生翻天覆地的改变，是通过科举。在此意义上，他们最为重视的必然是为社稷苍生献身的精神，以及与这种献身精神直接相关的兼济之道与独善之德。一切文化、审美都必然要为“道”“德”服务，创作技法自然不被重视，甚至被有意排斥。美国汉学家艾朗诺认为：“精英知识阶层鄙视对文艺技巧所流露出的兴趣，这一情况并不仅仅存在于古代的中国。但可以说，这种偏见在中国非常强大，在宋代的精英阶层中尤为根深蒂固。11 世纪，科举考试的空前重要性很可能加剧了学者对留心写作技巧行为的轻视。文章取士鼓励人们潜心于写作技巧，而精通文学的学者对这些技巧极为蔑视。对单纯的写作技巧感兴趣，而不是把写作当成与晋升无关的崇高事业，

① 《苏轼资料汇编》，中华书局，1994，第 679 页。

② 闻一多：《唐诗杂论·孟浩然》，山西古籍出版社，2001 年。

这样的行为被定义为‘俗’。”①苏轼的名言“士俗不可医”是研究者耳熟能详的，“俗”会威胁到士人的身份。柳永就是一个典型的案例：“柳永在实践这一新的言情方式时表现得格外大胆：他敢于做一个先行者。不过，他也为自己作为先行者革新词坛的原创行为付出了沉重代价：他的社会身份遭到质疑，他本人为整个士大夫阶层所不容。”②在北宋士人看来，道德是士人的根本追求，如果沉迷于“艺”，会被视为玩物丧志，违背了孔子所确立的“士志于道”的标准。③

但这并不妨碍北宋审美的繁荣。作为“文—官”双重身份的士人，无论是作为官员的政治表达，还是作为文人的私人生活，“文”都是“不可须臾离”的基本途径。例如，苏轼给皇帝上万言书，献言建策，写诗批评新法带来的弊端，这是其作为“官”的表达；诗词酬唱，以文会友，书画著述，消愁解忧，这是其“文”的生活。“官”也许有得失穷通，“文如万斛泉源，不择地皆可出。在平地，滔滔汩汩，虽一日千里无难。及其与山石曲折，随物赋形，而不可知也。”（《文说》）在此意义上，审美的繁荣是必然的。一个有趣的现象足以证明这一点：北宋士人的谥号大多有“文”。如，范仲淹和司马光都是“文正”，王安石是“文”，欧阳修和苏轼都是“文忠”，曾巩和苏辙都是“文定”，这种意义上的“文”直接与儒家思想相关。④“文”是中国传统文化中一个十分重要的范畴。孔子承续周公制定礼乐，其基本理念是：“郁郁乎文哉！吾从周。”（《论语·八佾篇》）《周易》云：“故小利有攸往，天文也；文明以止，人文也。观乎天文以察时变，观乎人文以化成天下。”⑤虽然作为治国方针的“文”与今天的文艺之“文”有很大差异，但可以说，经天纬地之“文”包含了各种文化、思想，也包含现代学科意义上的文学、艺术：“在表达古典儒家关于自然秩序的概念时出现、与儒家的道相联系、表示形的观念是‘文’，它的意思是‘描画’‘型式’和‘纹理’。就像天将它们的美丽表现为‘天文’，作为‘天地

---

① （美）艾朗诺：《美的焦虑：北宋士大夫的审美思想与追求》，杜斐然、刘鹏、潘玉涛译，上海古籍出版社，2013，第64页。

② 同上书，第204页。

③ 程杰：金石、艺文、山水、弈饮之类的习好与“复古明道”的思想尤其是儒家修身至善的道德信念有着潜在的矛盾。文化创造和生活享受、精神和物质的广泛需求与“立德”至上的思想价值观是否可以相互沟通，又如何调适一体，是宋代文化思想建设上的重要而又复杂的课题。这是更深一层面上的“文”“道”之争。（《北宋诗文革新研究》，内蒙古教育出版社，2000，第170页）

④ 苏洵《谥法》卷一：“施而中理曰文”“经纬天地曰文”“敏而好学曰文”“修德来远曰文”“忠信接礼曰文”“道德博闻曰文”“刚柔相济曰文”“修治班制曰文”（文渊阁四库全书本）。

⑤ 《周易译注》（修订本），黄寿、张善文译注，上海古籍出版社，2001，第188页。

之心’的人类将他们的成就表现为‘文化’。‘文’是‘纹理’，它兼有美学的价值和意义。”①艾朗诺面对北宋五彩纷呈、眼花缭乱的“文”，谨慎而敏锐地区分出“君子之文”和“文人之文”②，即与“官”的身份相应的载道之文和与“文”的身份相应的审美之文。无论是哪一种“文”，实际的结果是北宋士人在内忧外患、纷争不已的一百多年间，创造出灿烂的文化。

三、士人审美：区分与融合

通过前文可以看出，士人“文”与“官”两种身份之间既有区分，也有融合，从中形成了北宋士人特有的审美趣味。主要有以下几个方面。

（一）“道”与“艺”

北宋士人以天下为己任，“进亦忧，退亦忧”，忧患意识是贯穿北宋中后期士人的一个基本思想，上到国家大事，小到个人修养，都是他们寤寐思之的问题。翻检宋人文集，忧患与焦虑是一个基本主题。在此意义上，审美的一个重要功用就是缓解这种忧患与焦虑。孔子早就说过：（士）“志于道，据于德，依于仁，游于艺。”（《论语·述而》）虽然孔子本来的“游”并非游戏，“艺”也不同于现代学科的艺术。但早在唐代，就已经有意“误读”，将“游于艺”解读为游憩于艺术。宋代审美繁荣与士人“游于艺”的需要相关。郭熙论山水画的一段话可以说是道出了士人的心声：“世之笃论：谓山水有可行者，有可望者，有可游者，有可居者。画凡至此，皆入妙品。但可行、可望，不如可游、可居之为得。何者？观今山川，地占数百里，可游、可居之处，十无三四，而必取可居、可游之品，君子之所以渴林泉者，正为佳处故也。故画者当以此意造，而鉴者又当以此意求之，此之谓不失其本意。”③不仅是山水画，其他各种文艺形态之所以得到重视，一个重要的原因也许就是营造了士人“可游、可居”的精神游憩之地。北宋交游之发达，诗文酬唱之兴盛，皆与此相关。在此意义上，审美成为士人生活的一个重要内容。熊海英说：“活跃精妙的雅集创作不仅能见出北宋文人士大夫深厚的艺术修养、敏感的审美心灵和高超的艺术技巧，

---

① （美）郝大维、安乐哲：《汉哲学思维的文化探源》，施忠连译，江苏人民出版社，1999，第37页。

② 参见艾朗诺《美的焦虑：北宋士大夫的审美思想与追求》，第278-279页。

③ （宋）郭思：《林泉高致》，林琨注译，中国广播电视出版社，2013，第10页。

更显示了其时诗歌、绘画、书法等各种艺术门类的交融和体现于其中的共同审美倾向。而艺术活动的多方面开展和创新表现，成为北宋士大夫生活形态、精神风貌的一个特点。”①

需要再次强调的是，“文人之文”不能影响、损害士人的兼济事业，或者说，“艺”不能妨碍“道”。借用程颐的话说，不能“作文害道”。兹以书法为例。作为基本的写作方式，古人历来对书法很重视，北宋士人同样如此，但他们时刻不能忘记士人的社会责任。因此，一方面，他们不可避免地承袭前人惯性，喜爱书法；另一方面，又反复强调练习书法只是“要于自适而已”②。欧阳修说：“有暇即学书，非以求艺之精，直胜劳心于他事尔。以此知不寓心于物者，真所谓至人也；寓于有益者，君子也；寓于伐性汩情而为害者，愚惑之人也。学书不能不劳，独不害情性耳，要得静中之乐者惟此耳。”③这也是北宋大多数士人的态度。苏轼说：“笔墨之际，托于有形，有形则有弊，苟不至于无，而自乐于一时，聊寓其心，忘忧晚岁。”④唐卫萍指出：“北宋的士大夫们在留心诗词翰墨的同时，也对自己沉迷于‘艺’的行为表现出一些焦虑和不安。”⑤不妨以米芾为例从反面印证这一点。米芾在书画方面成就很高，就书法而言，位居宋四家之列。曹宝麟说：“苏黄米蔡四人尽管出处不同，归宿有殊，但其书法就宏观而言，风格接近。四人之中，苏黄蔡皆以余事临池，他们的精力和兴趣，更多地放在立事和立言之上。只有米芾，似乎在现代观念上才堪称纯粹的书家。”⑥从米芾的人生态度来看，他完全放弃了北宋士人的济世情怀和忧患意识。他向往的是晋人风流，以“宝晋斋”为斋号。而晋人作为门阀士族，正是以不屑世事之“俗物”著称，如米芾推崇备至的王献之就是一个典型。米芾处世以“癫”著称，其对书法、绘画等文艺作品的痴迷与对官员事务的懈怠不仅意味着他是一位“纯粹的书家”，在一定程度上也可以说是北宋士人精神萎缩的典型，是北宋末世的一个代表。也许有必要说明的是：米芾的出仕并非经由科举，而是凭借其母亲是皇宫旧人的身份而被恩赐为官。对米芾赞赏有加的徽宗是另一

① 熊海英：《北宋文人集会与诗歌》，中华书局，2008，第59-60页。

② 《欧阳修全集》《夏日学书说》，第1967页。

③ 《欧阳修全集》《学书静中至乐说》，第1967页。

④ 《苏轼文集》《题笔阵图》，第2170页。

⑤ 唐卫萍：《身份建构的焦虑：北宋“士人画”观念的发展演变》，中国社会科学出版社，2012，第4页。

⑥ 《抱瓮集》，文物出版社，2006，第149页。

个典型：徽宗对审美的痴迷已经影响了他作为国君应该承担的责任，他越过了欧阳修、苏轼等人刻意保持的对审美的距离。如果说“文—官”的士人需要在二者之间维持一种平衡，以避免影响到作为“官”的责任，则徽宗作为一个国君因为“留意”于“文”①而成为一个有“文”而无“道”之君。

（二）“雅”与“俗”

科举出身的士人因为出身庶族，缺乏门阀士族的天然优势，只能通过“文”来维持身份。因此，严格区分雅俗之辨是士人审美的一个基本特点。学界对此已有充分探讨，此处只结合本文主题略做申述。连心达对此有精深的阐释：

> 宋人孜孜于忌俗尚雅，事关能否保持其赖以生存的作为社会精英的自身特殊属性。科举制度在宋代的最终确立完善，使中下层人士向上流动成为常态，但这并未导致阶级阶层之间界限的消失。……温斯顿·罗在其对宋代科举及官制的研究中指出，除了在政府官僚系统中的作用之外，宋代士大夫还得扮演一个不可忽视的“形而上”的角色，即作为“国家民族智慧之积累的储备力量”与“保证这个朝代的合法性、权威及稳定的伟大传统的传承者”。这个朝代需要“一个在性格气质上能比之于前代门阀的文官人群”。士大夫因此被“授予”一种名望，一种“舍之其谁”的功能性特权。据此，士人对有损其气质或可能破坏其道德文化权威的来自各方面的“俗”的高度警惕与自觉抵制，就很可以理解了。兹事体大，关系到其作为精英阶层的存亡。

由此可以看出，雅俗之辨不仅是一种审美风格，其深层基础是科举制与士人身份建构。科举一方面使得庶族士人得以自由流动，有机会进入社会上层；但另一方面，这种自由流动又意味着传统门阀士族的天然身份保障已经消失，精英身份只能通过其他的途径来维持。而教育作为一种布迪厄所说的“符号暴力”，是维持社会再生产的必要工具。“教育系统实际上是一套圣化/排斥机制。通过文化专断性的垄断，它将一些特殊的文化赋予普遍意义，而对另一些特殊文化则大加鞭挞或视若无物。”②无论是科举及第进入仕途还是落第未仕者，在朝野上下，在官方和民间，北宋士人都共同构成了一个重要而特殊的新型群体。

---

① 苏轼的“君子寓意于物而不留意于物”可以说是北宋大多数“文—官”士人的审美态度。

② 朱国华：《权力的文化逻辑：布迪厄的社会学诗学》，上海人民出版社，2016，第 144 页。

在审美中，雅俗之辨可以说就是这种“圣化/排斥机制”的典型体现。

北宋士人关于雅俗之辨的表述不胜枚举，兹引最有代表性的两例：“无肉令人瘦，无竹令人俗，人瘦尚可肥，士俗不可医”（苏轼《于潜僧绿筠轩》），“士大夫处世可以百为，唯不可俗”（黄庭坚）。值得注意的是，苏轼和黄庭坚都是将“反俗”与士人身份的建构联系在一起。一方面，宋代市民阶层生活繁荣，与市民相关的文化艺术也相应发达；另一方面，精英阶层大多出身庶族，如何在身份上维持自己与他者的“区分”，是士人在建构自己身份时需要面对的一个基本问题。在此意义上可以说，审美中的雅俗之辨是北宋士人对自己身份的一种维护。布尔迪厄说：“趣味进行分类，为实行分类的人分类：社会主体通过他们对美与丑、优雅与粗俗所做的区分而区分开来，他们在客观分类中的位置便表达或体现在这些区分之中。”①我们可以说，北宋士人从自己的身份出发，构建特定的审美趣味。当这种趣味一旦形成，又进一步强化、完善士人身份。

需要注意的是，雅俗的区分并不是绝对的，一个典型的例子是晏殊与柳永的不同遭遇。二者皆以词闻名于世，遭遇却是天壤之别。柳永前文已论，被士人阶层摒弃。晏殊则是颇有成就的政治家，担任过宰相、枢密使，可谓达到了士人在政治上的巅峰。不仅如此，“宋之为宋，其文化上的特质就是从‘庆历士大夫’开始展现的。然而，从人事上看，他们几乎都曾在晏殊的羽翼之下”②。可以说，晏殊是士人仰望的对象。关键也许就在于二人对待词的态度不同：一方面，晏殊虽然填词，但并不影响其作为“官”的责任，柳永则基本上以纯粹的文人自居；另一方面，同样的题材，晏殊上升为一种人生体验的层面，而柳永则停留在男女之情的层面。借用王国维的观点，也许可以说，晏殊是“士大夫词”，柳永则是“伶工词”。因此，区分雅俗的不是题材或内容，而是士人的态度。在此意义上可以说，就题材而言，雅与俗又是可以融合的。③

（三）日常生活与审美

一方面，审美日常生活化，即日常生活被纳入审美对象。苏轼说：“街谈市

---

① 皮埃尔·布尔迪厄：《区分：判断力的社会批判》，刘晖译，商务印书馆，2015，第9页。

② 朱刚：《唐宋古文运动与“士大夫文学”》，复旦大学出版社，2013，第140–141页。

③ 黄庭坚也有大量描写男女私情的俚词，但丝毫没有影响其士人的地位。“山谷在继承前代词写艳情传统的基础上，努力创作富有情趣的俚艳之篇，不仅成为柳永之后又一位发扬光大民间词风格的重要作家，而且避去了前代部分艳词的庸俗邪秽，并吸收弘扬了前代艳词的浅理，进入了以故为新、以俗为雅、雅俗共赏的境界。”（杨庆存：《黄庭坚与宋代文化》，河南大学出版社，2002，第230–231页）

语，皆可入诗，但要人镕化耳。”①这个风气肇始于中唐韩愈等人，就北宋而言，则由庆历士人发起。在欧阳修、梅圣俞等人的笔下，日常琐事、琐物皆可入诗。其原因首先与士人出身相关，他们大多出身于普通家庭，在其科举及第之前，对这些琐碎事物司空见惯。其次更重要的是他们科举及第之后的身份，写什么不再是重要的问题，重要的是谁来写、怎么写，即士人的态度。博学通识的北宋士人，凭借自己雄厚的“文”，即俗即雅，化俗为雅。即便是在最普通的日常生活中，也能观“理”悟“道”。苏轼《观棋》：“空钩意钓，岂在鲂鲤。小儿近道，剥啄信指。胜固欣然，败亦可喜。优哉游哉，聊复尔耳。”在普通的对弈中体悟到深刻的官场和人生哲理。在饮酒中也能如此，苏轼《浊醪有妙理赋》：“杳冥冥其似道，径得天真。”士人“文”的素养无处不在。苏轼《书黄道辅品茶要录后》：“物有畛而理无方，穷天下之辩，不足以尽一物之理。达者寓物以发其辩，则一物之变，可以尽南山之竹。学者观物之极，而游于物之表，则何求而不得。……今道辅无所发其辩，而寓之于茶，为世外淡泊之好，此以高韵辅精理者。”我们也可以接着苏轼说：“无所发其辩，寓之于文、诗、书、画，等等。”无论是什么“物”，皆可通过“一物之变”，尽万物之“理”。换句话说，对理的认识即“辩”，若通过抽象的哲学演绎的方式，无穷无尽也不能完全表达，而寄寓于某一艺术门类即“物”，可以充分地阐释“理”。最关键的是士人“文”的身份所形成的审美能力，通过它可以从最普通的日常事物中发现“理”，享受审美的愉悦。

另一方面，日常生活审美化，即审美成为人生方式。欧阳修晚年在《六一居士传》中，将“藏书一万卷，集录三代以来金石遗文一千卷，有琴一张，有棋一局，而常置酒一壶”和自己并称为六个“一”。不同于市井之民，科举出身的士人将自己的文化知识、审美素养转化为一种能力，使自己的日常生活处处洋溢着文人雅趣。与欧阳修一起修《新唐书》的宋祁说：“惟是平昔交游，以文史相乐者，每风月嘉践，裴回念至，则怊然久不能平。”②北宋时期出现的大量题画诗，欧阳修等人首创的“金石学”，苏轼、苏辙与黄庭坚等人元祐时期的诗歌酬唱、赏画题画等，都意味着士人的日常生活逐渐趋向雅化。它既不同于魏晋士人醉生梦死、不问世事的风流，也不同于盛唐士人青春浪漫、热烈奔放的

① 周紫芝：《竹坡诗话》，载《苏轼资料汇编》，中华书局，1994，第251页。
② 曾枣庄、刘琳主编《全宋文》第24册，上海辞书出版社，2006，第103页。

激情，而是一种理性、内敛的优雅。对于这些科举出身的士人而言，优越的社会地位和雄厚的文化知识使得他们自觉建构一种与自己身份相关的“雅”的生活方式。经史子集、琴棋书画、文房四宝、山水园林以及古代的石刻铭文，都成为士人公务之余或退老之后的欣赏对象。①

传为李公麟所作的《西园雅集图》充分表现了士人充满审美趣味的日常生活方式，后世模仿者多不胜举。衣若芬依照米芾的《西园雅集图记》，将《西园雅集图》画面布局加以分组：“人物的安排在画面上大致被分为五组：第一组以苏轼为中心，王诜、蔡肇、李之仪和苏辙环绕在四周看苏轼挥毫。第二组的主角李公麟执笔正画着叙述陶渊明事迹的《归去来图》，黄庭坚、晁补之、张耒和郑靖老在旁围观。第三组是秦观坐在古桧下侧听道士陈景元弹阮。第四组有王钦臣仰观米芾题石。第五组则画了刘泾谛听圆通大师高谈无生论。”② 这是典型的日常生活审美化。绘画中出现的主要是“文—官”士人，他们的生活方式由诗歌、书法、绘画、音乐、赏石和佛法构成。诚如米芾在《西园雅集图记》篇末所说：“人间清旷之乐，不过于此。嗟呼！汹涌于名利之域而不知退者，岂易得此耶！自东坡而下，凡十有六人，以文章议论，博学辨识，英辞妙墨，好古多闻，雄豪绝俗之资，高僧羽流之杰，卓然高致，名动四夷，后之览者，不独图画之可观，亦足仿佛其人耳！”③这是提醒观画者注意画中人物“文”的身份，以及由此身份而形成的“清旷之乐”。

至此，我们可以对本文略做总结：科举给予了庶族士人跻身仕途、出将入相的机会，孔子的“学而优则仕”的理想在北宋终于成为现实。在此意义上，兼济“道”与独善之“德”成为士人关注的基本问题。与此相关的是“文”，“文”是科举出身的士人的身份属性，受到道德的直接影响，由此又对审美产生影响，形成北宋审美的几个重要特点。具体而言，即“道”与“艺”的区分与融合，“雅”与“俗”的区分与融合，日常生活和审美的融合。这种审美趣味在形成之后，又成为建构士人身份的一个重要内容。

---

① 熊海英：“文人阶层从产生以来，其物质生活和精神生活就比普通百姓要更精致讲究，而从诗歌、笔记和其他历史文献资料看来，到北宋，士大夫文人群体始自觉致力于日常生活的审美化，主要表现在有意识地营造诗意的生活环境，建立一种以人文活动为主要内容的休闲生活范式，和追求游心翰墨的人文旨趣、清雅脱俗的精神享受。”《北宋文人集会与诗歌》，第137页。

② 衣若芬：《赤壁漫游与西园雅集——苏轼研究论集》，线装书局，2001，第49-50页。

③ 米芾：《宝晋英光集·补遗》，商务印书馆，1939，第76页。

美食与人生：苏轼的生活美学管窥

李　健

摘　要：在中国饮食文化史上，苏轼无疑具有崇高的地位。在古代的文人中，他以好吃、会吃扬名，但他从不隐晦自己贪吃的爱好，写过很多诗文宣扬自己贪吃，表达对美食的喜爱。苏轼是一位卓越的美食家，美食家的盛名与大文豪的美名相得益彰。他凭借自己丰厚的人文修养和审美修养把饮食这一生活的本能上升到人的精神层面，将之与人的精神追求联系在一起。通过对美食的描写，展现了他奋发昂扬的精神气质和乐观的人生情怀，赋予饮食以美学的意蕴。苏轼对美食的认识与记述紧密关联着他的生活境遇与思想情感，他对美食的探索与追求是积极生存的隐喻。探讨苏轼的饮食美学，不仅看他对美食的味道、颜色、形状以及选材、加工、制作、食用的认识，更要联系他的生活理想和生命意志，在更为宏阔的背景下发掘他追求美食的本真企图。只有如此，才能真正揭示他在中国饮食文化中的意义，揭示他在中国美学史上的价值。

关键词：苏轼　饮食文化　美食　人生　生活美学

在中国饮食文化史上，苏轼无疑具有崇高的地位。当今，大凡他到过、生活过的地方，都会有以东坡命名的菜肴，每一种菜肴都附会着一个美妙的传说，传诵着苏轼留给世人的美好与快乐。他曾经这样说过："世人所共嗜者，美饮

本文作者李健，现为深圳大学教授，博士生导师，美学与文艺批评研究院副院长。

食，华衣服，好声色而已。”①美食也是人对美的爱好，爱好美食是人的天性。在古代的文人中，苏轼以好吃、会吃扬名，但他从不隐晦自己贪吃的爱好，曾经写过很多诗文宣扬自己贪吃，描写各种美食，表达他对美食的喜爱。“自笑平生为口忙，老来事业转荒唐。长江绕郭知鱼美，好竹连山觉笋香。逐客不妨员外置，诗人例作水曹郎。只惭无补丝毫事，尚费官家压酒囊。”②在儋州时，他曾经给自己起了个带有自虐性质的外号“老饕”，并作一篇《老饕赋》，公开张扬他贪吃、会吃。这并没给苏轼留下恶名，反而彰显了他真淳、洒脱的个性，成就了他的美名。综合苏轼在饮食文化上的表现，我们认为，他是一位卓越的美食家。美食家的盛名与大文豪的美名相得益彰。联系苏轼一生的遭遇，由于政治的原因屡屡遭贬，每次贬谪都会被发配到偏远、荒凉的地方，远至荒蛮之岭南，海中之儋州。人在艰难的环境中，为了生存，必须寻找足够的食物，满足饮食的基本需求，这是本能。苏轼关于美食的描绘恰恰就在履行着这一本能，只不过，他升华了这种本能，凭借自己丰厚的人文修养和审美修养，最大限度地超越了这种本能，把饮食上升到人的精神层面，与人的精神追求和审美追求联系在一起。通过对美食的描绘，展示了奋发昂扬的精神气质和乐观向上的人生情怀。这就是苏轼的品位，是他棋高一招的地方。这才是他爱美食、写美食的意义。实际上，苏轼赋予了美食以美学的意蕴。

一、伴随人生坎坷的美食历程

苏轼对美食的认识是遵循着他的“凡物皆有可观”的美学原则的。他曾经这样说过：“凡物皆有可观。苟有可观，皆有可乐，非必怪奇玮丽者也。餔糟啜漓皆可以醉，果蔬草木皆可以饱。推此类也，吾安往而不乐。”③这个“物”的意指是非常广泛的。仅就苏轼所记述的食物而言，包括南北不同地域的食物，有山珍海味，也有粗茶淡饭；有鸡鸭鱼肉，更有瓜果蔬菜、粟米薯芋、馒头、笋饼等，不一而足。在苏轼看来，任何一种食物都有它值得示人的地方，这就是“可观”：或产于特定的地域，或具有独特的风味，或营养丰富可益寿延年，或形状奇特世所罕见，或加工方法别致等。“可观”意谓既美味，也美观；可食

① 《苏轼文集》第二册，中华书局，1986，第357页。

② 冯应榴辑注《苏轼诗集合注》（三），上海古籍出版社，2001，第994页。

③ 《苏轼文集》第二册，第351页。

用，可玩赏。苏轼就是从食用、玩赏、加工等角度来记述这些美食的。食用讲究的是味道鲜美，玩赏讲究的是颜色、形状奇特，加工是一种手工艺，讲究的是技巧、方法，这其中都关联着美学问题。

自嘉祐元年（1056 年）首次出川，至建中靖国元年（1101 年）病逝于常州，苏轼旅居过很多地方，品尝、制作过无数美食。对此，他自己留下很多有趣而美妙的记述。这些记述采用或诗或文的形式，诗美，文雅，美诗、美文与美食构成一个属于苏轼个人的美的合体，比较完整地呈现他高雅的艺术趣味和高尚的生活品位。这是苏轼遗赠给后人的一笔极其宝贵的财富，所记食物大都成为各地的传世美食，成为经典的文化记忆。苏轼自觉地把这些美食当作一种文化来传播，从味道、品质、形状、色泽、加工、制作等各个层面展示美食之美，从而表达他的生活情趣、审美品位以及美学追求。

循着苏轼的足迹，出川以后，他便浪迹海角天涯。不管是在山区还是平原，不管是在富庶的江南还是贫瘠的岭南，他都能发现他喜欢的美食。这是他“凡物皆有可观”美学原则提出的依据。他先是应试、任职于汴京，因反对王安石新党变法被迫主动离京，任职于杭州。不久，调任密州知州。熙宁十年（1077 年），他任职徐州，在徐期间，游历过萧县、灵璧、宿州、泗州等地。尔后，苏轼调任湖州知州，上任仅三个月，便因为乌台诗案而遭逮捕，被押往京师治罪，然后，贬官黄州团练副使。元丰七年（1084 年），他原本奉诏任职汝州，却因特殊情况暂居常州。不久，司马光为相，苏轼获任职登州。后又因与司马光政见不合，他自请外调，二度任职于杭州。元祐六年（1091 年），他调任颍州知州，尔后，知扬州、定州。绍圣元年（1094 年），新党再度执政，苏轼被贬往惠州，一直到绍圣四年（1097 年），被流放至海南儋州。徽宗继位，他先后被调为廉州安置、舒州团练副使、永州安置。元符三年（1100 年），朝廷大赦，苏轼复任朝奉郎，于北归任职途中，病逝于常州。

苏轼走遍了大半个中国，享受的美食自然不可胜数。然而，苏轼并不是只为满足口腹之欲，追求纯粹的味觉享受，而是把美食与自己的心境和地方风俗文化联系在一起，表现出一种独特的审美感受。这是吃的境界。他任职杭州时，曾经食用过很多美食，有稀罕之物，也有家常的芹、笋，而印象最深的要数乌菱、白芡、青菰，那是令他刻骨铭心的美食。“乌菱白芡不论钱，乱系青菰裹绿盘。忽忆尝新会灵观，滞留江海得加餐。”①乌菱、白芡夏秋季节西湖里到处都是，根本不用花钱买，然而却美味无比。青菰（茭白）米又称雕胡米，做成的饭叫作雕胡饭。雕胡米裹在青青的叶子里，就像裹在绿色的盘子里。那种清香的味道不由得人想多吃一些。面对这些美食，苏轼联想起他在京城的日子。在京城，他也经常去尝鲜，曾和自己的一众朋友去会灵观尝鲜，欢乐的场景历历在目。可如今，滞留在这个“江湖之远”的地方，身心饱受屈辱，心情虽然不畅快，但是要养好身体，不能亏待自己，更要加餐。字里行间，表达他内心的不平，同时也表现出积极生存的人生态度。

苏轼任职徐州或密州时，属意过一种美食叫寒具，那是一种油炸面食，鲜香无比。他特意写一首诗赞美它，将它比喻为美人春睡的杰作。居江南时，他品尝了那里的蒌蒿、芦芽、河豚，赞叹它们美味。这些都是时鲜美食。“蒌蒿满地芦芽短，正是河豚欲上时。”②初春时，蒌蒿、芦芽最为鲜嫩，食用正当时，而河豚也最为肥美。河豚肉质鲜嫩，作为一种美食，是高端食品，烹调极为不易。因为它本身有毒，能致人命，所以对烹调的技艺要求很高。苏轼对这种美食津津乐道，他是以无限向往的情感来写蒌蒿、芦芽和河豚的。这是大自然的馈赠！苏轼从内心要礼赞这大自然。徐州、常州为官，属于正常调遣，因此他对美食的态度是欣赏、赞叹。其实，相比来说，在这些地方，他写的美食并不多。而当他遭贬黄州、儋州、惠州时，描写的美食要比汴京、杭州、徐州、常州多得多，写得也最为用心。为什么会出现这样的状况？是因为这些偏远的地方比较富庶吗？美食原本就多吗？一定不是这样。戴罪来到这些偏僻之地，苏轼内心肯定不舒服。要排遣这些不舒服，只能寄情山水，寄情美食。《初到黄州》一诗写得非常明白：“自笑平生为口忙，老来事业转荒唐。”是因为事业变得“荒唐”，他才迫不得已“为口忙”。这当然是一种积极的生活态度，苦中作乐，难中寻美。在贬谪之地，由于担任的都是闲职，人微言轻，不可能干出轰轰烈烈的大事，只能苦熬时光。因此，他花了很多工夫去发现美食、制作美食，在平常的盐油酱醋茶中寻找乐趣。在黄州，他发现很多美食，那里不仅笋香、鱼鲜，而且饼酥、肉美，能充分满足他的口腹之欲。“长江绕郭知鱼美，好竹连山觉笋香。”长期寻求美食的经验，使他一看见长江环绕着村郭就能立即意识到这里的鱼一定鲜美，一看见漫山遍野的竹林就知道这里的笋一定香甜。宋人周

① 冯应榴辑注《苏轼诗集合注》（一），第319页。

② 冯应榴辑注《苏轼诗集合注》（三），第1334页。

紫芝著《竹坡诗话》，记载数则苏轼贪好美食的文字。如，在黄州时，他发现了一种油果子香酥无比，问主人它叫什么名字，主人说无名，他便欣然为之命名“为甚酥”，并赋诗一首：“野饮花前百事无，腰间唯系一葫芦。已倾潘子错著水，更觅君家为甚酥。”①黄州的猪肉尤其便宜，让“可使食无肉，不可使居无竹。无肉令人瘦，无竹令人俗”②的苏轼有条件大快朵颐，并情不自禁地作一首《猪肉颂》：“洗净锅，少著水，柴头罨烟焰不起。待他自熟莫催他，火候足时他自美。黄州好猪肉，价贱如泥土。富者不肯吃，贫者不解煮。早晨起来打两碗，饱得自家君莫管。”③为什么富者不肯吃猪肉？可能是太多，富者吃不胜吃，不是不肯吃。为什么贫者不解煮？大概是说当地加工猪肉的方法不好，做不出美味的猪肉。在这里，苏轼简单陈述了猪肉的加工：少放水，慢火炖，只要火候到了，肉质自然而然就美了。在这简单的猪肉加工方法背后肯定还隐含着一些技巧，如怎样放佐料、如何调味等。苏轼把发现美食、制作美食、食用美食当作乐趣，他是在试图从中寻找生活的意义。

在儋州、惠州期间，是苏轼最为艰难的日子，可他依然没有停止对美食的寻找。在儋州，“五日一见花猪肉，十日一遇黄鸡粥。土人顿顿食薯芋，荐以熏鼠烧蝙蝠”④。苏轼题下自注：“儋耳至难得肉食。”在儋州，想吃顿肉很难。不知道苏轼是否习惯熏鼠和烧蝙蝠的味道，后来，他对这两种菜肴就没有更多的描绘了。当地人肯定是经常食用的，不然就不会向他推荐了。或许食用熏鼠和烧蝙蝠是当地的风俗，或许是为了弥补花猪肉和黄鸡的不足。“顿顿食薯芋”的不只是土人，苏轼也一样，说明日子真的不好过。苏轼还写有一组《纵笔》诗，同样描写生活的艰苦：“北船不到米如珠，醉饱萧条半月无。明日东家当祭灶，只鸡斗酒定膰吾。”⑤那时，海南岛可能不产米，或者即便产米也不能满足需求，要从北方运输。米像珍珠一样珍贵，那是因为海峡风浪太大，船无法通行，因此，已经半个月了，苏轼没有醉和饱的感觉。好在明天东家要祭灶，会有酒喝，

---

① 何文焕辑《历代诗话》（上），中华书局，1981，第354页；又见《苏轼诗集合注》（三）第1144页，文字稍有差异，不同的是“系”为“挂”。

② 冯应榴辑注《苏轼诗集合注》（一），第425–426页。

③ 《苏轼文集》第二册，第597页。周紫芝《竹坡诗话》所载文字有异：“黄州好猪肉，价贱等粪土。富者不肯吃，贫者不解煮。慢著火，少著水，火候足时它自美。每日起来打一碗，饱得自家君莫管。”见何文焕辑《历代诗话》（上），第351页。

④ 冯应榴辑注《苏轼诗集合注》（五），第2123页。

⑤ 同上书，第2184页。

也会有鸡吃。这种对美食的渴望不是品味、欣赏，而是为了解饥。在儋州，他写了很多和陶诗，说明那时他的境遇与陶渊明归田后挨饿、乞食类似。在惠州也大体如此。尽管苏轼在惠州有过美食的满足："罗浮山下四时春，卢橘杨梅次第新。日啖荔支三百颗，不辞长做岭南人。"①那是赶上了时令。其实，"日啖荔支三百颗，不辞长做岭南人"是饱含着心酸的。因为一次食物的满足，宁肯舍弃祖籍，长期做一个外乡人。这不符合人的情感逻辑。更何况，"日啖荔支三百颗"是根本不可能实现的，因为荔枝（支）只是农历的五六月份才上市，过了这两个月，就只能等来年了。苏轼在惠州的生活艰难还可以通过他对藤菜的描写看出："丰湖有藤菜，似可敌莼羹。"②"藤菜"是一种叶片很厚、很绿的菜，又叫木耳菜，吃起来确实有滑腻的感觉，但它哪里比得上吴中的莼羹呢？诗的写作背景是将近年关时苏轼游览丰湖，走得有些饿了，随便找个地方吃点东西，于是吃到了这道农家菜。大概正是因为饥饿，才把藤菜吃出吴中美食莼羹的感觉。

由此可见，苏轼对美食的描写与追求紧密关联着他的生活体验。他追求美食并不是为了享乐，而是为了生存。也许有些所谓美食味道不一定真美，可是因为饥饿的缘故，它们也被认定为一种美味，所谓饥不择食。这既是对美食的品味，也是对人生的品味。无论如何，苏轼对美食的认识都是中国饮食文化的一道风景，其贡献不言而喻。

二、品味：人间有味是清欢

味美是美食的核心要素。美学上常常以"味"来言说美，致使"味"成为中国古典美学的一个重要范畴。早在先秦，老子就说过"味无味"，他将"无味"视作一种味，而且是最高级的味。最高尚的审美趣味就是能够品味无味。后来，陆机说"缺大羹之遗味"③，钟嵘倡导五言诗应有"滋味"（《诗品》），司空图说味在"咸酸之外"（《与李生论诗书》）等，都是在张扬味。一种食物，若味不佳，是不能称为美食的，因此，苏轼记述的所有美食皆味美。然而，"凡物皆有可观"。由于地域的差别很大，导致美食的风味不一。就像司空图所说："江岭之南，凡足以适口者，若醯，非不酸也，止于酸而已；若鹾，非不咸也，止于咸而已。华之人以充饥而遽辍者，知其咸酸之外，醇美者有所乏耳。

① 冯应榴辑注《苏轼诗集合注》（五），第2065页。

② 同上书，第2054页。

③ 张少康集释《文赋集释》，上海古籍出版社，1984，第130页。

彼江岭之人，习之而不辨也，宜哉。”①一个人长期生活在一个地方，只习惯于这个地方的风味，必然影响他对美味的判断。然而，苏轼走南闯北，早已习惯了南北风味的差异，针对不同地域的不同美食，记述的重点也不一。故而，他有时渲染味美，有时渲染形美，有时渲染制作之精美。对味美的渲染有时直接，有时隐晦，无论直接与隐晦，大都令人垂涎欲滴，难以忘怀。

苏轼对美食的记述，不管是菜肴还是点品、水果等，大都渲染美味。他写过很多味美的水果，如柑橘、荔枝、龙眼等，皆令人念念不忘。他在黄州时写有一首诗《食甘》，描写黄州的柑橘：“露叶霜枝翦寒碧，金叶玉指破芳辛。清泉蔌蔌先流齿，香雾霏霏欲噀人。”②并用类似的语言描写吴中的橘之味美：“香雾噀人惊半破，清泉流齿怯初尝。吴姬三日手犹香。”③这首词大约作于他途经吴中（京口、常州、苏州）时，从“吴姬”一词可以断定。这种橘子多汁，咬一口汁水喷雾，清泉流齿，那种感觉是语言无法表达的。苏轼形容这种橘子特别香甜，香甜到何种程度？“吴姬三日手犹香”。拿过橘子的吴中美女三天之后手上依然残留着橘子的香味。可见，它是多么香，多么美味！我们不知道今天的苏南还有没有这种橘子，若有，它叫什么名字。读这首词，我们仿佛也在品尝这种美味，不由得口舌生津了。

在惠州时，苏轼津津乐道惠州的荔枝。他写荔枝味美，没有直截了当地形容，只是说“日啖荔支三百颗，不辞长做岭南人”。因为荔枝，他愿意常住岭南，做一个岭南人。什么样的美味有这么大的魅力？我们上文说，苏轼这句诗包含心酸，带着苦涩，那是联系了他的生活遭遇。其实，这句诗还包含着苏轼的风趣，他确实是在赞美岭南佳果，慨叹这一大自然的赐予。后来，他到了廉州（今属广西），吃了当地产的龙眼，立即又心花怒放。那种美味，以至于他写诗赞美都不顾及诗题的含蓄了。《廉州龙眼质味殊绝可敌荔支》形容廉州的龙眼味美：

龙眼与荔支，异出同父祖。
端如甘与橘，未易相可否。
异哉西海滨，琪树罗玄圃。

① 郭绍虞主编《中国历代文论选》第二册，上海古籍出版社，1979，第196页。
② 冯应榴辑注《苏轼诗集合注》（三），第1111页。
③ 唐圭璋编《全宋词》（一），中华书局，1965，第315页。

累累似桃李，一一流膏乳。①

荔枝（支）和龙眼，都是岭南的产物。它们原本属于一个品类，就像柑与橘一样。通常情况下，荔枝汁多，而龙眼汁少。惠州也产龙眼，相信苏轼在惠州时一定吃过当地的龙眼，可是他并没有像赞美荔枝一样赞美过龙眼，说明惠州的龙眼不够美味。而廉州的龙眼却有所不同，它汁多味美，质味殊绝，胜过荔枝。苏轼形容廉州龙眼汁多，“一一流膏乳”。这是对廉州龙眼的真实描述，更是赞美。像膏乳一样甜美，如此美味的龙眼，世间罕有，确实是其他地方的龙眼无法媲美的。正如诗题所言，是“可敌荔支（枝）”的，因此苏轼用“质味殊绝”评价之。

美食的味美与食材关系密切，也离不开独特的加工。再好的食材，如果不尊重食材的质地、特性，随便放进水里煮，放到油锅里炸，是不可能做出美味的，必须运用特定的加工方法。苏轼写地域美食，自然会涉及当地的加工与食用习惯，有时看他写得简单、粗暴，如烹煮黄州猪肉，“洗净锅，少著水，柴头罨烟焰不起。待他自熟莫催他，火候足时他自美”。其实，内在还是蕴含着一个细腻的过程的。要想美食味美，制作是关键。这个道理多数人都懂，可是多数人不一定做得好。而苏轼深谙此理。他写北方豆粥的加工制作：“地碓舂秔光似玉，沙瓶煮豆软如酥。”②粳稻（秔）一定要用地碓舂，豆子一定要用沙瓶煮，这样做出来的豆粥才会美味。

然而，是不是一个地方有好的食材，当地人一定会把这种食材加工好，成为一种美味？并不一定。苏轼就有现成的例子——惠州人加工当地的土芋。在苏轼看来，惠州土芋虽然普通，却是难得的好食材，然而惠州人却不会吃。“今惠人皆和皮水煮冷啖，坚顽少味，其发瘴固宜。”③连皮水煮，凉了再吃。也就是说，惠州加工和食用土芋的方法过于简单粗暴，致使土芋“坚顽少味”。不仅不美味，而且容易生瘴气。这就把一种好食材给糟蹋了。一种好的食材，由于加工方法失当，导致美味的丧失，非常可惜。不知道后来的惠州人在吃土芋时是否已经改变那种简单粗暴的方法。苏轼探索出来的惠州土芋的加工与食用方法是：“芋当去皮，湿纸包，煨之火，过熟，乃热啖之，则松而腻，乃能益气充

① 冯应榴辑注《苏轼诗集合注》（五），第2220-2221页。

② 冯应榴辑注《苏轼诗集合注》（三），第1212页。

③《苏轼文集》第六册，第2365页。

饥。”[①] 他强调土芋一定要去皮，用湿纸包，用火煨，而且趁热吃，这样才会松而腻。那种香甜，会令人回味无穷。芋头是南北共有的食物，各地的芋头品种不同，品质也会有差异，相应地，食用方法也会不同。苏轼走过很多地方，一定品尝过很多种。他的惠州土芋的加工方法一定是借鉴了其他地方的方法，不仅赋予它美味，而且赋予它益气的功能。

苏轼于味，特重清欢。清欢是一种清心淡雅的快乐，是一种平淡美。平淡是整个北宋时期的审美风尚，苏轼自然也不能免俗。他崇尚“发纤浓于简古，寄至味于澹泊”[②]的文风，“简古”“澹泊”其实就是清欢的内涵之一。这一思想在他的《浣溪沙》一词中借助美食的描绘鲜明地表达出来。元丰七年（1084年），苏轼被皇帝赦免，得以离开他生活多年的黄州，赴任汝州。途中经过泗州时，约会好友泗州知州刘倩叔，遂作《浣溪沙》一词，表达出他对这种清欢之味的感受：

细雨斜风作晓寒，淡烟疏柳媚晴滩。入淮清洛渐漫漫。
雪沫乳花浮午盏，蓼茸蒿笋试春盘。人间有味是清欢。[③]

词中写到多种饮食。茶味很香，形状也很漂亮，“雪沫乳花”，雪一样的洁白的泡沫，乳汁一样的水花；蓼、茸、蒿、笋是当地的时令春盘，都是些清新淡雅之物。或许因为苏轼在黄州时大鱼大肉吃腻了，这些清新淡雅之物才为美味。然而，他的“人间有味是清欢”并不是描写这些食物的清淡，而是借这些清新淡雅的食物说人生，是对人生的慨叹。玉盘珍馐、纸醉金迷虽然代表人生的得意、快意，同时也代表着人生的堕落，而平平常常、清新淡雅才是人生的归宿。在经过痛苦的人生磨难之后，苏轼突然产生顿悟。他向往清欢，把清欢视为真正的人生之味，而且是人生至味！清淡给人带来欢乐，平淡能够带给人永久的快乐。这种人生感悟是受美食的启发而来的。可见，美食不仅给他带来口福，也给他提供了丰富的人生感悟与智慧。

三、赏形：一瓯花乳浮轻圆

美食之美主要在于味觉和视觉，它是色、香、味的统一。大凡美食都会在

---

① 《苏轼文集》第六册，第2365页。

② 《苏轼文集》第五册，第2124页。

③ 唐圭璋编《全宋词》（一），第318页。

味觉和视觉上做到极致，在美上做到极致。香与味大体上可归为味，而色不仅指颜色，还应包括形状。苏轼之于美食非常注重视觉之美，对形状的要求很高。形状之美给人造成强烈的视觉冲击，看起来诱人，再加上闻起来馋人，美食的境界就基本形成了。

苏轼非常喜爱一种美食——寒具，为此，专门写了一首诗《寒具》。我们猜测，这首诗写于苏轼在密州或徐州为官时。寒具，古人称之为捻头、粔籹、环饼等，据说南北都有，南方以糯米粉为之，北方以小麦面为之。在我看来，北方具有代表性，它是北方的经典面食，徐州及黄淮一带称之为馓子。《寒具》记述这种美食，将它写得非常高贵，也非常妖艳。其实，“寒具”就是一种油炸食物，本身并不高贵。传说春秋时期，晋国有一位名士叫介子推，他帮助晋文公成就霸主。然而功成之后，他却带着母亲隐居深山不仕。晋文公为了逼他出山，竟然放火烧山，不意却把介子推母子活活烧死。据传，寒食节（清明节的前一两天）就是为纪念介子推而设立的，以表彰他的忠孝。这一天全民禁火。为了解决寒食节的饮食问题，人们就发明一种食物，专供这一天食用，故而谓之“寒具”。作为北方的传统美食，也是中原美食的代表之一，寒具深受当地人的喜爱，至今仍被视为一种补品，供病人、产妇及老人食用。苏轼非常青睐这种食品，以至于念念不忘，特作诗一首，将这种非常普通平常的食物渲染得特别美艳，借以寄予自己的喜爱之情：

纤手搓成玉数寻，碧油轻蘸嫩黄深。
夜来春睡浓于酒，压褊佳人缠臂金。①

馓子是由无数长长的细面丝组成的，制作时，需将面粉制成一根长长的细条，盘在一个大盆之中，然后注入油。煎炸时，将细丝缠绕在手臂上，缠绕数十圈，然后，不断地抻，拧成蝴蝶状，放入油锅炸成嫩黄色。这种食物可干吃，可卷在烙饼里吃，可炒菜，也可做汤，吃起来鲜香无比。由于苏轼非常喜爱这种食物，于是就充分发挥他那惊人的想象力，想象着这种食物是美人春睡的杰作。由于美人睡意浓烈，不经意间压扁了她戴在手臂上的金镯子。馓子的那种油炸的金黄色，那种篦子状的整齐细丝，可不就像金丝吗？这种描绘非常形象传神。如此一来，平常食物仿佛变得高贵起来，形美、味美被赋予美的意义。倘若不是出自对这种美食的真诚喜爱，能写出这样的诗句吗？对于美食形态的描写，寒具堪称经典。

① 冯应榴辑注《苏轼诗集合注》（四），第1609页。

《寒具》并没有描写这种食物如何美味，呈现的只是这种食物的美的形态，人们借助这种形态之美可以想象它的味之美。这其中表现了苏轼对于美食的认知与品味，大凡美食一定是形美（视觉美）与味美兼具的。

在《和蒋夔寄茶》一诗中，苏轼又将美食的形美（视觉美）和味美渲染到极致。诗歌描写的是餐饮及烹茶，虽然强调写的是茶，其实写的是美食与茶。诗中所写的美食包括南北美食，其中不仅有味的比较，更有形的比较。这首诗作于苏轼任职密州时，彼时，他才从杭州来到密州。从“东南形胜”之地到齐鲁苍莽大地，风土在变，人情也在变。诗是回味，也是品味。他是在品味自己的人生经历，发泄着自己的人生感喟。诗云：

我生百事常随缘，四方水陆无不便。
扁舟渡江适吴越，三年饮食穷芳鲜：
金齑玉脍饭炊雪，海螯江柱初脱泉；
临风饱食甘寝罢，一瓯花乳浮轻圆。
自从舍舟入东武，沃野便到桑麻川。
剪毛胡羊大如马，谁记鹿角腥盘筵？
厨中蒸粟堆饭瓮，大杓更取酸生涎。
柘罗铜碾弃不用，脂麻白土须盆研。
故人犹作旧眼看，谓我好尚如当年：
沙谿北苑强分别，水脚一线争谁先。
清诗两幅寄千里，紫金百饼费万钱。
吟哦烹噍两奇绝，只恐偷乞烦封缠。
老妻稚子不知爱，一半已入姜盐煎。
人生所遇无不可，南北嗜好知谁贤？
死生祸福久不择，更论甘苦争蚩妍。
知君穷旅不自释，因诗寄谢聊相镌。①

苏轼如此描绘江南美食与茶的形状之美：“金齑玉脍饭炊雪，海螯江柱初脱泉。临风饱食甘寝罢，一瓯花乳浮轻圆。”“金齑玉脍”写的是鲈鱼脍之类的美食。冯应榴引宋人施元之、施宿注：“《大业拾遗》：吴郡献松江鲈鱼脍，须八九

① 冯应榴辑注《苏轼诗集合注》（二），第 627-629 页。

月霜下之时，鲈鱼白如雪，取三尺以下者作之。以香菜花叶相间，和以细缕金橙食之，所谓‘金齑玉脍’。”①如金玉般的美食，晶莹剔透，洁白无瑕，单单从视觉形状上就令人神往。用金玉之类的高贵色彩来描绘它们，意在突出加工之精细，味道之香甜。“海螯江柱”是指海鲜与河鲜之类的美味。“初脱泉”说它们是刚刚从泉水中捕捞上来的，味道极为鲜美。“海螯”是指海蟹一类的食物，“江柱”是指江瑶柱之类的贝类河鲜。如此描绘，仿佛人们的眼前是满桌现成的玉盘珍馐，香气逼人。这是食物的形状之美。酒足饭饱之后，美美地睡上一觉，然后起来冲泡一壶香茶，简直是神仙般的享受！苏轼以生花妙笔描写冲茶的情形：“一瓯花乳浮轻圆。”“花乳”，从字面理解是花的乳汁，描绘的是冲茶时茶水上浮起的乳白色的泡沫。前面我们谈到他在《浣溪沙》中写道的“雪沫乳花”，雪一样的洁白的泡沫，乳汁一样的水花，也是写茶。其实，两处的“花乳”和“乳花”意义没有什么不同。在苏轼的味觉体验中，大凡能泛起乳白色水花的茶一定是好茶。正是这些乳白色的泡沫，裹带着茶的香气，沁人心脾。“轻圆”是轻浮、圆润之意，是指茶的形状。如此美妙的色彩，如此美妙的形状，再加上如此美妙的香味，自然给人带来了身心的愉悦和无穷的美感。

而密州的美食是一种怎样的形状与味道呢？我们来看苏轼的记述。他到密州之后，品尝到了这样的食物。“剪毛胡羊大如马，谁记鹿角腥盘筵？厨中蒸粟堆饭瓮，大杓更取酸生涎。柘罗铜碾弃不用，脂麻白土须盆研。”粗放的食材，粗放的形状，粗放的味道，连同粗放的做法，是密州饮食的特征。大口吃肉，大碗喝酒，是北方人的习俗。苏轼看到的是那比马大的胡羊，那腥气浓烈的鹿肉，粗陋的蒸粟米饭，以及闻起来就让人流口水的酸汤。这对密州人来说是绝对的美味。这样的美味只能用盆、瓮、大勺之类的器皿，而江南精美的器皿在这里根本派不上用场（大概苏轼去密州时带了一些江南的器皿）。这就是南北饮食文化的差异。在我们看来，苏轼如此描绘密州美食不是贬损，也没有褒扬，只是表达他已经习惯了江南的美食，不习惯北方美食；喜欢“花乳浮轻圆”，不喜欢“鹿角腥盘筵”。借这种对密州美食的描述，苏轼展示的却是他的宽容态度：每个地方有每个地方的美食，南北美食具有不同的风味，这些风味是无法区分优劣的。人生就像这美食，有的甘，有的苦，但是，有人喜欢甘的味道，有人却喜欢苦的滋味。人生有得意，有失意，恰如味道有甘苦，这都是自然的，

① 冯应榴辑注《苏轼诗集合注》（二），第627页。

没有必要计较得失。“人生所遇无不可，南北嗜好知谁贤。死生祸福久不择，更论甘苦争蚩妍。”如此，品味美食与品味人生便成为一体。

四、美食烹食与人生境界

苏轼是一个美食家。美食家的名头意谓他不仅仅是一个吃主，而且还是一个烹制美食的高手。苏轼之于饮食，品位极高。其品味的不仅指食物的品质与档次，还包括食物的烹制技艺与食用方法。苏轼通过对加工制作与食用方法的记述表达出他的美学态度。

苏轼曾经写了两篇关于美食的赋，一篇是《老饕赋》，一篇是《菜羹赋》，其中就记述了一些美食的加工、制作与食用方法。从中我们可以看出一些高级的美食是怎样做成的，应该怎样吃，而普通食材又是怎样烹制成美食的，应该怎样食用。“羊豕以为羞”①，羊和猪是珍馐美味，春天肥美的河豚也是珍馐美味，那都是高级的美味。而“餔糟啜漓”“果蔬草木”也可烹制成美味，因此，笋饼、馒头皆成美味，“天下风流笋饼餤，人间济楚蕈馒头”②。美食虽然有档次之别，但味本身应该是不分高下的。普通平凡食物在味道上不一定逊色高档食物，依然会有自己的美味。

《老饕赋》作于苏轼流放儋州时。赋云：

> 庖丁鼓刀，易牙烹熬。水欲新而釜欲洁，水恶陈而薪恶劳。九蒸暴而日燥，百上下而汤鏖。尝项上之一脔，嚼霜前之两螯。烂樱珠之煎蜜，滃杏酪之蒸羔。蛤半熟而含酒，蟹微生而带糟。盖聚物之夭美，以养吾之老饕。婉彼姬姜，颜如李桃。弹湘妃之玉瑟，鼓帝子之云璈。命仙人之萼绿华，舞古曲之郁轮袍。引南海之玻瓈，酌凉州之蒲萄。愿先生之耆寿，分余沥于两髦。候红潮于玉颊，惊暖响于檀槽。忽累珠之妙唱，抽独茧之长缲。闵手倦而少休，疑吻燥而当膏。倒一缸之雪乳，列百柂之琼艘。各眼滟于秋水，咸骨醉于春醪。美人告去已而云散，先生方兀然而禅逃。响松风于蟹眼，浮雪花于兔毫。先生一笑而起，渺海阔而天高。③

① 《苏轼文集》第二册，第386页。

② 冯应榴辑注《苏轼诗集合注》（一），第2458页。

③ 《苏轼文集》第一册，第16-17页。

这里说的都是高档美食。苏轼告诉人们，高档美食的烹调方法有一个通则，那就是：水要新鲜的水，锅一定要洗干净；柴火相当有考究，火候一定要把握好；有些食物要经过多次蒸煮晒干才能用，有些要在锅里慢慢地熬。接着，苏轼告诉人们如何选择食材。选择猪肉要选小猪颈后部的那一小块肉，选螃蟹要选霜降前最肥美的螃蟹，而且只选两只大螯。蜜是樱桃捣烂在锅中煎熬而成的，糕点一定要用杏仁浆蒸。吃蛤蜊要趁半熟时就着酒吃；螃蟹要和酒糟一起蒸，不要太熟，蒸得稍微生些才更美味。这样，这些高档美食的选材、制作与食用方法就大体明确了。当然，这并不够。接着，苏轼描述了应该怎样在豪华的筵席上食用这些美食。闷头闷脑地吃当然缺乏情调，一定要有歌舞相伴。音乐应选择艳若桃李、端庄大方的美女演奏，使用湘妃用过的玉瑟和尧帝女儿用过的云璈（云锣），然后，再请仙女萼绿华随《郁轮袍》的曲子翩翩起舞。饮酒时要用珍贵的南海玻璃杯斟上凉州的葡萄美酒。酒足饭饱之后再倒一缸雪乳般的香茗。这样才算是真正的享受美食。美食应和美的艺术结合在一起，不仅是为追求口腹之欲，而且追求精神的满足。苏轼毕竟是经过大场面的，他对这些高档美食如数家珍。可是，在那时，苏轼远处儋州荒蛮之地，连花猪肉和黄鸡粥都无法满足，他为什么还要侈谈这些美食呢？在我看来，这仅仅是为了满足他自己在艰难处境中对美食的想象，只为逞口舌、自嘲而已，其内在的心酸我们上文已经作了分析。在这里，苏轼又确实是在谈论美食的选材、加工、制作与食用方法，借此渲染美食给人带来的味觉和精神上的享受。

《菜羹赋》同样作于儋州，但却讨论的是家常美食的选材、加工、制作与食用。苏轼写道："东坡先生卜居南山之下，服食器用，称家之有无。水陆之味，贫不能致，煮蔓菁、芦菔、苦荠而食之。其法不用醯酱，而有自然之味。"在儋州，他连吃饭的器皿都置备不全，更何况"水陆之味"。买不起鸡鸭鱼肉，只能"煮蔓菁、芦菔、苦荠"，而且没有调味品，被迫吃"自然之味"。可见，他在儋州的生活艰难。赋中写道：

嗟余生之褊迫，如脱兔其何因。殷诗肠之转雷，聊御饿而食陈。无刍豢以适口，荷邻蔬之见分。汲幽泉以揉濯，搏露叶与琼根。爨铏锜以膏油，泫融液而流津。汤蒙蒙如松风，投糁豆而谐匀。覆陶瓯之穹崇，谢搅触之烦勤。屏醯酱之厚味，却椒桂之芳辛。水初耗而釜泣，火增壮而力均。滃嘈杂而麋溃，信净美而甘分。登盘盂而荐之，具匕箸而晨飧。助生肥于玉池，与吾鼎其齐珍。鄙易牙之效技，超傅说而策勋。沮彭尸之爽惑，调灶鬼之嫌嗔。嗟丘嫂其自隘，陋乐羊而匪人。先生心平而气和，故虽老而体胖。计余食之几何，固无患于长贫。忘口腹之为累，以不杀而成仁。窃比予于谁欤？葛天氏之遗民。①

苏轼写这篇赋的目的是表达自己的理想境界及精神追求。他写自己窘迫与饥饿，是为了展示自己不畏饥饿的乐观主义情怀。家里没有东西吃，眼看要挨饿，邻居给了些蔬菜，于是他便用这些蔬菜做一顿美食。先用山泉水洗净菜叶和菜根，放在锅里用油炒，那种鲜香的味道馋得人口水都流了出来。然后，加入糁和豆，搅拌均匀，反扣上陶瓯，不要频繁搅动，不要使用醋和酱油，也不要放花椒、桂皮之类的香辛料，只保持原味。等到水开始沸腾，锅里发出声音，再用均匀的大火，菜蔬便随开水翻滚，这样就煮成了酥烂的菜羹，实在是清香甘美。盛上一碗菜羹作为早餐，那种香味不由得令人口舌生津，几可与牛、羊、豕、鱼、麋五鼎媲美了。苏轼用华美的文字渲染了菜羹的美味。显然，这种美味是饥饿带来的，是饱含人生辛酸的独特美味。

与《老饕赋》相比，《菜羹赋》描写的食物在档次上产生天壤般的反差，但是菜羹确实是苏轼心中的美食，那不仅是家常美食，更是精神美食。通过菜羹的烹制，表现他顽强的生活能力与生命意志。人在饥饿的状态下能获得如此美食是极大的幸福。同时，这篇赋又与《老饕赋》形成强烈的对照，那不仅是美食档次上的对照，同时也是思想情感上的对照。如果说，《老饕赋》是苏轼对美食的想象，是逞口舌、自嘲，那么《菜羹赋》则是他现实境遇的写真。两篇赋展示的是苏轼能上能下的生活适应能力，是他顽强生命意志的隐喻。而他对美食的审美态度依然是“凡物皆有可观”，辩证、通达的情怀并没有丝毫改变。

苏轼对美食的认识与记述紧密关联着他的生活境遇与思想情感。他对美食的探索与追求是他积极生存观念的隐喻。我们探讨苏轼的饮食美学，不仅要看他对美食的味道、颜色、形状以及选材、加工、制作、食用的认识，更要联系他的生活理想和生命意志，在更为宏阔的背景下发掘他的本真企图。只有如此，才能真正揭示他在中国饮食文化中的意义，揭示他在中国美学史上的价值。

---

① 《苏轼文集》第一册，第 17 页。

苏轼影论

李瑞卿

摘　要：在与陶渊明的关于形、神、影的哲学对话中，苏轼建立了独特的阐释体系，给“神”划出了界限，将“影”作为超出天地、生死的一个本质。“系风捕影”是苏轼的审美方法，影的存在让苏轼无法止步于易道逻辑带来的自由。他拒绝了易道逻辑可能带来的神秘性，而代之以向着本质之影无限接近的主体意志，从而在审美理论上阐明了“意”的必然性与可显现性。“庐山真面目”或许就是超离此山的幻影范导下的庐山的新的自然形式，它从易学的絜矩、陶公的真意、禅宗的清净身中超离出来而自成面目。

关键词：本质　天地　法度

一、影是什么

苏轼文艺有“以灯取影”“系风捕影”之论，“影”在苏轼那里是一个重要的存在。他所获取的不仅是艺术的幻影，而且是显像了的事物本质。“起舞弄清影”①，形体与影子同在，但影子似乎更为真实；“谁见幽人独往来，缥缈孤鸿影”②，那鸿影正是幽人的另一种存在。《记承天夜游》曰：“怀民亦未寝，相与

本文作者李瑞卿，现为北京语言大学中华文化研究院教授，博士生导师。

① 邹同庆、王宗堂：《苏轼词编年校注》，中华书局，2002，第173-174页。

② 同上书，第275页。

步于中庭。庭下如积水空明，水中藻荇交横，盖竹柏影也。何夜无月，何处无竹柏，但少闲人如吾两人者耳。”①竹与柏投射于月色空明，如藻荇交横，此种影像也只能在苏轼与友人的闲情逸致中偶然呈现。它或许被感知为幻象，但何尝不是一种本真，所谓“真巧非幻影”②。《登州海市》曰：“东方云海空复空，群仙出没空明中。荡摇浮世生万象，岂有贝阙藏珠宫。心知所见皆幻影，敢以耳目烦神工。”③这感官所见之幻影，其实并非与神工毫无干系。苏轼在《游金山寺》中又有“非鬼非人竟何物”之问，其诗曰：“是时江月初生魄，二更月落天深黑。江心似有炬火明，飞焰照山栖鸟惊。怅然归卧心莫识，非鬼非人竟何物？”④面对江心之火、照山飞焰，惊动了黑暗中栖息的飞鸟，苏轼向这如影一般的神秘存在发出了追问。

因是之故，苏轼摄取形影、追踪意象的审美活动就不仅是勘察物理、领悟情思的过程，而且是叩问本质、探究真实存在的过程。如果说外周物理、内极才情即是儒者之道，苏轼为何还要思索、探究那虚无之影呢？那么，影是能被看见的本质或真实存在吗？苏轼在三首“和陶诗”中讨论到形、神、影关系问题，特别论证了影的真实存在。《和陶形赠影》曰：

天地有常运，日月无闲时。
孰居无事中，作止推行之。
细察我与汝，相因以成兹。
忽然乘物化，岂与生灭期。
梦时我方寂，偃然无所思。
胡为有哀乐，辄复随涟洏。
我舞汝凌乱，相应不少疑。
还将醉时语，答我梦中辞。⑤

天地有常，运行不息，形与影不愿随气行止，不愿入于大化流行，它要超出变化与生灭。有形即有影，形与影彼此相因，唯有在梦中可以寂然无思，也

① 《苏轼文集》第五册，孔凡礼点校，中华书局，1986，第2260页。
② 《苏轼诗集》第三册，孔凡礼点校，中华书局，1982，第906页。
③ 《苏轼诗集》第五册，第1388页。
④ 《苏轼诗集》第二册，第308页。
⑤ 《苏轼诗集》第七册，第2306页。

唯有在醉中才可逃离这化生。梦与醉究竟能否真的与物俱化不得而知，但逃离生死哀乐的形与影的自由与自在，则是苏轼所向往的。在《和陶影答形》中，形可以尽，影则不灭。其文曰：

丹青写君容，常恐画师拙。
我依月灯出，相肖两奇绝。
妍媸本在君，我岂相媚悦。
君如火上烟，火尽君乃别。
我如镜中像，镜坏我不灭。
虽云附阴晴，了不受寒热。
无心但因物，万变岂有竭。
醉醒皆梦耳，未用议优劣。①

画师可写形，但难写其真；影子依附月与灯而显现，但与形可以彼此相肖。妍媸在形，与影无关，形如火上之烟，火尽形乃别；影如镜中之像，镜坏影不灭，影附阴晴，却不受寒热，它无心因物，变化无尽。对于影而言，醉与醒无非都是梦，影与形相因，而影永恒存在。所相因之形毁坏后，影无所托，只能是存在的无，这无或许只意味着它不被看见。基于形与影的神又是如何存在的呢？陶渊明《神释》中神的归宿是纵浪大化，不忧不惧，独立不改，恒久之在；苏轼《和陶神释》中神之归宿则在醉梦之中，无思无虑。其文曰：

二子本无我，其初因物著。
岂惟老变衰，念念不如故。
知君非金石，安得长托附。
莫从老君言，亦莫用佛语。
仙山与佛国，终恐无是处。
甚欲随陶翁，移家酒中住。
醉醒要有尽，未易逃诸数。
平生逐儿戏，处处余作具。
所至人聚观，指目生毁誉。

① 《苏轼诗集》第七册，第 2307 页。

如今一弄火，好恶都焚去。
既无负载劳，又无寇攘惧。
仲尼晚乃觉，天下何思虑。①

从上述三首诗中，可推出苏轼关于影的四个论点：其一，影可以离形去神而永久存在；其二，神只能是无法逃出自然之数的日常存在，“醉醒要有尽，未易逃诸数”；其三，影是超越于神的本质；其四，人的醉与梦是形、神、影的自由的、理想的、现实的存在场域。苏轼在哲学上的天才式的创造于此表现出来，他承认易道哲学中的自然之数与儒家伦理，但他又超越了这一疆域，向更为深广的境界延伸拓展，当然这不是佛、老哲学所能牢笼的。影接近于无，但它是脱离物与形之后的存在。世上有物，有物必有形，有形必有影，那么，影就必然存在，纵然不被人们感知。苏轼找到了这样一个客观的存在无须太多的证明，使人们避开烦琐的、历时持久的神灭、神不灭之类的论争，而找到某种本质。所有形之影在离形以后则是一个影，因为众多的无形之影可以是一个影，因而它是普遍的也是连续的。苏轼以影为本质的功劳类似于康德。本质的重要性在此我们不做展开性论述，暂且引用郑昕对康德的评价，他说：“康德第一次证明现象里一定要有‘什么’，是常住的，如果不是这样的话，则每个客观的时间决定不可能，于是每个经验也不可能。他不是由经验来证明常住的存在，而是由常住的现象去证明经验的可能性。此种证法，不是经验的，而是先验的，不从经验来证明什么，而所证明，却不离开经验，为经验可能的条件。”②当然苏轼影本质与康德所谓本质是不同的，论证方法也全然不同，但它的出现和发用与康德“本质常住”的观点有异曲同工之妙，那就是让人们知道：“在现象里，一定要有‘常住的’。”③苏轼影的本质性存在反过来可证明形与神作为经验性存在的可能性，凸显出形与神的变化性和现象性，也仿佛为形与神提供了超越天地的、茫无涯际的预设空间，让人感到其所建构的自然的永恒。苏轼的形、神、影观念与陶渊明、白居易存在一定关联，陶渊明《形神影三首》是其唱和对象，白居易则有《自戏三绝句》言及心身答问④。苏轼在《刘景文家藏乐天〈身心

① 《苏轼诗集》第七册，第2307-2308页。

② 郑昕：《康德学述》，商务印书馆，2011，第184页。

③ 同上书，第183页。

④ 白居易《自戏三绝句》并序：“闲卧独吟，无人酬和。聊假身心相戏，往复偶成三章。”《心问身》：“心问身言何泰然，严冬暖被日高眠。放君快活知恩否，不早朝来十一年。”《身报心》：“心是

问答三首〉，戏书一绝其后》中将自己与陶、白权衡，虽然该诗写在《和陶形赠影》《和陶影答形》《和陶神释》三首之前，但也极有参考价值。戏书曰："渊明形神自我，乐天身心相物。而今月下三人，他日当成几佛。"[①]苏轼道破陶渊明、白居易在哲学上的重要缺陷，前者限于自我，形神影只是出于一己意识；后者沦于彼此相物，而缺少吾心观念。在与前贤的关于形、神、影的对话中，苏轼建立了独特的阐释体系，将容易流于任意妄想的"神"，一方面受限于作为常住本质的"影"，另一方面受限在易道变化的自然之数中——它神奇变化而在一定的"度"中。这好像是给"神"划出了界限，它依附于形，反向地通过一定的合度的思考与操作，从形那里可以得之，从而也保障了形的灵性，不至于使它成为有限之物，而神不再是超越人思维界限的神秘存在。尽管形、神、影的系统论述与《东坡易传》的最终完成都在苏轼人生后期，但这些思想的雏形已经较早出现了。

在苏轼这里，人生的梦与醉是形、神、影自由会合的场域。唯有在这审美的、超功利的意识中，看见三者彼此的流转生灭，领悟到超出天地秩序的自然之境，才能确认人的绝对自由。这个自由在某种程度上是客观的、可能的。它来自了悟，依凭它，在时间的流逝中可以感知到作为本质之影的永恒存在。《后赤壁赋》写道：

> 时夜将半，四顾寂寥。适有孤鹤，横江东来。翅如车轮，玄裳缟衣，戛然长鸣，掠予舟而西也。须臾客去，予亦就睡。梦一道士，羽衣蹁跹，过临皋之下，揖予而言曰："赤壁之游乐乎？"问其姓名，俯而不答。"呜呼噫嘻，我知之矣，畴昔之夜，飞鸣而过我者，非子也耶？"道士顾笑，予亦惊寤。开户视之，不见其处。[②]

与其说这是一个神秘世界，不如说是苏轼自觉呈现的了悟以后的自然之境。借助梦的场域，苏轼看到了孤鸿、道士之间的某种联系，惊寤之后道士不见其处，化为乌有。但在这乌有之后，却是永恒之影。《赤壁赋》中的"不变者"，

（接上页）身王身是宫，君今居在我宫中。是君家舍君须爱，何事论恩自说功？"《心重答身》："因我疏慵休罢早，遣君安乐岁时多。世间老苦人何限，不放君闲奈我何。"谢思炜：《白居易诗集校注》，中华书局，2006，第2683-2684页。

① 《苏轼诗集》第六册，第1818页。

② 《苏轼文集》第一册，第8页。

也即无尽的物与我。文中写道："盖将自其变者而观之，则天地曾不能以一瞬。自其不变者而观之，则物与我皆无尽也，而又何羡乎？且夫天地之间，物各有主。苟非吾之所有，虽一毫而莫取。惟江上之清风，与山间之明月，耳得之而为声，目遇之而成色。取之无禁，用之不竭。是造物者之无尽藏也，而吾与子之所共食。"①从变异角度来看，天地不能一瞬；以不变观之，则物与我可以无尽。因为江上清风、山间明月，用之不竭，我与物何尽之有？这时的我已然超越了生死变化，仿佛永恒之影与清风明月同在。形、神、影观念在《后赤壁赋》与《赤壁赋》中艺术地呈现，破除了现实与虚幻、古与今、物与人等界限，带给我们一个像本体的世界，也创造了一个新的自然。苏轼《无名和尚传赞一首》曰："道无分成，佛无灭生。如影外光，孰在孰亡。如井中空，孰虚孰盈，无名和尚，盖名无名。"②此诗与苏轼艺术与人生境界同旨，可以参看。

二、系风捕影之必然与可能

苏轼将形和神范围于天地之内，将影作为本质性的存在。如果说前者是变化，后者则是不变。形、神、影又是一体性的存在。影可呈现于一切形象，天然地被形象自有，它在现象的存在中不变，在自然中的量不增不减。虽然苏轼之影与康德本质并不完全相同，但也有可比类之处。现象之变在苏轼那里是易道变化，影的本质性、永恒性的设置可以说在某种程度上赋予了变化之因果性和必然性以基础。而苏轼所谓变化即是易变，易变可以自证其合法性。如《东坡易传》中苏轼以"一而两于所在"来解释天地变化之理由，他说："天地一物也，阴阳一气也，或为象，或为形，所在之不同，故在云者明其一也。象者形之精华，发于上者也，形者象之体质，留于下者也。人见其上下，直以为两矣，岂知其未尝不一邪？繇是观之，世之所谓变化者，未尝不出于一而两于所在也。自两以往，有不可胜计者矣。故在天成象，在地成形，变化之始也。"③"一而两"是变化的本性——这一点类似于张载"一故神，两故化"的气化思想④；"于所在"是指各得其所之意。"一而两"是精华与体质的二分与合一，显然避开了"神化"之本体，形成了对"神"的祛魅。进一步而言，"一而两

① 《苏轼文集》第一册，第6页。

② 《苏轼文集》第二册，第639页。

③ 《东坡易传》卷七，上海古籍出版社，1989，第120页。

④ 王夫之：《船山全书》第12册，岳麓书社，2011，第46页。

于所在”可阐释天地变化，但何以“精华”发于上、“体质”留于下，则只能由吾心主观给予；或只是易学的内在自洽，也即“易与天地准”——此本体论中的天地秩序是人所厘定的。正如郑昕引述康德语说：“假若拿掉思维的主体，则整个的物质宇宙，即化为乌有。”①康德哲学中，时间空间不是概念，而是先天纯直观，空间时间是现象的形式，“空间时间即在吾心之观念”②。易学中的天地秩序的厘定，类似康德的作为先天直观的时空的确立。前者要比后者更为复杂，不仅有时位观念，还有诸多演绎的形式与范畴。易学是苏轼思想的自由王国，但他并不安分于易学的藩篱，试图超越这一界限。再者，易学本身就包含着自身的反题，苏轼所谓影，正是可以超出天地、生死的一个本质，影成为最为纯粹的理想。

苏轼将神从形而上学中解放出来，回撤到现象界。在其哲学和美学中，神即是神理，是可以借助理性知识与实践获得的自然之数或自然规律。影的存在让苏轼无法止步或停留在得道式的自由中，特别是在艺术实践中，影既是形的附属现象，又是无远弗届的理想，可称为象外之象。它是必然的，也是可能把握的，在探究物妙的尽头或许可见惊鸿一瞥，其阐释可能性也即在苏轼的易道方法中。

苏轼的形、神、影论以及可与之呼应的易学方法落实在文艺创作中，不仅写气图貌，深入妙理，而且还有系风捕影之说③。系风捕影论建立在苏轼哲学理念之上，也来自流传久远的绘画技艺。光亮是最为公正的，形之阴影或理想之影都可以由之照射显现，借光摹影，可得其真。比如元代夏文彦在《图绘宝鉴》中记录了五代闺阁才女李夫人“墨竹”画法。李夫人月夜见窗外竹影婆娑，直接摹写于窗纸上。但我更倾向于认为此种技艺并非偶得，它以易道哲学为基础，而且源起颇为久远。中国绘画中对影子的运用，其实引入了一种全局的、动态的、数理的观照，可称其为“大易之眼”。苏轼《传神记》重视“传神写影”，他说：

> 传神之难在目。顾虎头云：“传形写影，都在阿堵中。”其次在颧颊。

① 郑昕：《康德学述》，第91页。

② 同上书，第89页。

③ 苏轼《与谢民师推官书》：“求物之妙，如系风捕影，能使是物了然于心者，盖千万人而不一遇也。而况能使了然于口与手者乎？是之谓辞达。辞至于能达，则文不可胜用矣。”《苏轼文集》第四册，第1418页。

吾尝于灯下顾自见颊影，使人就壁模之，不作眉目，见者皆失笑，知其为吾也。目与颧颊似，余无不似者。眉与鼻口，可以增减取似也。传神与相一道。欲得其人之天，法当于众中阴察之。今乃使人具衣冠坐，注视一物，彼方敛容自持。岂复见其天乎？①

《东坡题跋》“写影”作“写照”，苏轼所引顾恺之论画“传形写影”在《世说新语》中作“传神写照”。“写影”与“写照”用字不同，意思相类，写影也是写照，照与光亮和影像有关。本段文字中苏轼叙述了制造肖像的方法，即灯下现影，就壁模拟，然后再作增减；写影如同相术，出其不意地窥见“其天”。灯下之影中必然有人之形、神，增减笔画，即是基于理性的技术性认知和呈现，得窥其天，则是绘画的终极目标。写形、传神乃至达到“复见其天”的目标，应该被理解为不同的审美阶段。《传神记》曰：“南都程怀立，众称其能。于传吾神，大得其全。怀立举止如诸生，萧然有意于笔墨之外者也。”②这里的“大得其全”，即“复见其天”，是写形、传神之后的终极理想。然而这“其全”“其天”是永远不能通过绘画形式看见的，可以想见的是，“其全”“其天”或许就是形、神、影观念系统中的影。苏轼对画者的评价也耐人寻味：“怀立举止如诸生，萧然有意于笔墨之外者也”，意谓笔墨真谛需在笔墨之外求取，“其天”“其全”只在笔墨之外，此笔墨之外，是笔墨之内以后的笔墨之外。

“系风捕影”的笔墨，在《书吴道子画后》一文中其理、其形、其运动轨迹，显现得微妙而清晰。苏轼在理论上将瞬间取影过程化、技术化，对吴道子画法进行了完美的易学阐释。

道子画人物，如以灯取影，逆来顺往，旁见侧出，横斜平直，各相乘除，得自然之数，不差毫末，出新意于法度之中，寄妙理于豪放之外，所谓游刃余地，运斤成风，盖古今一人而已。余于他画，或不能必其主名，至于道子，望而知其真伪也。然世罕有真者，如史全叔所藏，平生盖一二见而已。元丰八年十一月七日书。③

苏轼引入“自然之数”“逆来顺往”的观念，阐释了吴道子极尽其变于法

① 《苏轼文集》第二册，第401页。

② 同上。

③ 《苏轼文集》第五册，第2210-2211页。

度之中又能超然入神、寄妙理于豪放之外的艺术奥秘。“逆来顺往，旁见侧出，横斜平直，各相乘除，得自然之数”，表达了透视、构形等方面的数理意识与制作技术，这是基于易理及具身认知、实践理性的艺术活动。“如以灯取影”的显像流程正是得自然之数的过程。以灯取影也即观之以“明”，《庄子・齐物论》中有云：“枢始得其环中，以应无穷。是亦一无穷，非亦一无穷也。故曰：‘莫若以明’。”①“明”即是“道枢”，也是道通为一时的灵心。在苏轼的话语中它外化为错综变化、合乎规矩的审美之眼的运动轨迹，它完美地体现了易道逻辑。如此，通过影子（或许是假想的）画家可看到更为抽象的形式和本质，以及更为贴近的自然理想。需要特别指出的是，此处“得自然之数”并未与达乎自然之道直接联系起来，原因在于“得自然之数”的艺术操作并不必然能出奇变化，精妙入神，因而苏轼以“不差毫末”来明确指示“得自然之数”只是合乎规矩。这是苏轼易学阐释中的务实、理性之处，换句话说，“出新意于法度之中，寄妙理于豪放之外”并非易道逻辑自动化、“阴阳不测”入神化的结果②，而是其中表达了来自审美主体的欲挣脱规矩的意志自由。基于法度获其妙理、超出形神而得之象外，确实是苏轼的审美理想，但他拒绝了易道逻辑可能带来的神秘性，而代之以向着本质之影无限接近的主体意志。苏轼《文与可画筼筜谷偃竹记》中也描述了对“影”的追逐，其文曰：“故画竹必先得成竹于胸中，执笔熟视，乃见其所欲画者，急起从之，振笔直遂，以追其所见，如兔起鹘落，稍纵则逝矣。”③文中“所欲画者”“所见者”，不能排除那本质之影，“所欲”“所见”则凸显了来自审美主体的愿望。

因而，得之“象外”与超离“度数”是“系风捕影”的第二步。《王维吴道子画》曰：“吴生虽妙绝，犹以画工论。摩诘得之于象外，有如仙翮谢笼樊。吾观二子皆神俊，又于维也敛衽无间言。”④“得之象外”是至高的绘画境界，象可显形，甚至神理也可借象表达，那么，象外者唯有“影”是。相比于神或神理被笼罩在“醉醒要有尽，未易逃诸数”的逻辑中，超出象外之影正如同冲出“笼樊”的神鸟，体现了最高的自由。这也就是《跋蒲傅正燕公山水》中所说的超出“画工度数”：“燕公之笔，浑然天成，粲然日新，已离画工之度数而得

① 王先谦：《庄子集解》，中华书局，1987，第15页。

② 《系辞》：“极数知来之谓占，通变之谓事，阴阳不测之谓神。”

③ 《苏轼文集》第二册，第365页。

④ 《苏轼诗集》第一册，第109-110页。

诗人之清丽也。”[①]“影”正如潜藏着的理念，它的存在与规矩以及度数形成了前所未有的张力。它取代了“神”或“神理”，也将个人意志自由与易道逻辑、形神论可能带来的神秘心理主义区隔出来。于是，度数之后，意则萌生。苏轼的“意”不再是任意，而是有了理性与自由的品质，并且被纳入可以表达的现象中来。《净因院画记》中所谓“得其理”，即“合于天造，厌于人意”，也就是既合乎常理或自然之理，又能表达主体的思想意念。

余尝论画，以为人禽宫室器用皆有常形。至于山石竹木，水波烟云，虽无常形，而有常理。常形之失，人皆知之。常理之不当，虽晓画者有不知。故凡可以欺世而取名者，必托于无常形者也。虽然，常形之失，止于所失，而不能病其全，若常理之不当，则举废之矣。以其形之无常，是以其理不可不谨也。世之工人，或能曲尽其形，而至于其理，非高人逸才不能辨。与可之于竹石枯木，真可谓得其理者矣。如是而生，如是而死，如是而挛拳瘠蹙，如是而条达畅茂，根茎节叶，牙角脉缕，千变万化，未始相袭，而各当其处。合于天造，厌于人意。盖达士之所寓也欤。昔岁尝画两丛竹于净因之方丈，其后出守陵阳而西也，余与之偕别长老臻师，又画两竹梢一枯木于其东斋。臻师方治四壁于法堂，而请于与可，与可既许之矣，故余并为记之。必有明于理而深观之者，然后知余言之不妄。熙宁三年端阳月八日苏轼于净因方丈书。[②]

在绘画理论上，苏轼完成了由重形神到重形意的转变，因为“影”的引领，自由之“意”落实到现象中即生成个性十足的趣味。最理想的效果就类似于《郭忠恕画赞》中所描述者，其辞曰：“长松搀天，苍壁插水。凭栏飞观，缥缈谁子。空蒙寂历，烟雨灭没。恕先在焉，呼之或出。”[③]苏轼从画中仿佛看见画者的意趣、身影，大概本质之影与纯我之影在此合二为一。

苏轼之“意”包含自然之理、人间情理，也包含个人之感知领悟。在绘画中的表现就是诗性，这个诗性并不是所谓纯粹感情，而是指一种抒情性、生命感。当然，这样的“意”或诗性无法在绘画中充分体现，但在诗文中就可以畅

① 《苏轼文集》第五册，第2212页。

② 《苏轼文集》第三册，第367页。

③ 《苏轼文集》第二册，第613页。

叙其情。

苏轼《和子由渑池怀旧》写道："人生到处知何似，应似飞鸿踏雪泥。泥上偶然留指爪，鸿飞那复计东西。老僧已死成新塔，坏壁无由见旧题。往日崎岖还记否，路长人困蹇驴嘶。"①人生何似？天地就是一面镜子，那泥上指爪，类于人生之痕迹。那不计东西之鸿影或许超出镜子之外，而往日崎岖、蹇驴嘶鸣、老僧新塔、坏壁旧题，种种人生沧桑漫溢于自然中。这正是"阅世走人间，观身卧云岭"②般的感慨。

三、如何看见庐山真面目

如何看见"庐山真面目"也与苏轼对本质之影的追求有关，在阐明笔者观点之前有必要评估内山精也的"真意"说与朱刚的"清净身"说。日本学者内山精也讨论了苏轼庐山之行的来自宗教层面的必然理由、《题西林壁》诗禅偈性解释的可能性，不过，他基本否定了这种可能。内山精也关注苏轼与陶渊明之间的关联，将庐山作为两者之间的特别中介，"至少，对当时的苏轼来说，把'庐山'置换为其他的山是不可能的"③，"苏轼的《题西林壁》是他置身于跟陶渊明相同的空间时，对陶渊明《饮酒二十首》其五提出的'真意'，通过自问自答而最终作出的回答"④。但究竟什么是庐山真面目，苏轼究竟如何回答，"真意"与"庐山真面目"是同还是异则语焉不详。或许因为慕陶学陶，只是体验"真意"，正如作者所说："因为处身于跟陶渊明在《其五》中所咏同一的空间之中，故苏轼本人对陶渊明'欲辩已忘言'的'真意'也试图追加体验，并力求以自己的语言将此境界表达出来。"⑤可见，内山精也所理解的苏轼《题西林壁》是陶渊明思想、情趣、生活的异代回响，苏轼似乎只是重复陶渊明的"真意"。该诗写于元丰七年，此时苏轼《东坡易传》正在写作或基本完成，总之处于在哲学思想发生巨变的时期，"真意"拷问在所难免，但重复陶公恐怕也未尽然。联系苏轼"渊明形神自我"的评陶诗，"只缘身在此山中"或许正是对陶渊明拘于自我的诘难，而到了海南时期，有关形、神、影的"和陶诗"已

① 《苏轼诗集》第一册，第 97 页。

② 《苏轼诗集》第三册，第 906 页。

③ 内山精也：《传媒与真相——苏轼及其周围士大夫的文章》，朱刚等译，上海古籍出版社，2013，第 295 页。

④ 同上书，第 327 页。

⑤ 同上。

经自觉地超越了陶渊明原作中的形、神、影观念。鉴于此，笔者更倾向于去揭示《题西林壁》中的“庐山真面目”是什么。

朱刚在《苏轼十讲》中讨论到“庐山真面目”，认为“与苏轼庐山之行始终伴随的一种思考，即对于‘庐山真面目’的追问，以及由此引发的疑虑”①，并且以《赠东林总长老》作为一路思索“庐山真面目”的结果。他说：“后者（《赠东林总长老》——笔者注）既然说了‘山色岂非清净身’，就等于直接说出了什么是‘庐山真面目’。”庐山之行，苏轼在思想上一路追问，根据胡仔《苕溪渔隐丛话》引录苏轼自述可证。其间与包括总长老在内的僧人有诗歌交流，始有《初入庐山》“要识庐山面，他年是故人”，终有《题西林壁》“不识庐山真面目，只缘身在此山中”。从“要识庐山”到“不识庐山”，乃至有“身在此山”之叹，苏轼精神轨迹颇为明了。上述作品可以看作悟道之诗，但不可因为示于僧人而称之为庐山诗偈。至于以“山色岂非清净身”来阐释“庐山真面目”则颇为牵强。一方面探讨苏轼的声色之悟，另一方面又将声色理解为“造物（自然）对具备感知力的人类的恩赐”，同时将“庐山真面目”之问理解为审美问题。朱刚说：“如何把握‘庐山真面目’的问题，虽是从参禅的语境而来，但在苏轼的思考中，其性质实已转变为审美主体与审美对象的关系问题”②，“这才有了他的悟道偈，表示‘庐山真面目’已显现在他的眼前，而且有了浃肌彻骨的真实体会，不必时间的积累，不必空间的腾挪，一旦全身心地拥抱自然，便顷刻之间恍然大悟”③。在此，以“恍然大悟”或与庐山的亲近感来代替“庐山真面目”，就显得随意任性了。

朱刚解读中存在的问题主要有两点：其一，以声色之悟或禅悟来解读“庐山真面目”；其二，忽略了“只缘身在此山中”的意旨。出离此山，离开横看侧观的认知体察方式，才是看见“庐山真面目”的悟道方法，这涉及苏轼的易道与其对本质之影的追求。聚焦于苏轼的声色之悟，其实已经落入了南宋禅僧营造的禅化苏轼的话语中，疏离了苏轼的思想精蕴。《题西林壁》曰：“横看成岭侧成峰，远近高低各不同。不识庐山真面目，只缘身在此山中。”“不识庐山真面目”是在“横看成岭侧成峰，远近高低各不同”之后的感叹，“只缘身在此山中”则是对认知庐山方法的反思。这也就是说，看见“庐山真面目”的方式

---

① 朱刚：《苏轼十讲》，上海三联书店，2019，第182页。

② 同上书，第199页。

③ 同上。

不能停止于“远近高低各不同”的认识层次上。前文讨论的吴道子画法、“系风捕影”之法，才是看见“庐山真面目”之本质的方式。《书吴道子画后》中“以灯取影，逆来顺往，旁见侧出，横斜平直，各相乘除”的数理式的观照方法，也即是《题西林壁》中的横看竖看。若停留于此，就落为画工，不达神妙。苏轼在审美悟道中引入易学数理，但又逃离了错综变化而自然有神的、人们惯用的易学逻辑，在规矩法度中完成了主体意识的超越。

观照与审美中，苏轼试图重建自然。“身在此山”之感，是剥离“此山”，看见真山的必经阶段，看见真山的同时即重建了自然。这个真山即是“庐山真面目”，即使不考虑与陶渊明之关联，“真面目”也必然在庐山中求得。因为被看者是庐山，也即“真面目”不是普泛的佛清净身，而确实是“庐山真面目”。可以说，《题西林壁》是苏轼思想的一个隐喻。苏轼易学中以“象”论宇宙之生成，他说：“或变或化，未有见之者也，形象成，而变化自见矣。”①“变化”之所以发生，也并不因为背后存在着驱动者与显现者，而是因为“形象”生成，“变化”就自然呈现了。参照《东坡易传》对“一阴一阳之谓道”的阐释，可以比较完整地理解其“形象”说。其文曰：

> 阴阳果何物哉？虽有娄、旷之聪明，未有得见其仿佛者也。阴阳交然后生物，物生然后有象，象立而阴阳隐矣。凡可见者，皆物也，非阴阳也。然谓阴阳为无有，可乎？虽至愚知其不然也。物何自生哉？是故指生物而谓之阴阳，与不见阴阳之仿佛而谓之无有者，皆惑也。圣人知道之难言也，故借阴阳以言之，曰：“一阴一阳之谓道。”②

物、象之显现即是“形象”，它依然是阴阳相交的产物和结果，但“象立而阴阳隐”，不能直接“谓之阴阳”。这也就意味着，将“形象”从显示盛衰、刚柔、吉凶的逻辑中解放出来，可以重新发现其存在意义。简言之，在苏轼“形象”中存在双重逻辑，既属阴阳变化又有自身存在内容。这一思想显然影响了苏轼的审美观念，看见“庐山真面目”依赖横看竖观、逆来顺往等絜矩之法或大易之眼，但只有这一途径并不能达成庐山面目的现象学还原。于此，显示了易道方法的有限性，无论是审美体验还是踏上漫长的精神旅程，追踪其影，求

① 《东坡易传》卷七，第120页。

② 同上书，第124页。

得象外之象或许是首要前提。“庐山真面目”或许就是超离此山的幻影范导下的庐山的新的自然形式。它从易学的絜矩、陶公的真意、禅宗的清净身中超离出来而自成面目，它成为苏轼天才式的新思想的象征，“如何看见”成为更为重要的哲学与美学话题。

论苏轼对魏晋名士的接受

李修建

摘　要：魏晋名士在中国文化史上光彩夺目，对后世读书人有深刻影响。苏轼对陶渊明的推崇为人熟知，他对其他魏晋名士有怎样的接受？苏轼的诗文中对魏晋名士多有提及，却是褒贬不一。他对正始名士多持有批判态度，对嵇康、阮籍等竹林名士，有欣赏，也有批评；对王徽之、阮瞻、谢安、孟嘉等东晋名士，则表现出更多的褒扬。整体而言，苏轼从儒家持论，对于魏晋名士总体评价不高。他所欣赏的名士，皆有高洁的品性和旷达的胸襟，这正是他本人性情的写照。

关键词：魏晋名士　苏轼　竹林七贤　谢安

日本明治维新时期诗僧大沼枕山有言：“一种风流吾最爱，六朝人物晚唐诗。”在中国文化史上，魏晋名士群体最为惹人注目。究其原因，或有如下数端：第一，魏晋乃一世族社会，门阀世族占据主导，魏晋名士大多出身世家大族，他们掌握政治权力，社会地位高卓，庄园经济保证了他们的生活安闲富足，并重视对家族子弟的培养，遂使魏晋名士呈家族性的涌现。第二，社会的混乱离析，导致儒学一统的局面被打破，名教礼法与自然之间冲突严重，玄学思潮兴起，促进了魏晋名士思想的解放和心灵的自由。他们以玄学为价值指导，追求个性，重情任心，几至沉湎药酒，毁弃礼法，做出种种放达不羁的狂纵行径，与儒学思潮大相违背，从而引人侧目。第三，魏晋名士着意提升自己的文化素

本文作者李修建，现为中国艺术研究院艺术学研究所所长、研究员。

养，博学多能，精研老庄，醉心文艺，不仅促使诗文书画琴棋等走上自觉，并且大放异彩，成就一座座文艺高峰。第四，九品中正制的人才选拔制度使得人物品藻盛行一时，他们相互品题，或自我推崇，品评形神之飘逸，欣赏行为之放达，才情之隽发。于是，一批形象鲜明、光彩夺目的魏晋名士得以建构起来，进入历史视野。正始时期的何晏、王弼、夏侯玄、钟会，竹林七贤，西晋八达，王衍、乐广、郭象、裴楷，琅邪王氏、陈郡谢氏、太原王氏、颍川庾氏、高平郗氏……都是触目琳琅，人人珠玉。第五，南朝宋临川王刘义庆编著、梁刘孝标作注的《世说新语》，以简约精妙的文字，栩栩如生地描摹下了魏晋名士群像。他们的一言一行、形神风貌、典故趣闻，遂为千载所知。唐代房玄龄主修《晋书》，竟也将这些文字大段征引，今本《世说新语》所收共1130条本文，《晋书》采用了400多条，占《世说新语》总条目的三分之一强。[①]由此，名士形象遂更为定型，并对中国文化史产生深远影响。

这一影响在唐代历历可见。唐代李瀚编撰的蒙学读物《蒙求》，就是一个典型文本。《蒙求》内容为唐前人物典故，四字一句，全文共621句，2484字，涉及人物近600人，其中魏晋人物约200人，相关典故绝大部分出自《世说新语》。如："王戎简要，裴楷清通。""谢安高洁，王导公忠。""孙楚漱石，郝隆晒书。""王衍风鉴，许劭月旦。""贺循儒宗，孙绰才冠。""太叔辨洽，挚仲辞翰。"[②]……唐代诗歌之中，用魏晋名士之典同样俯拾可见，兹不赘举。

无疑，对宋代的读书人来说，《世说新语》《晋书》《蒙求》等著作，是基本读物。在他们的知识体系之中，魏晋名士无疑占据相当位置。苏轼学识渊博，他对陶渊明的推崇，形于诗文，表于心迹，为人熟知，学界多有研究。他对其他魏晋名士有着怎样的接受，学界所论不多，这是本文关注的问题。

苏轼所著《东坡志林》卷四，内容分为六类："古迹""玉石""井河""卜居""亭堂""人物"。"人物"所涉内容最多，从尧舜以至柳宗元，共29则，其中10则为魏晋时人。此外，在苏轼的题跋与诗文中，涉及魏晋人物处亦复不少，本文即围绕这些内容展开探讨。需要说明的是，本文在相关资料上并不求全责备，而以典型人物与典型材料为分析重点。为了论述的方便，本文按照魏晋人物的时代顺序，逐次分析。

---

① 参见柳士慎《〈世说新语〉〈晋书〉异文语言比较研究》，《中州学刊》1988年第6期。

② （唐）李瀚：《蒙求》，浙江古籍出版社，2020。

一、对正始名士之批评

以何晏、王弼、夏侯玄等人为首的正始名士，在魏晋名士群体中占有重要地位。他们是众多魏晋风尚的发起者，如清谈，即自正始名士为发端，有“正始之音”之说。何晏与王弼，皆是最为重要的玄学家，他们对《老子》《周易》《论语》等儒道经典都有专门性论著，何晏的《论语集解》，王弼的《老子注》，至今仍为经典。何晏服五石散，说“非唯治病，亦觉神明开朗”①，经他的提倡，魏晋服药之风大兴。历来持儒家立场的人物，对何晏等人没有好评。东晋范宁已对何晏等人大加批判，将“礼崩乐坏，中原倾覆”的责任归诸何王，指斥“二人之罪，深于桀纣”。

苏轼是什么态度？苏轼在诗文中提及正始名士处甚少。在《司马迁二大罪》一文的最后，他提到何晏的服散：“晏少而富贵，故服寒食散以济其欲，无足怪者。彼其所为，足以杀身灭族者，日相继也，得死于寒食散，岂不幸哉！而吾独何为效之？世之服寒食散，疽背呕血者相踵也，用商鞅、桑弘羊之术，破国亡宗者皆是也。”②五石散毒性甚烈，魏晋士人服散身亡者所在多有。苏轼借服散之典，譬喻法家之术会对国家造成巨大伤害。

在《夏侯玄论乐毅》一文中，他对《乐毅论》的作者、另一位正始名士夏侯玄进行了批判。夏侯玄与何晏皆有盛名，二人相互标榜，“晏目玄以《易》之所谓深者，而玄目晏以神”，二人都属曹魏一党，皆被司马氏诛杀。对此，苏轼评曰：“及其遇祸，深与神皆安在乎？群儿妄作名字，自相刻画，类皆如此，可以发千载一笑。”③可谓深相讥讽。

二、对竹林七贤的接受

在魏晋名士群体中，竹林七贤应当是名声最显著的。七贤之中，又以嵇康和阮籍为领衔人物，常常嵇阮并称。其余几人，山涛、向秀、刘伶、王戎、阮咸，在魏晋之世同样声名赫赫。他们与正始名士同时代，疏离政治中心，聚于竹林之下肆意酣畅，纵情饮酒，被视为隐逸派。虽然意在疏离，却逃无可逃，

① 余嘉锡：《世说新语笺疏》，中华书局，1983，第74页。

② 曾枣庄、舒大刚主编《苏东坡全集》（8），中华书局，2021，第3974页。

③ 曾枣庄、舒大刚主编《苏东坡全集》（5），第2800页。

嵇康因激进的政治立场被司马氏杀死，阮籍处于依违之间，常常借酒浇愁，内心无比痛苦。竹林七贤在当时影响甚大，西晋时期已有贵族公子纷纷效仿，做放达之态，东晋时人对他们推崇备至，不敢轻易说三道四。

苏轼对于七贤，整体论断不多，在《和陶拟古九首》中提道："由来竹林人，不数涛与戎"①，《次丹元姚先生韵》中说："且当从嵇阮，聊复数山王。"因为山涛与王戎主动投靠了司马氏，做到高官厚位，在南朝时期已被排抵，颜延之做《五君咏》，就将二人排除在外。苏轼所说，即指此事。

（一）阮籍

七贤之中，阮籍与嵇康提及最多。有时将二人相提，如"步兵饮酒中散琴，于此得全非至乐"②。阮籍好饮，苏轼数处提到他的饮酒，并且多与刘伶并称。如《谢苏自之惠酒》一诗中说："景山沉迷阮籍傲，毕卓盗窃刘伶颠。贪狂嗜怪无足取，世俗喜异矜其贤。"《放鹤亭记》中提道："周公作《酒诰》，卫武公作《抑》戒，以为荒惑败乱无若酒者，而刘伶、阮籍之徒，以此全其真而名后世。"③二句意思相类，都是说阮籍、刘伶等人嗜酒佯狂，行为放诞。前者说他们"贪狂嗜怪无足取"，以及世俗对他们的评价，带有批评之意，但对于他们的"全其真而名后世"，则带有欣赏之情。

阮籍身处乱世，至慎寡言，口不臧否人物。苏轼在诗词中对阮籍的这一特点也时有描述，如"嗣宗虽不言，叔宝犹理遣"（《用数珠韵赠湜长老》）、"抑为阮嗣宗，臧否两含糊"（《刘壮舆长官是是堂》）、"君不见阮嗣宗，臧否不挂口，莫夸舌在牙齿牢，是中惟可饮醇酒"（《送刘攽倅海陵》）。诗的情境不同，其用意也有差异。或是批评阮籍模糊是非，夸奖刘壮舆善恶分明，或是鼓励对方学习阮籍，少说话多饮酒。

不特此也，苏轼对于阮籍的为人处世，有着更为深刻的理解。在《广武叹》一文中，他与友人史经臣讨论阮籍广武之叹的对象。阮籍登临楚汉相争的古战场广武山，发出了著名的"时无英雄，使竖子成名"的感叹。史经臣问苏轼，"岂谓沛公竖子乎？"苏轼回答："非也，伤时无刘、项也，竖子指魏、晋间人耳。"苏轼进而指出，李白也误读了阮籍，"嗣宗虽放荡，本有意于世，以魏、

① 本文所引苏诗均出自曾枣庄、舒大刚主编《苏东坡全集》，中华书局，2021。不再另外出注。

② 曾枣庄、舒大刚主编《苏东坡全集》（1），第 249 页。

③ 曾枣庄、舒大刚主编《苏东坡全集》（6），第 2871–2872 页。

晋间多故，故一放于酒，何至以沛公为竖子乎?”①苏轼的观点无疑是正确的。实际上，在东晋时期，名士已很能看透阮籍的内心。葛洪说他的放达，是“有疾而促鞶”，王忱说他“胸中垒块，故需酒浇之”。苏轼的观点承续此议，可谓知言。

在《阮籍啸台》一诗中，苏轼对阮籍的心迹做了更深入的评判："阮生古狂达，遁世默无言。犹余胸中气，长啸独轩轩。高情遗万物，不与世俗论。登临偶自写，激越荡乾坤。醒为啸所发，饮为醉所昏。谁能与之较，乱世足自存。”全诗对阮籍的狂放不平、遗世独立充满了激赏之情。写作此诗时，苏轼经历了乌台诗案，是他人生的一大波折。面对困境，他借此诗以自况，表达了胸中气贯长河、不受摧折、完满自足的精神境界。

（二）嵇康

《文心雕龙》中评价嵇阮二人，“嵇志清俊，阮旨遥深”。嵇康为人更为峻烈，号称“非汤武而薄周孔”“越名教而任自然”，完全不与司马氏合作，导致被害身亡，临终一曲广陵散，成为绝响。在这一点上，普遍认为嵇康高于阮籍。

苏轼提及嵇康之处很多，不过，有意思的是，他最关注的，是嵇康的养生及服食之事。嵇康与何晏是姻亲，或许受他影响，也服食五石散，著有《养生论》，认为神仙可学。他曾到山中采药，道士王烈曾赠他石髓。苏轼亦好养生，结交道人，亲自实践，写有《养生说》《上张安道养生诀论》《续养生论》等论文，在与友朋的信札中也多提及养生之事，还与沈括集有方书《苏沈良方》。

他在《跋嵇叔夜〈养生论〉后》提道："东坡居士以桑榆之末景，忧患之余生，而后学道，虽为达者所笑，然犹贤乎已也。以嵇叔夜《养生论》颇中余病，故手写数本，其一赠罗浮邓道师。”②王烈赠送嵇康石髓的故事，苏轼津津乐道。《东坡志林》卷二“异事上”，第一则谈的就是这件事。嵇康收到石髓之后已变硬而不可食，每令后人为嵇康深感遗憾，苏轼同样如此。他对此给了技术性的指导，“当时若杵碎，或错磨食之，岂不贤于云母、钟乳辈哉!”③他从天性上分析，认为神仙要有定分，不可力求。又认为嵇康的性格孤介婞直，比韩愈更甚，恐怕神仙亦不能相容。

---

① 曾枣庄、舒大刚主编《苏东坡全集》(8)，第3903页。
② 曾枣庄、舒大刚主编《苏东坡全集》(5)，第2374页。
③ 曾枣庄、舒大刚主编《苏东坡全集》(8)，第3927页。

他还在多处诗歌中提及此事，如“亦知洞府嘲轻脱，终胜嵇康羡王烈。神山一合五百年，风吹石髓坚如铁”（《石芝》），“倘容逸少问金堂，记与嵇康留石髓”（《至秀州赠钱端公安道并寄其弟惠山山人》），“王烈亦何人，叔夜未可量。独见神山开，遽餐石髓香”（《次丹元姚先生韵》）。在《石芝》序文中，他提到自己梦中访客，见主人院中石上生有石芝，遂折而食之，对此事兴味盎然。

在《与陆子厚书》中，他引用嵇康《养生论》中的文字“守之以一，养之以和，和理日济，同乎大顺，然后承以灵芝，润以醴泉，晞以朝阳，绥以五弦”阐述自己的养生之道，说自己“举以中散为师矣”①。在《药诵》一文中，他称嵇康为“中散真人”，说自己苦于痔疾，要以嵇康及其《幽愤诗》中“采薇山阿，散发岩岫，永啸长吟，颐性养寿”之说为戒，节制饮食，恬淡少欲。

除养生之事，苏轼在诗文中还有多处提及嵇康，侧重点各有不同。

一是嵇康的形貌。《世说新语》载嵇康身长七尺八寸，风姿特秀。山涛评他：“嵇叔夜之为人也，岩岩若孤松之独立；其醉也，傀俄若玉山之将崩。”②《闻李公择饮傅国博家大醉二首》中说“不肯惺惺骑马回，玉山知为玉人颓”。此处用典，即源于此。《世说新语》还载，有人见到嵇康之子嵇绍，感觉他“卓卓如野鹤之在鸡群”，对王戎说之，王戎回答：“君未见其父耳。”③苏轼在诗中数次有此典，如“惟有王浚冲，心知中散状”，“何人更识嵇中散，野鹤昂藏未是仙”，“萧然野鹤姿，谁复识中散”。借此哀叹朋友的离世或世上难逢知己。

二是嵇康的性情。嵇康在《与山巨源绝交书》中坚辞山涛之荐，提到自己生活疏懒，性情怪异，“有必不堪者七，甚不可者二”。苏轼《自金山放船至焦山》一诗中说：“展禽虽未三见黜，叔夜自知七不堪。”在《孙巨源》一诗中，他说“我褊类中散，子通真巨源”。嵇康性情峻烈，龙性难训，苏轼以其自况，带有自谦之意，并以山涛称誉孙巨源。《故李承诚之待制六丈挽词》一诗中“比公嵇中散，龙性不可羁”，却是称誉死者了。

三是嵇康的下场。《正辅既见和复次前韵慰鼓盆劝学佛》中说：“宁须张子房，万户自择留。犹胜嵇叔夜，孤愤甘长幽。”嵇康因不与司马氏合作而被杀，在狱中作有《幽愤诗》。苏轼此诗劝慰友人心向庄禅，放归自然，引嵇康之事为

① 曾枣庄、舒大刚主编《苏东坡全集》(4)，第2198页。

② 余嘉锡：《世说新语笺疏》，第609页。

③ 同上书，第74页。

戒，对其有批评之意。嵇康临终一曲广陵散，成为千古绝唱。苏轼在《次韵曹九章见赠》一诗中说“正平独肯从文举，中散何曾靳孝尼”，即是吟咏此事。

（三）刘伶

刘伶曾自述“天生刘伶，以酒为名”。在七贤之中，刘伶并无甚功绩，学问才情似亦无取处，能与嵇阮为友，好饮是其重要原因之一。他又有若干放达举止，如酒后在家中脱衣裸体；乘鹿车使人荷铲随之，说死便掘地以埋；妻子劝他戒酒，他佯装听从，说要在神前发誓，待妻子备好祭品，他又饮酒食肉，发出“妇人之言，慎不可听”①的怪论。

在《东坡志林》中，苏轼有对刘伶的专论，其文曰：“刘伯伦常以锸自随，曰：‘死即埋我。’苏子曰：‘伯伦非达者也，棺椁衣衾，不害为达。苟为不然，死则已矣，何必更埋！’”②《濠州七绝·逍遥台》一诗重申此论：“常怪刘伶死便埋，岂伊忘死未忘骸。乌鸢夺得与蝼蚁，谁信先生无此怀。”苏轼以庄子为师，庄子齐生死，死前反对厚葬，“吾以天地为棺椁，以日月为连璧，星辰为珠玑，万物为赍送。吾葬具岂不备邪？何以加此？”弟子说怕他的尸体被乌鸢所食，他说：“在上为乌鸢食，在下为蝼蚁食，夺彼与此，何其偏也！”③其态度何其旷达。相形之下，刘伶便不够达观，更像在作秀，所以苏轼对他持批评态度。《和顿教授见寄用除夜韵》一诗同样申述此意：“我笑刘伯伦，醉发蓬茅散。二豪苦不纳，独以锸自伴。既死何用埋，此身同夜旦。”

在其他几首诗中，他提到刘伶的饮酒：“为问刘伯伦，胡然枕糟曲”，“不学刘伶独自饮，一壶往助齐眉饷”，“大胜刘伶妇，区区为酒钱”。后两句，似对刘伶妻子劝酒一事不以为然，实际上是借古讽今，夸奖友人或自己的妻子。

《崔文学甲携文见过，萧然有出尘之姿。问之，则孙介夫之甥也。故复用前韵赋一篇示志举》一诗，是指点后学的文章，其中提到“为文不在多，一颂了伯伦”。刘伶的诗文留传下来的极少，只有一篇《酒德颂》，却也名垂后世。所以苏轼告诫崔甲，为文在精不在多，要注意锤炼。以此来看，苏轼对刘伶的这篇文章还算欣赏。

---

① 余嘉锡：《世说新语笺疏》，第730页。

② 曾枣庄、舒大刚主编《苏东坡全集》（8），第3962页。

③ （晋）郭象注、（唐）成玄英疏《庄子注疏》，中华书局，2011，第552-553页。

（四）阮咸

阮咸是阮籍之侄，精通音律，好饮酒，生活放达，居母丧期间与乃姑的鲜卑侍女相通，受到时人讥议。山涛曾荐举他为吏部郎，评价他“清真寡欲，万物不能移也”①。苏轼在《题山公启事帖》中说：“此卷有山公《启事》，使人爱玩，尤不与他书比。然吾尝怪山公荐阮咸之清正寡欲，咸之所为，可谓不然者矣。意以谓心迹不相关，此最晋人之病也。”②苏轼认为山涛的评语失实，因为阮咸的所作所为不足取。他又指出，晋人最大的毛病是“心迹不相关”，即真实的内心世界和表露出来的行迹有很大差别，貌似没有关联。苏轼之说不无道理，阮籍之子阮浑也想效仿放达行为，被阮籍制止，其表面之放达，内心其实是很痛苦的。苏轼对此实有理会。

三、对东晋名士之接受

（一）王徽之

东晋偏安江南百年，政局相对稳定。东南山水秀丽，激发了时人对自然美的欣赏，玄儒佛开始交融。东晋士人，少了竹林七贤的任诞，变得温润、恬淡、超逸、率真。王徽之（字子猷）是一个另类。他卓荦不羁，性情傲达。他雪夜访戴的故事广为传颂；他爱竹成癖，称“何可一日无此君”；他与王献之兄弟情深，“人琴俱亡”的故事感人肺腑。这些典故，都为后世津津乐道。

苏轼在诗文中也多处提及王徽之，如“寂寞王子猷，回船剡溪路。迢遥戴安道，雪夕谁与度。倒披王恭氅，半掩袁安户。应调折弦琴，自和撚须句”（《梅圣俞之客欧阳晦夫，使工画茅庵，己居其中，一琴横床而已。曹子方作诗四韵，仆和之云》）。此诗为应和之作，前四句用了王子猷雪夜访戴的典故，后四句则用了王恭、袁安、陶渊明、贾岛的故事。诸人皆为名士高人，苏轼游戏文字，并以此抬奖欧阳晦夫。“颇讶王子猷，忽起山阴兴”（《径山道中次韵答周长官兼赠苏寺丞》）、“会待子猷清兴发，还须雪夜去寻君”（《送戴蒙赴成都玉局观将老焉》），用的都是此典，表达对朋友的情感。

子猷爱竹的故事同样为苏轼所称赏，他的诗歌《于潜僧绿筠轩》十分有名，

---

① 余嘉锡：《世说新语笺疏》，第424页。
② 曾枣庄、舒大刚主编《苏东坡全集》(5)，第2465页。

全诗为：“可使食无肉，不可居无竹。无肉令人瘦，无竹令人俗。人瘦尚可肥，士俗不可医。旁人笑此言，似高还似痴。若对此君仍大嚼，世间那有扬州鹤。”体现出苏轼高雅的文人趣味。在《墨君堂记》中，他为文与可的墨竹及所建墨君堂作记。其中提到，公是对贵人的称呼，君是对贤者的称呼，人们表面上对某些人称公称君，其实内心并不佩服，“独王子猷谓竹君，天下从而君之无异辞”①。同样用此典，肯定了文与可的高雅情怀。

（二）王献之与阮瞻

王献之（字子敬）和王徽之是兄弟，徽之行五，献之行七。在书法史上，王献之与其父王羲之并称“二王”。相比徽之，献之同样高迈不羁。谢安借韦诞之事意欲请他为太极殿题榜，他高调拒绝，被视为人品清贵高卓。苏轼对此事大为赞赏，多处提及。

在《题子敬书》的跋语中，他说：“子敬虽无过人事业，然谢安欲使书宫殿榜，竟不敢发口。其气节高逸，有足嘉者。”②欣赏之情溢于言表。《书朱象先画后》的题跋中，他又结合阎立本、韦诞、阮瞻等人的事迹，重申此意。他认为，阎立本蒙画师之耻，是因为他既不如王献之气节高逸，也不能像阮瞻那样神气冲和，由此赞赏朱象先无求于世的旷达心境。

阮瞻（字千里）是阮咸之子，继承了阮氏一族的音乐基因，擅长弹琴。苏轼在《杂书琴事十首·戴安道不及阮千里》中重述阮瞻事迹：“阮千里善弹琴，人闻其能，多往求听。不问贵贱长幼，皆为弹之，神气冲和，不知何人所在。内兄潘岳每命鼓琴，终日达夜无忤色，识者叹其恬澹，不可荣辱。戴安道亦善鼓琴，武陵王晞使人召之。安道对使者破琴，曰：‘戴安道不为王门伶人。’余以谓安道之介，不如千里之达。”③戴逵即王子猷雪夜拜访的对象，博学多艺，其兄及其子皆善弹琴。戴逵性情耿介，王门征召，他摔琴峻拒。阮瞻则恬淡冲和，不问谁人，皆为弹之。两相比较，苏轼认为戴逵不及阮瞻，他更欣赏冲淡通达的性情。

（三）孟嘉

孟嘉是陶渊明的外祖父，少有令誉，为时人推许，曾任桓温参军，大受桓

① 曾枣庄、舒大刚主编《苏东坡全集》(6)，第2867页。
② 曾枣庄、舒大刚主编《苏东坡全集》(5)，第2465页。
③ 曾枣庄、舒大刚主编《苏东坡全集》(6)，第2941页。

温器重，《晋书》将他与桓温同列一传。《世说新语》刘孝标注引《嘉别传》曰：“九月九日温游龙山，参寮毕集，时佐史并著戎服，风吹嘉帽堕落，温戒左右勿言，以观其举止。嘉初不觉，良久如厕，命取还之。令孙盛作文嘲之，成，著嘉坐。嘉还即答，四坐嗟叹。”留下“龙山落帽”的典故。

当是喜欢陶渊明的缘故，苏轼对孟嘉也格外青睐。他多次在诗中引用龙山落帽之典，如“无复龙山对孟嘉”“孟嘉嗜酒桓温笑”，他还遗憾孟嘉之《解嘲》一文不传，特意写了《补龙山文》。在《书外曾祖程公逸事》一文中，他记述了外曾祖父程仁霸的德业，文之终曰：“轼在惠州，读陶潜所作外祖《孟嘉传》，云：‘凯风寒泉之思，实钟厥心。’意凄然悲之。乃记公之逸事以遗程氏，庶几渊明之心也。”①将自己比作陶渊明，将写作此文比作渊明之写《孟嘉传》。更有甚者，他盛称孟嘉功德，将其与谢安相提并论，认为“乃知孟嘉若遇，当作谢安；安不遇，不过如孟嘉”②，可谓褒扬之至。

（四）谢安

谢安是继王导之后维系东晋朝纲的重臣，陈郡谢氏家族的核心人物。他年少即负令名，隐居东山不仕，每每携妓出游。直到四十余岁，才东山再起，先任桓温司马，后任吴兴太守、吏部尚书、侍中、太傅等要职。谢安器宇弘旷，富有高识卓见，遇事沉稳冷静。曾与诸名士泛舟海上，忽遇大风，众人皆惊，只有谢安从容若定。公元 383 年，苻坚率百万大军进犯东晋，朝野震恐，谢安从容若定。当捷报传来，他正与客人下棋，不露声色，直到客人走后，他走进屋内，屐齿折断，浑然不觉，《晋书》说他“矫情镇物”。谢安可以说是东晋最具名士风度的人物之一，南齐王俭评曰：“江左风流宰相，惟有谢安。”

对于谢安，苏轼是颇为推崇的。他在诗中多次运用谢安的典故，如谢安隐居东山之故，“吾闻东山傅，置酒携燕婉。富贵未能忘，声色聊自遣”（《和子由记园中草木十一首》），“但逐东山携妓女，那知后阁走穷宾”（《和苏州太守王规甫侍太夫人观灯之什余时以刘道原见访滞留京口不及赴此会二首》）。谢安出海之典，“乘桴我欲从安石”（《次韵陈海州乘槎亭》）；谢安出山之典，“长疑安石恐不免，未信犀首终无事”（《王巩清虚堂》）；桓温推重谢安之典，“雍容许著帽，不怪安石缓”（《二公再和亦再答之》）。

---

① 曾枣庄、舒大刚主编《苏东坡全集》(6)，第 2911 页。

② 曾枣庄、舒大刚主编《苏东坡全集》(8)，第 4002 页。

《游东西岩》一首则专论谢安："谢公含雅量，世运属艰难。况复情所钟，感慨萃中年。正赖丝与竹，陶写有余欢。尝恐儿辈觉，坐令高趣阑。独携缥缈人，来上东西山。放怀事物外，徙倚弄云泉。一旦功业成，管蔡复流言。慷慨桓野王，哀歌和清弹。挽须起流涕，始知使君贤。意长日月促，卧病已辛酸。恸哭西州门，往驾那复还。空余行乐处，古木昏苍烟。"苏轼对谢安的高情远致甚为钦敬，而对他功成受忌，遭到排挤而病终，则抱以深深的同情，且有怀古思今之叹。

苏轼对谢安的政治才能颇为推崇，他在《上神宗皇帝书》中提道："曹参，贤相也，曰慎无扰狱市。黄霸，循吏也，曰治道去泰甚。或讥谢安以清谈废事，安笑曰，秦用法吏，二世而亡。"将谢安与曹参诸人相提并论，指出治国之道在于与民休息，敦厚风俗。在《论擒获鬼章称贺太速札子》中，苏轼说："昔谢安破苻坚书至，安与客围棋不辍，曰：'小儿辈遂已破贼。'安亦非矫情，盖万目观望，事体应尔。"①提出了与《晋书》不同的见解，认为谢安身居高位，万众瞩目，他的表现很是得体。

概括而言，苏轼对于魏晋士人整体评价不高，认为"晋士浮虚无实用"②，这是从儒家治世的角度着眼。宋代承续隋唐，以科举取士，且对科举制度进行了改革。当其时，六朝隋唐世族的势力一扫而空，平民子弟可以通过科考步入仕途。加之宋代重视文士，理学大兴，儒家无疑是宋代主导意识形态。苏轼一生四处为官，但每治一处，都颇有政声，显出他的治世之才。他无疑是个儒家，以儒家来看魏晋名士，批评他们"浮虚无实用"，自在情理之中。因此，他对何晏、夏侯玄、王衍等曾经的当权者大加批判。关于西晋权臣王衍，他在《议学校贡举状》中说："昔王衍好老庄，天下皆师之，风俗凌夷，以至南渡。"③将西晋灭亡的罪责归之于王衍，这与历代的儒家所论一致。

但是，苏轼并非一个纯粹的儒家，他对于庄老道家、道教、佛教都有钻研，并且与佛道的信徒多有交往。作为一个文人，不可能不对魏晋名士倾注情感。何况，苏轼自身就颇具名士风范，甚至可以说，他是中国古代最具名士风范的文人之一。

通过上面的梳理，可以看出，他所欣赏的魏晋名士，至少有这样两个特点：

---

① 曾枣庄、舒大刚主编《苏东坡全集》(3)，第 1388 页。

② 曾枣庄、舒大刚主编《苏东坡全集》(8)，第 4002 页。

③ 曾枣庄、舒大刚主编《苏东坡全集》(3)，第 1375 页。

第一，高洁的品性。在面对权贵的弹压之时，能保持自我的风操，如嵇康不屈于司马氏，阮籍以酒浇愁、遗世独立的态度，王献之拒绝谢安的题榜要求，都被他所称赏。他对于阮籍，尤其予以同情的理解。第二，旷达的胸襟。所谓旷达，就是心胸宽广，自然率真。他批评刘伶、阮咸等人，认为他们并没有理解"达"的真意，其言行显得做作。在苏轼那里，旷达，更意味着身处困逆之境时能处之泰然，若不经心。由此，他推重阮瞻的达观，认为阮瞻之达，胜于戴逵之介。这两个特点，正是苏轼本人性情的写照。

苏轼颇为推崇谢安高旷的胸襟雅量和高超的政治才能，某种程度上可以说，谢安是苏轼的一个偶像。但这一偶像是生成于世族社会的，后世文人的家族实力、经济能力和政治地位，都已遥不可及、高不可攀。在性情与文学上，他以陶渊明为偶像。因为推重陶渊明，对同样具有高洁品性和旷达胸襟的孟嘉也就格外欣赏。

可以说，苏轼以儒学为宗，融会道佛诸家，在北宋特殊的历史文化语境之下，一生屡经宦海沉浮。在人生波折中，能够笑对风云，超然处之，形成了自己鲜明的个性特征与人生风采，并不输任何魏晋名士，为中国文化史留下了一个斑斓亮丽的身影。

美食与雅趣

——宋代文士的饮食美学

梁　梅

摘　要：宋代是中国古代饮食文化史上一个大放异彩的时期。食物在品种上比前朝更为丰富，烹饪方式变得多样，食材有了更为文明的处理方式。宋朝人讲究吃喝，不再仅仅把饮食作为果腹充饥之物，而是把菜肴当美味品尝，更多地追求吃喝之中的人生快意和情感满足。宋代的饮食与精致的生活密切地联系在一起，体现出独属于这一时代的雅致与趣味。宋代著名的文士们往往是美食的制作者、品尝者和赞美者。他们的参与丰富了宋代的菜品，增添了饮食的文化意义，提升了饮食的美学品位。他们对普通的食物进行创意改造，给予食物外形上的美观，还赋予诗意的内涵和菜名。因此，普通的食物便蕴含了美学意境，从而进入审美的境界。宋代文人雅士开启的饮食美学之风，形成了有别于宫廷贵府和市井平民的独特的文士饮食文化和饮食美学。

关键词：宋代　美食　饮食美学

饮食最能反映社会生活的面貌。在华夏民族文化造极、审美冠绝历朝历代的赵宋之世，经济与文化的繁荣也体现在人们日常生活的方方面面，尤其是在饮食的内容、方式和审美追求上。

宋代是中国古代饮食文化史上一个大放异彩的时期。宋代饮食上承千年饮

本文作者梁梅，现为中国社会科学院哲学所美学室研究员。

食之味，下启八大菜系之端。食物在品种上比前朝更为丰富，烹饪方式变得多样，食材有了更为文明的处理方式。比之汉代饮食的生猛豪气和唐朝奢靡的山珍海味，宋代饮食习惯上全民喜爱素食。滋味更为清雅恬淡。唐代及以前，富人更喜欢吃肉，蔬菜往往只作为辅食。到了宋代，蔬菜种类已经相当齐全，甚至出现了主要卖蔬菜制品的素食店。素菜在宋代获得了较大的发展，开始以独立菜系的面目出现。宋朝的素菜比荤菜更加丰富多彩，还制作出了各式各样的仿荤食。①中国在周朝时期，诸侯百官就被称为“肉食者”，而平民百姓则被称为“蔬食者”“藿食者”。但宋人时常将荤食与粗鄙恶俗联系在一起，而素食则与清雅亦高尚的品格联系起来。这种观点在文人生活中尤为常见，苏轼笔下就有“润随甘泽化，暖作春泥融。始终不我负，力与粪壤同”的诗词。②宋朝人讲究吃喝，但不再仅仅把饮食作为果腹充饥之物，而是把菜肴当美味品尝，更多地追求吃喝之中的人生畅意和情感满足，是一个让中国吃文化骄傲的朝代。虽然中国在春秋时期已经有“食不厌精，脍不厌细”的饮食精细化追求，但把这种精细上升到审美的高度，应该是在宋代。宋代的饮食与精致的生活密切地联系在一起，体现出独属于这一时代的雅致与趣味。

宋代著名的文士们往往是美食的制作者、参与者、品尝者和赞美者。宋代诗词描绘了各种美食，为宋代饮食美学留下诸多文字记载。大文豪苏东坡是善于烹饪和品味美食的鉴赏家，他对品酒、酿酒、煎茶品茗、烹饪美食及饮食养生都有自己独到的见解，在诗文中不乏赞咏美食、酒、茶的佳作，如《春菜》《二红饭》《中山松醪赋》等，极大地丰富了饮食文化的内涵。他还以“老饕”自喻，著有脍炙人口的《老饕赋》，将天下美食汇于一席，开列出了一份精美的菜单。“老饕席”菜式仅有六样，但对食材质地和制作工艺要求甚高。在饮食界，至今以苏东坡之名传下来的菜品有多种，如东坡肉、东坡鱼、东坡肘子、东坡豆腐等。在诗歌中描写日常饮食的宋代士人众多，如欧阳修、黄庭坚、陆游、杨万里等，他们在作品里记录和赞美了各种美食。正是这些大文学家、诗人们在饮食上的参与，丰富了宋代的菜品，增添了饮食的文化意义，提升了饮食的美学品位。他们对普通的食物进行创意改造，给予食物外形上的美观，还赋予诗意的内涵和菜名。因此，普通的食物便蕴含了意境，从而进入审美的境界。宋代文人雅士开启的饮食美学之风，被元明清所继承，然后形成了有别于

① 李开周：《食在宋朝》，四川文艺出版社，2019，第40页。

② 孙鸣晨编著《食在宋朝》，北方联合出版传媒（集团），2021，第34页。

宫廷贵府和市井平民的独特的文士饮食文化和饮食美学。①

这一时期，不仅诗词文赋里出现了大量有关饮食的描写，最为重要的是出现了不少写饮食的专著，对饮食文化的各个方面进行了广泛的记录和研究。宋代有不少著作记录了热闹的街市食肆、琳琅满目的饮食品种，以及人们在繁华街巷中的赏心悦目和口腹满足，如《东京梦华录》《梦粱录》《武林旧事》《事林广记》《本心斋疏食谱》等。宋代饮食文化最具代表性的著作是《山家清供》，作者林洪生活于南宋中后期，福建泉州人。除《山家清供》外，他还撰写了《山家清事》，记录了各类清雅的玩赏之物，如种竹、插花等，是宋代文人中的生活大家。林洪自称是北宋著名隐士林逋的七世孙，他在《山家清事》中的"种梅养鹤图说"一文中回忆自己的祖辈："七世祖逋，国朝谥和靖先生。"因传林逋"以梅为妻，以鹤为子"，并无子嗣，林洪因此被世人嘲笑，但后来证明林洪所言并非空穴来风。②其人也确为一清雅文士，颇有先辈遗风。林洪多才多艺，能写善画，有诗文流传于世。他精通饮食之道，在江淮一带游历二十余年，与当时的江南士人阶层多有交流，遍尝了他们家中的美食佳肴。《山家清供》就是对这些食物的记录，既是了解宋代文士饮食美学最为直接的材料，也是研究宋代饮食文化最重要的著作。

《山家清供》收录了一百多种宋代的食物品种，涉及了菜、羹、汤、饭、饼、面、粥、糕、点心等丰富的食物及烹饪方式，从原料的选取到加工、成品，乃至风味都有细致的描述。"山家清供"既指山野人家待客所用的清淡食蔬，也意喻文士们对山野之趣的追求和对自在隐逸生活的向往。所谓的"山家"其实多为静居山林的文士，很多是饱读诗书、有极高文化修养和审美品位的士大夫，也是一些自视清高、喜好风雅的人。他们虽然静居田园，远离俗世，但仍然对生活保持着高雅的情趣并付诸日常。书中记录的菜式大多非常普通，而且以素菜为主，烹饪方式简便，但简朴的素食更能体现山家的气质。作者以此为书名，表明了他对清淡食蔬由衷的推崇和喜爱，也体现了作者在饮食上所追求的"清""雅"饮食美学思想。朴素、雅致的饮食方式既意味着节俭和物欲的自我约束力，也体现了文人士大夫淡泊、超脱的生活态度和个性气质。在宋代，清淡、简雅的生活方式还和养生、参禅密切地联系起来，铺陈出宋代文人审美生活方

① 王学泰：《中国饮食文化史》，中国青年出版社，2012，第258页。

② （宋）林洪：《山家清供》，章原编著，中华书局，2013，第2页。

式的底色。

《山家清供》虽然是谈吃论喝，但因作者本人饱读诗书，文化素养和审美情趣俱高，每每在谈论饮食之余还大量征引诗词曲赋中的相关内容，加以评析论述。书中涉及诗词典故多达六十种，使一本饮食之书也成了别具一格的诗词之作。而且，他征引这些诗词典故，主要是从饮食文化的角度，对诗人、诗歌与饮食之间的关系进行了探讨，以此加深对作品的理解。诗与食相应，更增添了饮食的文化旨趣。书中的很多菜名都是林洪所取，许多源自诗词典故，典雅有趣，不仅增加了食物的风味，也体现了作者本人的美学思想。

在宋代文人雅士的生活中，三五好友，扫雪烹茶、拥炉煮酒、谈诗赏花俱是日常。大家趣味相投，在相谈甚欢中不知日落夜深，虽然充饥的往往只是一碗萝卜青菜粥，但快意舒畅尽在其中。饮食已经不是日常的饱腹之物，而是人生欢愉的点缀之品，美已然在食物之外。这样美好的士人生活，千年之后仍让人心向往之。

一、清雅的色

宋代文人雅士在饮食风格和饮食美学上的追求，如果按照中国人以“色、香、味俱全”为评价美食的标准来看，体现的无非就是“清”“雅”二字。宋代文士的饮食虽然丰富多样，但从色上来说，首先是尊重食物本身的自然颜色，甚至通过特殊的烹饪方式保留食材的原汁原味和原色。除此之外，在烹饪配菜时，还讲究色彩的搭配，通过几种颜色的对比和衬托，以达到突出食材本身色彩的效果。

春天是万物复苏的时节，各种可以食用的植物开始吐芽含苞。春天的韭菜碧绿鲜活，叶片水嫩肥厚，口感少渣，香味浓郁，是一年中最为美味的时候。如果和新发的柳叶嫩芽搭配在一起，不仅色泽诱人，还给人浓浓的春天的感觉。“柳叶韭”就是一道充满了春意的凉拌菜，出自林洪的《山野清供》：剪取春天最嫩的韭菜，在沸水中焯至断生，然后过冷水以保持清爽的口感，加姜丝、酱油和醋拌匀，再摘些嫩柳芽焯水过后与韭菜同拌，口味尤佳。①这道菜不仅在颜色上碧绿青翠，形式上韭菜的长条与细细的柳芽形成对比，口味上嫩柳叶的青涩香，加上韭菜的鲜爽，正是春天的味道。林洪为之命名为“柳叶韭”，更添了

① 林洪：《山家清供》，第56页。

菜式的清雅气质。

春天也是宋代人吃春饼的季节，尤其是在立春的节气。把春饼盛在一只大盘中端出，称为“春盘”。[①]春饼用一张轻薄半透明的圆形面饼，在里面搁上红红绿绿的蔬菜丝作馅，如切成细丝的萝卜、韭菜、芹菜、蒌蒿等，然后卷成筒状，咬一口清新爽脆，让人感受到春天生机勃勃的景象，也成了迎接春天的一个小仪式。南宋杨万里写《郡中送春盘》：“饼如茧纸不可风，菜如缥茸劣可缝。韭芽卷黄苣舒紫，芦菔削冰寒脱齿。卧沙压玉割红香，部署五珍访诗肠。野人未见新历日，忽得春盘还太息。新年五十柰老何？霜须看镜几许多。麴生嗔人不解事，且为春盘作春醉。”诗中描绘的春盘色彩丰富，黄、紫、白、红相间，在视觉上就是一种享受。

色泽碧绿的菜在夏天尤其给人以凉爽开胃的视觉效果。陈元靓在《事林广记》里记载了一道凉面的做法，在当时被称为“槐叶冷淘”。[②]冷淘类似今天的凉面，在夏天最受欢迎。采取新嫩的槐叶，剁碎了榨取青汁，用榨出的青汁和面，做成手擀切面。将面煮熟后放进冷水中过水，然后随意浇汁食用，就成了“槐叶冷淘”。林洪在《山家清供》里记载为“槐叶淘”，而且认为“其碧鲜可爱也”。槐叶的青汁把面条染成青绿色，加之过了冷水，凉面不仅口感弹牙爽口，绿色让人看上去更是倍感清凉。“槐叶冷淘”因其颜色碧绿，宋代又称为“翠缕冷淘”，夏天来这样一碗青翠的冷淘面，顿感清凉舒爽。

羹是文士们餐桌上的日常食物，采用各种不同的素菜甚至鲜花，和大米、豆类一起制作，成品往往清新可爱，引人食欲。“雪霞羹”是一道以色彩取胜的羹，其做法是采芙蓉花，去心、蒂，焯水后与豆腐一起煮，成品红白交错，恍若雪霁之霞，林洪在《山家清供》里因其色彩而称之为“雪霞羹”。采用鲜嫩芹菜做的菜粥碧绿清雅，犹如山涧碧潭，林洪取名“碧涧羹”。他认为用芹菜煮菜羹：“既清而馨，犹碧涧然。故杜甫有‘青芹碧涧羹’之句。”“碧涧羹”因杜甫诗句而得名，这道羹视觉上晶莹碧绿，品尝之时又得吟诗之乐，食之给人多重享受。林洪记录的一道“骊糖羹”是他客居骊塘书院的美好记忆，这是一道饭后清爽的菜汤，看上去清白可爱。饭后食之，林洪认为其滋味甚至胜过了醍醐甘露。[③]请教厨师的制作方法，居然只是把菜和萝卜细切，然后用井水煮到

① 徐鲤、郑亚胜、卢冉：《宋宴》，新星出版社，2018，第19页。

② 同上书，第133页。

③ 林洪：《山家清供》，第81页。

烂熟，并无其他调味佐料。让林洪惊叹的这道羹也深受苏东坡的喜爱，他在诗中记载了自己的做法，也只是采用了蔓菁、萝菔（萝卜）而已。所以有诗说："谁知南岳老，解作东坡羹。中有芦菔根，尚含晓露清。勿语贵公子，从渠嗜膻腥。"

在《山家清供》的食谱里，还记载了一道奇菜"银丝供"，看菜名似乎是某种白色的丝，如萝卜丝、粉丝之类。请客的主人是宋代著名的风雅名士张约斋，席间，他叫人上"银丝供"，并吩咐："调和教好，又要有真味。"菜迟迟未上，客人满心期待，以为是一道脍菜。[①]良久，有人拿出来一张古琴，原来这道菜就是主人请琴师弹一曲《离骚》。客人们既意外又不免会心一笑，始知银丝乃琴弦也；调和教好，调弦也；又要有真味，取陶潜"琴书中有真味"之意也。张约斋是一位清雅名士，修养风采都极好，"银丝供"菜名很有可能是他的发明。以此命名弹琴，分外形象，林洪也不禁赞他是贤人。宋人之风雅由此可见一斑。

二、恬淡的香

在中国历史上，宋代是一个最爱花的朝代。春夏秋冬，不仅有各种应景赏花的节气，还有男女老少戴花的习俗。《东京梦华录》记载御街不仅河沟里"尽植莲荷，近岸植桃李梨杏，杂花相间，春夏之间，望之如绣"[②]。赏花是宋朝人一项重要的休闲节目，春夏秋冬，各有花赏。如正月寻梅，二月探桃花李花，三月赏牡丹，夏天赏荷花，秋天赏桂花菊花，一年里花事繁盛。宋代书籍记载了各种赏花的盛况，宋代的花事已经成为一种生活方式，而且已经日常化和大众化。"小楼一夜听春雨，深巷明朝卖杏花"，成为宋人生活中的装点，也让日常变得美丽和诗意。在宋代，旅店每日送住店客人鲜花已是日常化的服务。为了留住花朵宜人的香味，宋人还掌握了一套成熟的制香技术。如把桂花蒸过后晒干收藏，既可以用于香炉熏炙，也可以入菜品羹汤。[③]还有用蜂蜜窨藏的糖桂花，可以制作各种桂花糕点。在金风送爽、丹桂飘香的时节，用鲜桂花制作一道"广寒糕"在宋代也非常流行。其色泽金黄诱人，口感甜香馥郁，正是秋天的味道。

---

① 林洪：《山家清供》，第 66 页。

② （宋）孟元老：《东京梦华录》，王莹译注，上海三联书店，2014，第 46 页。

③ 徐鲤、郑亚胜、卢冉：《宋宴》，第 171 页。

宋代文士在饮食中追求的是清、雅之味，因此菜品里的香味并不是来自大鱼大肉让人垂涎欲滴的浓香，更多的是来自植物及各类鲜花的淡雅清香。饮食中花卉入菜，主要选取那些外形佳、味道美、香味好的花。如春天的牡丹，夏天的荷花，秋天的菊花、桂花和冬天的梅花等，都是宋代餐桌上四季更迭中的清香来源。陆游追求食物清淡爽口，食材只是简约地加工，更为注重饮食的本味。在《初归杂咏》中，他炊煮了一甑桃花饭，可谓色、香、味俱全。对于宋代的文士来说，鲜花入菜，还有更为深层的寓意。如荷花、梅花和菊花，在中国文化里被赋予了特别的意义，因此在他们的餐桌上频频出现。梅花凌寒独放，一直是心高孤傲的中国文士的人格象征和情感寄托。在宋代文士的饮食中，梅花直接入菜或制作成梅花造型的菜品众多，《山家清供》一书中与梅相关的食品就有好几种。梅花香薄味淡，雅韵幽长，零落的花瓣经常被人收集来煮梅粥、煎梅饼、做梅汤。杨诚斋诗曰："才看腊后得春饶，愁见风前作雪飘。脱蕊收将熬粥吃，落英仍好当香烧。""梅粥"的做法极为简单：扫拾零落的梅英，捡净洗之，用雪水煮白米粥。等熟了后，入梅英同煮。梅粥的滋味与白粥几似，主要品的是粥的气质雅韵。《山家清供》中有一道"不寒齑"也与梅花有关：用极清的面汤，切碎的白菜，加入姜、椒、茴、萝同煮，熟烂后，入梅花落英一掬，又名"梅花齑"。还有一道醒酒菜名为"素醒酒冰"，做法是用淘米的泔水浸泡琼芝菜，然后在太阳下晒，频繁地搅动，等到发白后捣烂，煮得烂熟后取出，放入梅花十数瓣，然后等到成冻后与姜、橙一起食用。这是一道专门用于酣醉醒酒的冷饮，琼芝菜煮熟成冻后晶莹剔透，里面的梅花让这道醒酒菜清凉而美丽。①

梅花仅在冬天开放，风雅的宋代人为了在其他季节也可以食用，采用各种方法储存梅花，如"蜜渍梅花"，即把梅花放在蜜里保存。杨万里专门为此写过一首诗："瓮澄雪水酿春寒，寒点梅花带露餐。句里略无烟火气，更教谁上少陵坛。"方法是剥白梅肉少许，浸雪水，以梅花酿酝。露一宿，取出，蜜渍之。可作为下酒佳品，较之扫雪烹茶，风味不输也。林洪在《山家清供》里记载的一道"汤绽梅"更为巧妙：农历十月后，用竹刀取欲开的梅蕊，然后上下蘸以蜡，放在蜜罐里。等到夏天取用的时候，把梅蕊放在盏中用热汤泡，蜡遇热汤融化，花即绽放，极为澄香可爱。②一道"汤绽梅"不仅为饮食过程增添了令人惊奇的

---

① 林洪：《山家清供》，第189-190页。

② 同上书，第105页。

趣味性，也让寻常的饮食变得更为风雅。

除了各类花可以入菜，让菜品增加清雅的自然香味外，宋代文士还会采用一些具有特殊清香的植物叶子入菜，让食物获得非同寻常的香味。譬如林洪《山家清供》里有款糕点带有橘子的清香味，称为“洞庭饐”。制作方法是“采蓬与橘叶捣汁，加蜜和米粉作饐，各合以叶蒸之”。“洞庭饐”是用蓬草和橘叶的汁来拌米粉，然后加蜂蜜制作的，大小如小钱。不仅制作时采用了橘叶汁，外面还用了橘叶包着蒸制，内外均有橘叶成分，熟后带有橘叶的清香，品之犹如在洞庭湖边一样。有诗云：“不待满林霜后熟，蒸来便作洞庭香。”宋代的洞庭盛产柑橘，柑橘几乎成了洞庭的代名词，柑橘的香味也因此被称为“洞庭香”，所以此饐就被命名为“洞庭饐”。在吃螃蟹的季节，也是橙子成熟的时节。把整颗橙子截顶，里面挖空，用蟹膏肉塞实，再把带枝的顶盖上，然后用酒、醋、水蒸熟。吃的时候蘸醋和盐，这就是林洪描绘的一道美味“蟹酿橙”，让人产生新酒菊花、香橙螃蟹之兴致。橙香橘美，是乡野生活中的亮色，陆游也十分喜爱橙子的香味，并在多首诗歌中赞美其气味，如“梦回有恨无人会，枕伴橙香似昔年”，还有“檐间雨滴愁偏觉，枕畔橙香梦亦闻”。

在宋代文士的餐桌上，各种可以食用的嫩苗嫩芽均可以入菜，主要是取其自然清香。林洪在某个春天游西马塍，一个花卉培植地，将使张元邀请他到府上，请他菊田赋诗，画墨兰。张元对其诗画非常喜欢，在府上宴请林洪。饮数杯后，厨房端出一道应景的“菊苗煎”：采摘菊苗的嫩头，焯水后，裹上用甘草水调山药粉的面糊，团成饼，放油锅里煎。林洪称：“爽然有楚畹之风”，菊苗独特的清香，俨然有幽兰的清香风韵，让人回味不已。

三、自然的味

宋代忌杀生、追求清淡饮食，上至朝廷下到文武百官皆有此风尚。朱熹是朝廷的大臣，招待朋友只是蒸小米饭和蒸茄子蘸醋，以至于客人难以下咽。王安石虽贵为宰相，但仍然勤俭持家，不铺张浪费，《独醒杂志》记载其待客之食：胡饼两枚，猪脔数四和菜羹，如此简朴的食物甚至遭到了客人的嫌弃。①宋高宗赵构的第二任皇后宪圣皇后，研习书史，通晓书法翰墨，机警善变通。宪圣皇后生活清俭，时常收集杨花做鞋、袜、褥之用。她生性善良，不嗜杀。皇

① 李开周：《吃一场有趣的宋朝宴席》，中国法制出版社，2019，第58页。

后每令后苑进生菜，必采牡丹瓣和之。或用微面裹，炸之以酥，称为“牡丹生菜”。每每制作生菜时，必于梅树下取落花以杂之，故菜品香气悠远。①

在宋代文士的餐桌上，食蔬的烹饪方式大多是蒸、煮、凉拌，拒绝过多调味，崇尚食物天然的滋味。在林洪的笔下，一道简单的萝卜白菜汤甚至胜过了醍醐甘露。苏东坡对萝卜、白菜炖成的羹汤也情有独钟，取名为“东坡羹”。他曾在《东坡羹颂·序》中说：“东坡羹，盖东坡居士所煮菜羹也。不用鱼肉五味，有自然之甘。其法：以菘若蔓菁，若芦菔，若荠，皆揉洗数过，去辛苦汁，以生油少许涂釜缘及瓷碗在菜汤中，入生米为糁……”他在《菜羹赋》中写了菜羹的做法：“煮蔓菁、芦菔、苦荠而食之。”他为之作颂作赋的羹，无非就是大米煮菜汤而已。他还有一道山居生活中简单的豆粥，先用沙瓶把赤豆煮烂，再把米放进去煮即成。苏东坡为此赋诗：“岂如江头千顷雪色芦，茅檐出没晨烟孤。地碓舂粳光似玉，沙瓶煮豆软如酥。我老此身无着处，卖书来问东家住。卧听鸡鸣粥熟时，蓬头曳履君家去。”这两位美食家对简单的菜汤如此钟情，是他们深悟美食的真谛，对食物本真味道、自然之旨的追求。所谓“不用食鱼肉五味，有自然之甘”，追求的正是食物的天然之味，只有深谙自然之美、清雅之美的人才可以领会。

广大的南方遍植竹子，竹笋产量巨大，在宋代属于平民食材。但竹子在中国文化里具有特殊的意义，因其中空有节而成为文人气节的象征。中国文士自古就有在住宅边种植竹子的习惯，以此作为自我表达和形象塑造的方式。苏东坡用诗表示：“可使食无肉，不可居无竹。无肉令人瘦，无竹令人俗。”对竹的喜爱和拥有变成了高雅的象征，因此竹笋也成为文人饮食中的美味。唐代著名的书法家怀素有《苦笋帖》，表达了他对苦笋的嗜好。黄庭坚也有一首《从斌老乞苦笋》是催讨苦笋的：“南园苦笋味胜肉，箨龙称冤莫采录。烦君更致苍玉束，明日风雨皆成竹。”他还写诗寄朋友催讨金橘和笋：“禅客入秋无气息，想依红袖醉毰毸。霜枝摇落黄金弹，许送筠笼殊未来。”（《欧阳从道许寄金橘以诗督之》）北宋大诗人梅尧臣夸竹笋是最地道的下酒菜，赞美竹笋“煮之按酒美如玉，甘脆入齿馋流津”。北宋还出现了历史上首部写笋的专著《笋谱》，详细记载了竹笋的种类和分布、种植及加工等。因为竹子的特殊文化意义，竹笋在文人雅客的饮食中颇受欢迎，并与清雅、禅味相等同。

① 林洪：《山家清供》，第188页。

竹笋在崇尚健康的今天也仍受人们欢迎，但今人多认为竹笋虽然美味，却性凉、味寡淡，需要大量的油焖或与排骨、火腿同煮才好吃。然而在林洪的《山家清供》一书里，有道“傍林鲜”追求的却是笋本真的味道：“夏初，林笋盛时，扫叶就竹边煨熟，其味甚鲜，名曰‘傍林鲜’。”而且，在林洪看来：“大凡笋贵甘鲜，不当与肉为友。今俗庖多杂以肉，不才有小人，便坏君子。”意思是如此清雅甘鲜的食材，清煮已经非常美味，与肉同烹就俗了，就像小人坏了君子的清雅一样。大诗人陆游在《剑南诗稿》中，提及蔬菜水果的诗歌就有千余首。他性好廉食，十分推崇蔬食，每食必求本味。最常食用的笋几乎陪伴了他的全部饮食生涯，他对笋和蕨菜赞美有加，如“不须沽酒饮陶潜，箭笋蕨芽如蜜甜”。画家和诗人文与可也是爱笋之人，他做临川太守的时候，正和家人煨笋吃午饭，忽然收到苏东坡的书信说“想见清贫馋太守，渭川千亩在胃中”，不由乐得喷饭。诗人们爱笋食笋，真是心有灵犀呀。

笋除了可以单独食用外，还可以和其他山野菜搭配，做成富有禅意和隐逸之气的清淡食品。《山家清供》记载了一种“笋蕨馄饨”，用嫩笋和蕨菜制作：“采笋、蕨嫩者，各用汤焯。以酱、香料、油和匀，作馄饨供。向者，江西林谷梅少鲁家，屡作此品。”①春笋和蕨菜，取其鲜嫩的部分，分别焯水、切粒，加酱料、香料和油拌匀，做成馅料，包成馄饨。笋味爽脆，蕨味爽滑。这样的馄饨不仅口感清爽，还有一种独特的山野清香，非常符合林谷梅和林洪这样的散淡清逸之人，所以林洪客居林谷梅家时品尝多次。不独唯此，饭后，他们坐在古香亭中品茗，林谷梅采芎、菊苗入茶。彼时，对面正有山茶花（玉茗花）绽放，而且是林家独有的品种。微风吹过，花姿绰约，花香袭人，真是风雅闲适美好。好友一起，品茗赏花，获得更多的是精神上的满足与愉悦感。此情此景，让林洪久久不能忘怀。有时候，对于某种美食的记忆，其实是对朋友欢聚时的美好时光的留恋。因为相互投缘，相谈甚欢，虽然只有简朴的菜蔬充饥也觉得美味无比。环境、气氛和一起欣赏的朋友客人，才是美食让人难忘的最重要因素。

在林洪的笔下，即使烹煮肉类也是以清淡本味为特色，他食谱中有道“山煮羊”即是此例。在宋代，羊肉是宫廷指定的肉食，地位远高于其他肉类，吃羊肉成为身份的象征。在宫廷菜谱中，羊肉通常是采用香料腌渍或明火炙烤。

---

① 林洪：《山家清供》，第142页。

《山家清供》记载的“山煮羊”是一道小众菜，调味非常清淡，主要突出羊肉的本味，吃法颇具山林隐逸之气。做法极为简单：把羊肉切成大块，码入砂锅里，加泉水没过，加入去膻腥的小葱、花椒。再放入一点杏仁，宋人认为煮羊肉加杏仁容易煮烂。然后用慢火炖，直至骨酥肉烂。吃起来肉美汤鲜，让作者感慨很遗憾此法不早传，要不然一个汉代的关内侯这样的官职有何可以称道的呢！

对于自然之味的追求，体现在《山家清供》中一道最奇的菜谱中：“石子羹”。此羹的做法是在溪流清处取白色小石子，或带藓衣者一二十枚，汲泉煮之。这道用石子煮出来的羹居然“味甘于螺，隐然有泉石之气”。据说此法得之吴季高，且曰：“固非通宵煮食之石，然其意则甚清矣。”他们煮石并非食用，而是认为其意气非常清雅，可以吸收泉石之气。像这样超然世外的菜谱，并不是为了饱腹充饥解馋之用，而是崇尚和吸纳自然清逸之气。

四、精致的形

中国饮食进入宋代后，食物在造型上也更加优美，具有很高的艺术欣赏价值，令人赏心悦目，食欲大增。宋朝宫廷饮食在正餐之前，桌子上总要堆叠一些水果和香料之类，以美丽的色泽、精巧的摆设来刺激食欲，宋朝人称为“看菜”“看果子”。①这种餐前摆盘既可食用又能观赏，主要以观赏为主，所以称之为“看食”。在进入正式宴席之前，先让人获得赏心悦目的视觉享受。

《武林旧事》里记载张俊大将招待宋高宗和文武百官，大摆筵席，各种吃食琳琅满目。宴席上先摆出各种果盘，再摆出各种开胃小菜，开始喝酒的时候又上了几十道下酒菜，喝完酒后又上各种插食，上完插食又上果盘，上完果盘再上各种面点。餐前的果盘是“雕花蜜煎一行”十二小碟：有雕花梅球儿、红消花、雕花笋、蜜冬瓜鱼儿、雕花红团花、木瓜大段花、雕花金橘、青梅荷叶儿、雕花姜、雕花橙子等②，一看就是经过了精雕细刻后的花式果品，主要以造型取胜，让人获得视觉满足。其中的插食是经过装饰的食物，一种是在食物上直接插花、插彩旗，还有一种是用竹子或铁丝扎成某种造型，把食物挂上去。宋朝人过重阳节相互馈赠的重阳糕就是一种插食：把米粉用糖水和匀，做成米糕，

① 胡竹峰：《旧味——中国古代饮食小札》，山东画报出版社，2014，第142页。

② 李开周：《宋朝饭局》，人民东方出版传媒/东方出版社，2014，第168页。

上笼蒸熟出笼后，在上面插一面小旗帜，端着给邻居送过去。[①]插小旗帜主要是为了好看。

在宋代，作为主食的各种饼类食品，也要制作成五颜六色，摆成美丽的图形。宋代的面食非常之多，还精益求精，发明出用模具加工的花式面条，如用特制的刀具将擀出来的面片切成梅花形、莲花形、蝴蝶形等。不仅如此，他们还采用天然的植物添加剂改善面条的色泽和口感，如用槐树汁做出绿色的面条，用黑豆汁做出黑色的面条。[②]宋朝的素食店里卖的枣糕，做成各种各样的动物造型，如鹌鹑、燕子、狮子等。把点心做成各种动物造型，据说就是从宋朝传下来的。宋朝喜欢做各种象形食品，想象力非常丰富，除了模仿动物，还模仿植物、人物、建筑、生活用品等。这些象形食品还有非常有意思的名字，如造型花样奇巧的“笑靥儿”是一种油面糖蜜制作的“果食”；把瓜雕刻成鲜花形状的水果称为“花瓜”；像各种动物野兽的糖则称“兽糖”。[③]宋朝还有一种称为“亭儿”的面点，是用面团和饴糖捏制而成的成套点心，码在红漆木盘上，有正殿有偏殿，有假山有池塘，亭台楼阁错落有致。《东京梦华录》和《梦粱录》里记载的各种面食花样百出。

林洪在《山家清供》里也记下了那些造型优美的食物，如莲房鱼包（采嫩莲蓬酿鳜鱼）、雪霞羹（芙蓉花豆腐羹）等。其中造型让人印象最为深刻的是“梅花汤饼”，这其实就是一道面片汤，因面片造型似梅花而变得优雅可爱。林洪记载：“泉之紫帽山有高人，尝作此供。初浸白梅、檀香末水，和面作馄饨皮。每一叠用五分铁凿如梅花样者，凿取之。候煮熟，乃过于鸡清汁内，每客止二百余花可想，一食，亦不忘梅。后留玉堂元刚亦有诗：‘恍如孤山下，飞玉浮西湖。’”[④]“梅花汤饼”可谓是一道简单雅致、馨香美观的汤品，因为形似梅花，还给人产生了“飞玉浮西湖”的意境。梅花汤饼的面片取梅花造型，采用了鸡汤，集色香味于一体，成了一道既有梅花意味，又鲜香味美的汤品。白梅与檀香泡水和面，给人风雅之感，也为这道汤品提供了清雅的基调。鸡汤则为这道汤面增加了鲜香口味，让这道汤看起来美观，闻起来鲜香，尝起来细软顺滑。文人雅士刻意营造的诗意饮食，尽在其中。

---

① （宋）吴自牧：《梦粱录》，周游译注，二十一世纪出版社，2018，第70页。

② 李开周：《食在宋朝》，第40页。

③ 孟元老：《东京梦华录》，第225页。

④ 林洪：《山家清供》，第34页。

《东京梦华录》说每到腊月北宋开封便开始有人摆摊卖水晶脍，《武林旧事》也记载一到春节，南宋杭州也有人摆摊卖水晶脍。①水晶脍是一种晶莹剔透的菜肴，类似今日淮扬菜里的“肴肉”。把一大块猪皮搁滚水里泡透后捞出来，刮净细毛，去掉肥膘，切成长条，放到盆里加满凉水上蒸笼蒸一个时辰。这时候大部分猪皮已经蒸化了，把没化的猪皮捞出来扔掉，把盆里的杂质滤干净；再把剩下的一盆半清不浑的肉汤倒进锅里，小火慢煮，一边煮一边把飘浮上来的肉脂和杂质撇掉，煮大约半个时辰后再用细纱过滤一遍，剩下的肉汤就很清澈了。把这锅肉汤倒进大瓷盘里自然冷却，让液体凝结成透明的皮冻。这是水晶脍的原料，还需要进一步加工才能做出水晶脍。把皮冻切成薄片，不能切得太厚也不能切太薄，太厚了会影响透明度，还不容易调味，太薄了则一夹就散，既影响口感也影响品相。真正刀法好有经验的人切出的皮冻厚薄适宜大小均匀，就像一片片水晶一样均匀摆在菜碟里，故得名水晶脍。吃的时候用食盐、米醋、芥末和花椒油精心调味。宋朝人还会用猪蹄、鸡皮和鱼皮做皮冻，能够很好地控制脂肪的比例，并通过撇掉多多少少脂肪来控制皮冻的透明度。在宋代，即使这种街头流行的食物也费时费工，重要的是成品的视觉美感。

对吃的讲究，也导致了对餐具食器的挑剔，所谓“美食不如美器”也。宋朝虽然在陶瓷制作上水平很高，但陶瓷并没有用于餐具，主要的餐具还是金、银、铜、漆器，还有一些极为稀少的玻璃水晶餐具。但在餐桌上，宋代有一些非常富有创意的餐具，如南宋士大夫请人吃饭，宴席上经常会用到“插山”和“食屏”。②“插山”是一种玲珑剔透的木雕器具，雕成蓬莱仙山的造型，把菜碟一层一层地放上去，往宴席当中一摆，本来平面展开的菜肴一下子就立体起来。“插山”让食物错落有致，既可以尽量多地放置菜肴，也便于取用。“食屏”则是用来隔菜碟的小屏风，一般高半尺、长一尺，把餐桌上的荤、素、冷、热菜碟隔开来，隔成一个个的小隔间。这样爱吃荤菜的可以靠近荤菜区，有正在吃斋的客人则可以坐在素菜区。餐桌上有了这些小屏风，也避免了食用时的尴尬。

五、相得益彰的烹饪方式

宋代以前做菜主要靠煮，人们吃的往往是连汤带水的炖菜。宋代烹饪方式

① 李开周：《宋朝饭局》，第91页。

② 同上书，第134页。

多样，炒菜开始普及，原因有二：一是宋代开始广泛使用植物油。唐代虽然有炒菜，但那时植物油太少、太贵，动物油炒菜加热过长会糊锅，品相和味道都不好。宋代植物油压榨技术突飞猛进，家家户户都可以用植物油炒菜了。二是因为宋代铁锅普及，随着冶铁和锻造技术发展，宋代出现了薄底铁锅，非常适合煎炒。因为烹饪方式的改变和饮食文化的进步，同一道菜，与唐朝相比，宋朝人吃得更为文明。如“南楼子”一菜，在唐朝的做法是把羊肉切成薄片，搁开水里焯一下，把血冲净，把水擦干，撒上盐、姜、胡椒，用生面坯包起来送进炉子里烤。等面坯烤熟，连面带肉一块儿吃，很多时候里面的羊肉都是生的。到宋朝后，“南楼子”就被改良了，切好的羊肉要先蒸熟，然后再夹到面饼里面烤，面饼烤熟后再吃，既美味又健康。比起吃生肉来，吃熟肉肯定文明多了。

宋朝人也吃生肉，尤其是鱼生。东京汴梁的一大胜景就是吃鱼生，叫“金明斫脍”，每年阳春三月即“临水斫脍”。《东京梦华录》记载：“北去直至池后门，乃汴河西水门也。其池之西岸亦无屋宇，但垂杨蘸水，烟草铺堤，游人稀少，多垂钓之士，必于池苑所买牌子，方许捕鱼。游人得鱼，倍其价买之，临水斫脍，以荐芳樽，乃一时佳味也。”①当时鱼生的吃法是把钓上来的鱼刮掉鱼鳞，挖去内脏，斩去头尾，剥皮抽刺，片成薄片，切成细丝；然后蘸点儿米醋，浇点儿橙汁，在池畔边钓边吃，遂成一景。欧阳修、苏东坡、司马光和范仲淹都有此嗜好。苏东坡曾经吃鱼生吃得虚火不退，得了严重的结膜炎，医生劝他少吃，他说：“吃鱼生对不住我的眼，不吃又对不住我的嘴，眼睛和嘴巴都是我身体的一部分，我怎么能厚此薄彼呢！”

“拔霞供”被认为是现在火锅的早期吃法，也是中国最早对火锅吃法的文字记载。但在林洪的笔下，宋代火锅不仅有诗意优美的叫法，而且表达了对山林里淳朴处理食材的欣赏：“向游武夷六曲，访止止师。遇雪天，得一兔，无庖人可制。师云：‘山间只用薄批、酒、酱、椒料沃之，以风炉安座上，用水少半铫，候汤响，一杯后，各分一筯，令自夹入汤摆熟，啖之。乃随意，各以汁供。’因用其法，不独易行，且有团栾热暖之乐。越五六年，来京师，乃复于杨泳斋（伯岩）席上见此。恍然去武夷，如隔一世。杨家嗜古学而清苦者，宜此山林之趣。”林洪为此作诗：“浪涌晴江雪，风翻晚照霞。”末云：“醉忆山中味，都忘贵客来。”②做此供时，热汤翻滚，犹如晴江涌起雪白的浪头，殷红的

---

① 孟元老：《东京梦华录》，第 182 页。

② 林洪：《山家清供》，第 79 页。

肉片放进去仅几秒就变成了如晚霞般的浅粉色，林洪称之为“拔霞供”。林洪记载下来的烹饪方式并非其简便，更多的是欣赏这种鲜嫩的口感和食材的本味，以及对武夷之行的美好记忆。随着火锅、涮肉吃法的流行，林洪的“拔霞供”可能太过诗意而被遗忘了，取而代之的就是现在俗称的火锅了。

宋代名士中有一群爱食竹笋的人士，主要由文士与禅僧组成。每到有笋的季节，吃笋成了文雅之士的默契。为了享用笋的天然美味，有关笋的吃法大都采用最为简朴的烹饪方式。如把冬笋片煮一锅不加任何酱味甚至盐的笋汤，仅欣赏笋的原汁原味。还有把整只笋连壳水煮，或者把带壳的笋放锅里蒸熟，吃的时候才剥开食用。这种吃法有点像现在饭店卖的手剥笋，只是今日的手剥笋在煮的时候已经加入了很多调味料了。而最为脱俗的烹笋方式，就是《山家清供》里所记的“傍林鲜”，采用了清雅自然的“煨”：在竹林里挖出新笋后，就地扫一堆枯竹落叶，覆盖在笋上，然后点火煨熟后剥开来吃。山野里的特产通过煨的方式可以保留自然本味，不仅用于笋，还可以煨芋头、煨栗子。芋头和栗子是大诗人陆游喜欢的食物，他也喜欢用“煨”的方法来制作。他常用家中的地炉“煨”，写有“浑舍喜翁归，地炉煨芋熟”的诗句。煨的烹饪方式也颇有禅食的风味，历来就有“煨芋谈禅”的掌故流传，唐代的懒残禅师还因为煨芋而名传千古。如果是在寒冷的冬天，煨还可以营造出一个温暖的谈话环境，围炉而谈，火暖芋香，美好而满足。

六、美在食之外

欧阳修在《醉翁亭记》中写道：“宴酣之乐，非丝非竹，射者中，弈者胜，觥筹交错，起坐而喧哗者，众宾欢也。”这是欧阳修和朋友宴饮时的欢乐气氛。宋代人普遍爱饮酒，在这个最为文雅的时代，即使喝酒也比前朝更为文明。在三国两晋南北朝时期，酒风彪悍，刘备的族兄刘表专门打造了三个大号的劝酒杯，分别叫“伯雅”“仲雅”和“季雅”。“伯雅”能盛七升酒，“仲雅”能盛六升酒，“季雅”能盛五升酒。按今天的计量算三国时期的一升相当于现在的二百毫升，三个劝酒杯分别能盛一千四、一千二和一千毫升。现在的啤酒一瓶大多是五百毫升，刘表劝人一杯酒相当于两瓶啤酒，一般人可能都无法胜一杯酒力。①宋朝劝酒比较文秀，南宋则更为文雅。南宋出土的劝酒的金杯，容量是三

① 李开周：《宋朝饭局》，第 140 页。

十毫升，斟满不过三十克，半两多而已。南宋敬酒用小巧玲珑的金杯、银杯、玉杯、琥珀杯、玛瑙杯等。

喝酒的酒器当然是金杯、银杯贵重，但香橼杯与碧筒酒则更为风雅。这些就地取材的饮酒具和饮酒方式更具文人雅趣，而且新鲜、生动，带有自然的生活气息。香橼果的果皮似皱柑，果肉小而酸味重，皮很厚，有清新的橘香味，一般用来闻香，类似佛手。香橼用作劝酒杯，即把一只香橼对半剖开，取瓤挖空，果皮再刻画上图案，斟满酒温热后，香橼果的香气析出。入口时，不仅杯型别致，还带有香橼的清香味，别有情趣。林洪因此说其“清芬霭然，使人觉金樽玉斝皆埃壒之矣”。“碧筒酒”也是就地取材的饮酒方式，《山家清供》里记载：“暑月，命客泛舟莲荡中，先以酒入荷叶束之，又包鱼鲊它叶内。俟舟归，风熏日炽，酒香鱼熟，各取酒及鲊。真佳适也。”①将酒包在鲜绿的荷叶中，饮用时将荷叶弄破，用荷叶的柄（碧筒）直接就着喝，堪称一绝。据说苏东坡在杭州时常用此方式饮酒，而且还说：“碧筒时作象鼻弯，白酒微带荷心苦。”荷叶的叶柄弯得似象鼻，白酒则带着微微的荷叶清香苦味，又多了一层味道。这样饮酒名字优雅，喝酒的方式更富野趣。“碧筒酒”虽非苏东坡原创，但经他一用，一时成了杭州暑天一景。在南宋的宴席上，还有一种采用“解语杯”劝酒的方式，甚是风雅：摘一朵含苞未放的荷花，把花苞轻轻掰开，把劝酒杯轻轻放进去，斟满酒，再将花苞合拢，小心翼翼递给客人饮用。②用花朵替代了酒杯的托盏，既有趣又高雅。之所以叫“解语杯”是古人认为花有灵性，能听懂人说话。南宋词人葛立方《赏荷以莲叶劝酒作》（调寄《卜算子》）中“叶叶红衣当酒船，细细流霞举”，把劝酒杯放到荷花里面，浅饮低酌，浅吟低唱，诗情画意，不枉此生。

宋代的审美体现出一种日常性，即文人在对风雅的追求上，将雅致融入日常生活之中。宋代文人将传统的艺术形式精致化、高雅化。日常生活与艺术审美的一致性丰富了宋代文人的审美对象，扩大了审美范围，使得他们的日常生活处于艺术之中，提升了他们的文化品位。喝酒时的酒令文化在中国极为发达，宋代酒令也颇为风雅。宋朝的酒令非常丰富，有的酒令考验运气，有的酒令考验记忆，有的酒令考验历史知识，有的酒令考验诗词格律，有的酒令考验反应能力。考验运气的“筹”，是一种小棍子，上面刻字，如刻“惧内者喝一杯”

---

① 林洪：《山家清供》，第 168 页。

② 李开周：《宋朝饭局》，第 141 页。

“身长者一盏”或“迟到者喝三杯”等。还有的刻谜语之类让人猜，或刻一句诗让说出下一句。宋朝人还发明了颇有内涵的喝酒划拳令，叫“五行拳”。按照游戏规则，五指代表五行，拇指为金，食指为木，中指为水，无名指为火，小指为土。五行拳两人对战，同时出手，但每次只伸一根手指。如果甲方伸拇指，乙方伸食指，金能克木，甲方赢。甲方伸拇指，乙方伸无名指，火能克金，乙方赢。甲方伸食指乙方伸中指，即成平手，因为木和水不能互相克。五行拳把中国传统的哲学思想融入酒令中，增加了喝酒的知识性。另外，五行拳只伸手指，不喊数字，无须出声，不会制造噪音，颇有儒家风范。①儒家讲究食不语，五行拳更进一步，连喝酒行拳都不语了。

投壶作为酒令很早即在中国饮食文化中运用了，宋代也用投壶。司马光还写过一本小册子专门介绍投壶，可以说是投壶的礼仪手册。他说投壶之前先摆酒席，酒席要摆在客厅里，或者院子里，地方要大，千万不能摆在卧室里，地方小没法投壶。酒席摆好后，大家分东西两排站立，主人站东边，客人站西边，双方鞠躬行礼。然后主人发出邀请：“我准备了一只破壶、一捆坏箭，咱们玩投壶好不好?”按规矩客人得推辞一番：“您已经准备好那么一大桌酒菜了，怎么好意思再让您受累陪我们投壶呢?”主人说：“不受累，不受累，大伙就别推辞了。”客人还继续推辞：“还是算了吧，我们心里过意不去。”主人坚持邀请，这时候客人得装出一副恭敬不如从命的样子，接受主人的邀请。如此客套完了，主人捧出一捆箭一只壶，把箭发给客人，并把壶安放到酒席南边，距离酒席大约两支箭或三支箭连起来那么远。然后大伙开始投壶，每人各扔五次，谁把箭投进了壶里，主人就发给他一根或几根小棍子。大家都投完了，最后查查筹码的数量，谁的筹码比较少，就罚谁喝酒。

宋朝的士大夫在一起喝酒，宴席上往往少不了管弦和歌舞。而且，宋朝宴席上的歌舞很活泼，客人让奏什么曲子就奏什么曲子，让唱什么调子就唱什么调子，让给谁敬酒就给谁敬酒，让给谁劝酒就给谁劝酒。在宋代，乐队在宴席上的功能主要就是劝酒。如果有人请客人家宴，摆出一桌酒席，酒过三巡后，客人不想喝了，这时候就把家里的家伎叫出来，让她们奏一曲给客人劝酒。如果客人还是不喝，就叫其中最漂亮的姑娘拿着酒杯送到客人嘴边，同时唱一段劝酒歌。家里如果不养歌伎，也可以到外面叫乐队演唱。所以，描写宋朝宴席

① 李开周：《宋朝饭局》，第201页。

时经常有“出侍儿佐酒”“俾家伎送酒”“召女妓作乐”，就是说让歌伎唱歌跳舞，向客人敬酒。而且，如果歌伎们看到宴席上有填词高手，还会请他们“即席赋新词”，这也许是宋词如此发达的重要原因吧。

饮食的方式和滋味意味着一个族群的文化归属和身份认同，也是生活品质与审美情趣最直接的日常表现。据南宋朱弁在《曲洧旧闻》中记载，宋代有一种文人雅兴叫“飞英会”，是宋代文人一种极为风雅的喝酒游戏。荼蘼花在晚春时节开放，意味着一年花季的结束。荼蘼盛开时，一群文人雅士坐在花架之下饮酒。喝酒的规则是落下来的荼蘼花瓣掉到谁面前的酒杯里，这人就必须干杯。若微风拂过，落英缤纷，大家的酒杯里都会有花，于是欢声笑语四起，举座痛饮。可以想象，白色的荼蘼花瓣飘落，美酒一杯一杯，众人笑语喧哗，人生的舒怀与快意，不过如此吧。

苏轼的艺术人生及其精神理想

刘桂荣

摘　要： 苏轼的思想与其人生不可分割，无论是其哲学之思、文学之达还是艺术之品鉴与创作都可谓是对人生的感悟、觉解和生命意义的探问。苏轼集儒释道于一身，融诗书画为一体，其思想圆融博通，其艺术哲思建基于他的艺道观，主张“道通为一”“无适而不可”。他在艺术创作上强调“墨戏”的游戏特质、自适自在和创变自我。他的艺术人生凸显出萧散率意、无心自适的生命精神，彰显出大生命的视域和大自在的生命快慰。

关键词： 苏轼　艺道　墨戏　萧散

苏轼的思想与其人生不可分割，无论是其哲学之思、文学之达还是艺术之品鉴与创作都可谓是对人生的感悟、觉解和生命意义的探问。苏轼集儒释道于一身，融诗书画为一体，其思想圆融博通。林语堂曾评价苏轼是“一位有魅力、有创意、有正义感、旷达任性、独具卓见”的人，是“一个不可救药的乐天派，一个伟大的人道主义者，一个百姓的朋友，一个大文豪，大书法家，创新的画家，造酒的实验家，一个工程师，一个憎恨清教徒主义的人，一位瑜伽修行者，佛教徒，巨儒政治家，一个皇帝的秘书，酒仙，厚道的法官，一位在政治上专唱反调的人，一个月夜徘徊者，一个诗人，一个小丑”。①苏轼可谓是一位多元

本文作者刘桂荣，现为河北大学艺术学院教授，博士生导师。

① 林语堂：《苏东坡传》，海南出版社，2001，第19页。

集合的文人思想家，也是一位人们争相浸润评说但又无法穷尽之人。其人与其思如波光朗现的深海，可照彻、可涵纳、可探究、可承载。苏轼的艺术人生涵纳其艺术之思、其赏鉴收藏、其创作玩好等，此一是源自对儒释道易各种思想的吸纳圆融，从而构成其哲学思想的根本；二是其对独特人生历程的觉悟；三是苏轼自身及当时文人的艺术活动，包括艺术创作，如书画、词曲鼓琴、庭院设计建造等；包括艺术鉴赏活动，如对书画、音乐、戏剧、园林等多种艺术形式的品鉴；包括艺术收藏，如对书画、古玩和古琴等；包括生活中艺术的日用和装饰，如笔墨纸砚、古器的清供、屋舍的摆设和装饰等。

一、苏轼的艺术之哲思

苏轼的艺术哲思建基于其艺道观，而艺道观又根源于其对“道”的理解。苏轼通过《周易》之“一阴一阳之谓道”阐发其宇宙大道，他说：“阴阳果何物哉？虽有娄旷之聪明，未有得其仿佛者也。阴阳交然后生物，物生然后有象，象立而阴阳隐夹。凡可见者，皆物也，非阴阳也。然谓阴阳为无有可乎？虽至愚知其不然也，物何自生哉？是故指生物而谓之阴阳，与不见阴阳之仿佛而谓之无有者，皆惑也。圣人知道之难言也，故借阴阳以言之，曰：一阴一阳之谓道。一阴一阳者，阴阳未交而物未生之谓也，喻道之似莫密于此者矣。”①苏轼这里将“道”落实到阴阳相交而生物之上，强调了“生物”的宇宙大道。“生物”便有“变易”，“有生有物，物转相生”之时，“道行乎其间而人不知”，因而天地万物则生生之日新，这即是“道”的运行和彰显。苏轼的此种思想虽然不是直接论述“艺”，但“艺”自然在其中。苏轼主张艺术创作要“日新”“清新”“新奇”，他自己书画完全是“出胸意”，不受任何窠臼束缚。如其所画《枯木怪石图》《朱竹》等，都体现着艺术创作的创造精神，这自然根植于他对“道”的理解。

苏轼还以“一”来阐释“道”，认为天地之道就是“一”的存在。苏轼进而将这种“一”的思想和他的“变易”的思想结合起来论证：“《易》曰：‘天下之动，正夫一者也。’夫动者，不安者也。……以一为内，以变为外。”②宇宙天地只是一个“一”，“惟一者为能安”，这里苏轼的阐释虽承继道家和易学思

① 曾枣庄、舒大纲主编《三苏全书》第一册，语文出版社，2001，第351页。
② 曾枣庄、舒大纲主编《三苏全书》第十四册，第270页。

想，但这种阐释显然是言前人所未言，有着苏轼对天地宇宙独到的觉解。苏轼生活在宋代理学盛行的年代，其思想自然也受到理学思想的影响。他认为“天地与人，一理也”，但人常不能与天地相似，是因为“物有以蔽之也”。如果没有此种遮蔽，则“人固与天地相似也”①。这样，天地人及万物自然能够“为一”，此“一”便是“道之大全”。

苏轼基于如此之道来阐发其“艺道”思想，在《书李伯时山庄图后》一文中苏轼论及此问题：“居士之在山也，不留于一物，故其神与万物交，其智与百工通。虽然，有道有艺，有道而不艺，则物虽形于心，不形于手。”②这里所谓“有道有艺”是从二者同等重要而言，后边的一句是在强调“艺”的重要性。当然，这并不意味着苏轼认为“艺”比“道”更重要，而是在强调技艺对于艺术作品的成就来说同样重要。这也是针对当时多重视“道”而贬低技艺观点的批评和矫正，也是对李公麟技艺能力的赞赏。苏轼在《跋秦少游书》中指出：“少游近日草书，便有东晋风味，作诗增奇丽。乃知此人不可使闲，遂兼百技矣。技进而道不进，则不可，少游乃技道两进也。”③强调了“技道两进”的思想。可见，在苏轼看来艺和道不可偏废，技道两进才能成就更好的作品。

苏轼主张“道通为一”“无适而不可”，以“通”来认识世界，并阐发艺术之思。苏轼将这种“通”的思想落实到“心”，“所遇有难易，然而未尝不志于行者，是水之心也。物之窒我者有尽，而是心无已，则终必胜之。故水之所以至柔而能胜物者，维不以力争而以心通也。不以力争，故柔外；以心通，故刚中。”④苏轼认为，这种“心通”的状态和性格便是水的性格，以“水之心”来面对世界及其变迁，故能通达，故能刚健。“通”的思想落实到“艺道”上体现为三个方面：其一，艺与天地之道融通，这是世界终极意义上的层面，即艺术最终达乎天地之大道。其二，艺与万物通，道生成万物，也在万物中，万物是道的彰显和指称，因此，艺便可以有表现天地万物的各种题材；艺也可以各种形式来表现万物，不同的人都可以通过艺术形式来彰显自己的思想，如苏轼自己所创的枯木怪石、朱竹等；对米芾、李公麟等人创作的评价，提出“形意”“形理”的观念等。其三，艺之无适而不可。书画、诗琴等各种艺术形式相通，

---

① 曾枣庄、舒大纲主编《三苏全书》第一册，第350-351页。

② 李福顺：《苏轼与书画文献集》，荣宝斋出版社，2008，第95页。

③ 《苏轼文集》，孔凡礼点校，中华书局，1986，第2194页。

④ 曾枣庄、舒大纲主编《三苏全书》第一册，第236页。

人之艺术创作和欣赏不必拘泥于一种艺术形式，即艺术世界本身是一生命整体。

苏轼在《跋君谟飞白》中讲到：

> 物一理也，通其意，则无适而不可。分科而医，医之衰也，占色而画，画之陋也。和、缓之医，不别老少，曹、吴之画，不择人物。谓彼长于是则可也，曰能是不能是则不可。世之书篆不兼隶，行不及草，殆未能通其意者也。如君谟真、行、草、隶，无不如意，其遗力余意，变为飞白，可爱而不可学，非通其意，能如是乎？①

这里的“物一理也”即是从“道”的层面言之，体现了苏轼的艺道观，而落实到艺术层面就是“艺一理也”。只要能“通其意”则“无适而不可”，书法、绘画从根本上就是相通的。

苏轼为了阐发艺术生命的思想，以医之不能分科为例来阐释这种生命的整体性、融通性。苏轼在《送钱塘僧思聪归孤山叙》中言道：

> 钱塘僧思聪，七岁善弹琴。十二舍琴而学书，书既工。十五舍书而学诗，诗有奇语。云烟葱胧，珠玑的皪，识者以为画师之流。聪又不已，遂读《华严》诸经，入法界海慧。今年二十有九，老师宿儒，皆敬爱之。秦少游取《楞严》文殊语，字之曰闻复。使聪日进不止，自闻思修以至于道，则《华严》法界海慧，尽为蘧庐，而况书、诗与琴乎。虽然，古之学道，无自虚空入者。轮扁斫轮，伛偻承蜩，苟可以发其巧智，物无陋者。聪若得道，琴与书皆与有力，诗其尤也。聪能如水镜以一含万，则书与诗当益奇。吾将观焉，以为聪得道浅深之候。②

钱塘僧思聪在琴、书、画方面都有造诣，且在禅道方面融会贯通。苏轼赞其“如水镜以一含万”，对这种在艺术各方面融通博达之人赞誉有加，认为这才是达到了“道”的境界。苏轼艺道观得益于他哲学思想的融通，他博通精深于儒释道易的哲学思想，但又不局限于哪一家之言，从而形成自我的艺术哲思。这种思想对当时及后世产生了深远的影响。

---

① 《苏轼文集》第五册，第2181页。

② 《苏轼文集》第二册，第326页。

二、墨戏自在、创变自我

以苏轼为核心的文人群体集中强调了“墨戏”的游戏特质和自适自在的审美旨趣。文同曾言“余幼好此墨戏兮”，苏轼非常赞赏他的创作和观点，多次予以品鉴，在《临〈筼筜图〉并题》云：“石室先生戏墨，苏轼临。是日试廷珪墨。”①此处以“戏墨”称之，并以上乘的廷珪墨临之，体现出一种心悦意得的审美心态。“戏墨”和“墨戏”如果细分其分别，前者是以创作主体之游戏思想主旨落实到媒材之墨上，由游戏行为支配墨的展现变化；后者是由墨之变化体现行为之游戏从而透发游戏之思想，两者并无本质区别。

苏轼在《题文与可竹》中说：“斯人定何人，游戏得自在。诗鸣草圣余，兼入竹三昧。”②明确提出“游戏自在”的观点。宋代高邮人陈直躬，善画芦雁，苏轼有两首题画诗《高邮陈直躬处士画雁二首》，其中云：“野雁见人时，未起意先改。君从何处看，得此无人态。无乃槁木形，人禽两自在”，“众禽事纷争，野雁独闲洁。徐行意自得，俯仰若有节。”③《顾恺之画黄初平牧羊图赞》云：“先生养生如牧羊，放之无何有之乡。止者自止行者行，先生超然坐其旁。”④苏轼从画中看到的是人物两自在，也是借画表达无碍超然之情怀。

苏轼在《石室先生画竹赞并叙》中对文同的创作旨趣进行了阐释，言道：

> 与可，文翁之后也。蜀人犹以石室名其家，而与可自谓笑笑先生。盖可谓与道皆逝，不留于物者也。顾尝好画竹，客有赞之者曰：“先生闲居，独笑不已。问安所笑，笑我非尔。物之相物，我尔一也。先生又笑，笑所笑者。笑笑之余，以竹发妙。竹亦得风，夭然而笑。”⑤

在苏轼的视域中，文同之画竹就是一种自得自适、自娱自乐的游戏。从人与物的关系上，“不留于物”，即不为物使、不为物累，不局限于物，从而物也不局限人。物虽为创作对象，但只是创作主体自我心性言说的媒介，主体可突破物之形的局限；“物之相物、我尔一也”便是身与物化，身心与竹俯仰摇曳、

① 《苏轼文集》第六册，第2573页。

② 《苏轼诗集》，中华书局，1982，第1439页。

③ 《苏轼诗集》第四册，第1286-1287页。

④ 《苏轼文集》，第二册，第608页。

⑤ 同上书，第613页。

从容澹荡；“独笑不已”“天然而笑”，体现的是心胸的愉悦畅达，呈露着生命的天然自在。苏轼《自跋石恪画维摩赞鱼枕冠颂》曾云：“仆在黄冈时，戏作此等语十数篇，渐复忘之。元祐三年八月廿九日，同僚早出，独坐玉堂，忽忆此二首，聊复录之。翰林学士眉山苏轼记。”①“墨戏”成为苏轼文人生活的常态，究其根本便在于其游戏笔墨之本性，“我本无所适，泛泛随鸣鸥”②，“自言其中有至乐，适意不异逍遥游”③。彰显出其任性逍遥，怡然自得的心性追求。在《次韵水官诗》中言道：“高人乞学画，用笔乃其天。譬如善游人，一一能操船。阎子本缝掖，畴昔慕云渊。丹青偶为戏，染指初尝鼋。爱之不自已，笔势如风翻。”④所谓非学而能的“高人”是对绘画有超高领悟能力的天资聪颖者，因而“用笔乃知天”，揭示出天道自然应为绘画之本质，进而以“游人”之喻表明执笔者的自主性、游戏性。阎立本之例意在进一步阐释，因其深爱于画而可突破内心丹青画师身份的拘辖，可至达“笔势如风翻”的自由状态。苏轼在这里揭示出游戏之于自身心灵精神的意义。

苏轼的思想及其创作一直秉承创变自我、法而无法的创新精神，此多有评价和记载。黄庭坚非常赞赏苏轼的创作，曾有《题东坡水石》曰：“东坡墨戏，水活石润，与予草书三昧，所谓闭门造车，出门合辙。”⑤黄庭坚直言苏轼画作为“墨戏”，开“墨戏”评鉴之先河。此处赞誉苏轼墨戏之“水活石润”，透脱出其笔墨不着痕迹而表现物象则活络生意；“闭门造车，出门合辙”之谓正揭示出苏轼游戏自适又能无法而法，正所谓从心所欲不逾矩。黄庭坚《题子瞻画竹石》云：“东坡老人翰林公，醉时吐出胸中墨。”⑥“醉”强化了墨戏的特质，即超越法度，打破规约，自得自适地挥洒自我。在《苏李画枯木道士赋》云：“恢诡谲怪滑稽于秋毫之颖，尤以酒为神。故其觞次滴沥，醉余颦申，取诸造化之炉锤，尽用文章之斧斤。”⑦这些都在强调创变自我、突破成法的特点。

黄庭坚《东坡先生墨戏赋》云：

---

① 《苏轼文集·苏轼佚文汇编》第六册，第 2547 页。
② 《苏轼诗集》第七册，第 2318 页。
③ 《苏轼诗集》，第 236 页。
④ 《苏轼诗集》第一册，第 87 页。
⑤ 黄庭坚：《山谷题跋》，屠友祥校注，上海远东出版社，2011，第 208 页。
⑥ 李福顺：《苏轼与书画文献集》，第 183 页。
⑦ 同上书，第 180 页。

东坡先生游戏于管城子、楮先生之间，作枯槎寿木，丛筱断山，笔力跌宕于风烟无人之境。盖道人之所易，而画工之所难。如印印泥，霜枝风叶先成于胸次者欤？颦申奋迅，六反震动，草书三昧之苗裔者欤？金石之友质已死，而心在斫泥郢人之鼻，运斤成风之手者欤？夫惟天才逸群，心法无轨，笔与心机，释冰为水。立之南荣，视其胸中，无有畦畛，八窗玲珑者也。吾闻斯人，深入理窟，椟研囊笔，枯禅缚律，恐此物辈，不可复得。公其缇衣十袭，拂除蛛尘，明窗棐几，如见其人。①

这里，黄庭坚以笔墨之游戏概括苏轼画作之特质，这种特质体现在如下方面：一是题材、笔墨之独特。这里也可看出，“墨戏”观并非只限于墨法而无关笔法，而是笔墨之通指，或是泛指笔墨之创作媒材；二是境界营造，墨戏之造境一在画面之境界生成，二在创作者主体的精神境界通达，苏轼“笔力跌宕于风烟无人之境”便言乎此；三是以“墨戏”区别道人和画工之身份。“墨戏”看似简易无法而于道人则易，精工技高之画工则难。实则，难易不在笔墨，而在主体作者之心性精神；四是兴发偶得、心法无轨。作为“天才逸群”之作者不必先成于胸次之构思，不必有笔与心机之技巧，而是超越笔墨法度和工具媒材。冰水为一，心手相应，如此，自然人画如一。“如见其人”并不仅仅在于外在形态的表现，更揭示出绘画之于作者自身的存在意义。同时，此言还使人反思自身之于绘画的存在问题，从而更深度地理解“墨戏”的独特价值。

惠洪曾经在《东坡画应身弥勒赞并序》中评价苏轼的创作曰：“东坡居士游戏翰墨，作大佛事，如春形容，藻饰万像，又为无声之语。致此大士于幅纸之间，笔法奇古，遂妙天下。……为之赞曰：唯老东坡，秀气如春。游戏翰墨，捉雷翻云。偶寄逸想，幻此沙门。了无一事，荷囊如奔。憨腮皤腹，行若不闻。众生狂迷，以利欲昏。如一器中，闹万虻蚊。吾未暇度，驼卧猿蹲。傲倪一世，随处乾坤。”②惠洪的这段评鉴阐释出苏轼的思想特征：“游戏翰墨、捉雷翻云”，揭示出挥墨肆意的创作风格；“偶寄逸想，幻此沙门”表明超越画面之形式而萧然笔墨之外，此正是苏轼追求意外趣之观点；“荷囊如奔、憨腮皤腹”的布袋形象，已经不是传统的供教化崇仰的规范样式；“傲倪一世，随处乾坤”，即是所画布袋之神趣，也是创作者及鉴赏者之精神。

① 《景印文渊阁四库全书》第1113册，台北商务印书馆，1983，第7-8页。

② 《景印文渊阁四库全书》第1116册，第393页。

清戴熙论及苏轼画竹："东坡在试院用朱笔画竹，见者曰：世岂有朱竹耶？坡曰：世岂有墨竹耶？善鉴者固当赏诸骊黄之外。"①竹子在画家的笔下只是自我心性的表达语言，不必为墨，不必为朱，是"心画"而已。方薰的《山静居画论》也言及苏轼画朱竹："东坡试院时，兴到以朱笔画竹，随造物成妙理。或谓竹色非朱，则竹色亦非墨可代。后世士人，遂以为法。仆所见如文衡山、唐六如、孙雪居、陈仲醇皆画之。此君谱中，昔多墨绶今有衣绯矣。"②竹之非朱非墨，是破除色彩之局限。实质借此阐明艺术的超越之思，正如禅宗之斩断葛藤露布，呈现如如真我。苏轼这种思想的传播和接受表明其触及了文人艺术的根本之处。

三、萧散率意、无心自适

苏轼一生虽岁月挫折，但成就了他豁达舒朗的快意人生，对艺术的领悟更加彰显出独到的生命旨趣。苏轼曾有著名的《雪堂记》一文，其中记载其得废圃于东坡之胁，遂筑而垣之，作雪堂，绘雪于四壁之间，起居偃仰，无非雪者。此时苏子"真得其所居者也"，"栩栩然若有所适而方兴也"，然一位客人的到来打破了苏轼的此番情思：

> 客有至而问者曰："子世之散人耶，拘人耶？散人也而天机浅，拘人也而嗜欲深。今似系马而止也，有得乎而有失乎？"苏子心若省而口未尝言，徐思其应，揖而进之堂上。客曰："嘻，是矣，子之欲为散人而未得者也。予今告子以散人之道。……予能散也，物固不能缚，不能散也，物固不能释。……"苏子曰："予之于此，自以为藩外久矣，子又将安之乎？"客曰："甚矣，子之难晓也。夫势利不足以为藩也，名誉不足以为藩也，阴阳不足以为藩也，人道不足以为藩也。所以藩予者，特智也尔。……人之为患以有身，身之为患以有心。是圃之构堂，将以佚子之身也？是堂之绘雪，将以佚子之心也？身待堂而安，则形固不能释。心以雪而警，则神固不能凝。子之知既焚而烬矣，烬又复然，则是堂之作也，非徒无益，而又重子蔽蒙也。子见雪之白乎？则恍然而目眩。子见雪之寒乎？则竦然而毛起。五官之为害，

① 《续修四库全书》第1084册，上海古籍出版社，2002，第798页。

② 李福顺：《苏轼与书画文献集》，第393页。

惟目为甚。故圣人不为。雪乎，雪乎，吾见子知为目也。子其殆矣！”①

在《雪堂记》中，苏轼借客人之语评论自己堂中绘雪之事，从中阐释了游逸形仪、寂泊心腑、潇洒放旷、自然自适的“散人之道”，将生命归向其本源。苏轼居住在自己所构建的雪的世界中，以明其高洁之志，隐逸之思，并自得其乐，但客人认为这样的苏轼也还是个“拘人”。所绘之雪反而成了拘人之资，“予能散也，物固不能缚，不能散也，物固不能释”。客人认为，真正的“散人”应该是不被外物、身心捆束，而应做藩外之游，得雪之自在。最终苏轼“终也释吾之缚而脱吾之鞿”，领悟了真正的“散人之道”。这里苏轼依此表明自己的人生领悟，认识到生命本源便是在这“散人之道”，而艺术旨趣便是真正实现之，而不是使之成为自己生命的拘辖。

这种思想不仅贯之于其鉴赏，且体现在其率意之创作。何薳《春渚纪闻》记载苏轼所创画作，曰：“先生戏笔所作枯株竹石，虽出一时取适，而绝去古今画格，自我作古。薳家所藏枯木并拳石丛篠二纸，连手帖一幅，乃是在黄州与章质夫庄敏公者。帖云：‘某近者百事废懒，惟作墨木颇精，奉寄一纸，思我当一展观也。’后又书云：‘本只作墨木，余兴未已，更作竹石一纸同往。’前者未有此体也，是公亦欲使后人知之耳。”②兴之所至，戏笔取适，绝去古今，自我作古。这是生命一刹那的自在绽放，此时是生命真实而畅快的自己，妙不可及，足具魅力，足以动人。

苏轼主张“无心”，也立足“无心”来评价艺术。他在《书王定国所藏王晋卿画〈着色山〉二首》（其一）谈道：“白发四老人，何曾在商颜。烦君纸上影，照我胸中山。山中亦何有，木老土石顽。正赖天日光，涧谷纷斓斑。我心空无物，斯文何足关。君看古井水，万象自往还。”③“我心空无物”，才会领悟到“万象自往还”之天地妙意，宇宙真谛。在《次韵子由书王晋卿画山水一首而晋卿和二首》有云：“此境眼前聊妄想，几人林下是真休。我今心似一潭月，君已身如万斛舟。”④“心中无住”“心如莲花”，便可以通达万物，涵纳万象，

① 《苏轼文集》第二册，第410-411页。

② （宋）何薳：《东坡事实·墨木竹石》，张明华点校，中华书局，1983，第87页。清卞永誉《式古堂书画汇考》画卷之十三（浙江人民美术出版社，2013，第1668页）采用何薳此说，题为《苏雪堂枯木并拳石丛篠二图》。

③ 《苏轼诗集》第五册，第1639页。

④ 李福顺：《苏轼与书画文献集》，第102页。

悠游时空，如如自在。苏轼从王晋卿的画中品评到的是大生命境界。

苏轼非常赞赏陶渊明，陶渊明之所以在文艺美学上有如此高的地位与苏轼的阐释和接受分不开，如果说是苏轼发现并建构了陶渊明并不为过。苏轼曾言陶渊明心境，写道：

> 谁谓渊明贫，尚有一素琴。心闲手自适，寄此无穷音。佳辰爱重九，芳菊起自寻。疏巾叹虚漉，尘爵笑空斟。忽饷二万钱，颜生良足钦。急送酒家保，勿违故人心。①

在苏轼的视域中，陶渊明之"素琴"便是其心性的所有。在山水自然中心灵之琴音回响，便是生命的自在自适之存在，因此自我与天地同体，何不快哉！

苏轼在《灵璧张氏园亭记》中阐释的"不必仕，不必不仕"的思想就将尘世的世界与彼岸的理想世界打通为一，苏轼言道：

> 古之君子，不必仕，不必不仕。必仕则忘其身，必不仕则忘其君。譬之饮食，适于饥饱而已。然士罕能蹈其义、赴其节。处者安于故而难出，出者狃于利而忘返。于是有违亲绝俗之讥，怀禄苟安之弊。今张氏之先君，所以为子孙之计虑者远且周，是故筑室艺园于汴、泗之间，舟车冠盖之冲，凡朝夕之奉，燕游之乐，不求而足。使其子孙开门而出仕，则跬步市朝之上，闭门而归隐，则俯仰山林之下。于以养生治性，行义求志，无适而不可。故其子孙仕者皆有循吏良能之称，处者皆有节士廉退之行。盖其先君子之泽也。②

园林和朝堂是文人士大夫两种生存空间，园林是自己的家园和乐地，朝堂往往是不得意之所。如果执着于仕与不仕都会成为自己的拘限，从而不畅快不自由。因而，苏轼这里指出"不必仕，不必不仕"，身居园林闭门归隐，朝夕可有燕游俯仰山林之乐，开门出仕，跬步便步到市朝，无适而不可。苏轼的艺术活动成就的是其别样的人生，其思其艺建构的是文人的精神和理想世界，呈现大生命的视域和大自在的快慰。

---

① 《苏轼诗集》第六册，第2138页。

② 《苏轼文集》第二册，第369页。

笔墨、山水与题画诗：论苏轼画作中的文人世界

卢春红

【摘　要】从思想史的角度切入，苏轼的文人画作并不单纯是为着呈现艺术世界，而是借助艺术途径通向与宋代文人的生活相契合的审美存在。如果说《枯木怪石图》以笔墨凸显意趣，在笔墨与意趣的关联中彰显画作空间结构中的个体因素，《潇湘竹石图》则是以山水点出画作背景，在山水远景与竹石近景的双层结构中呈现“有情”的山水世界。而在《雨竹图》中，当题画诗借助笔墨形式真正成为画作的内在要素时，正是伴随这一外在因素的内在化过程，有情的山水世界打开了当下存在的有限性，呈现自身的历史性维度。在苏轼的画作中，笔墨、山水、题画诗以各自独立的方式共处一体，使苏轼所追求的宋代文人世界指向诗书画一体的审美人生，呈现出不断超越自身的历史存在。

【关键词】苏轼　文人画　笔墨　山水　题画诗

在中国传统艺术思想中，文人作画历史悠久，但以群体方式存在并产生重要影响的文人画则始于宋代，至明清而达至顶峰。从文人画的发展过程来看，这一在中国传统思想中占据重要地位的文化现象之所以产生于宋代，苏轼的绘画理论及其实践倡导功不可没。后来的研究者对苏轼与文人画的关系多有关注，

本文作者卢春红，现为中国社会科学院哲学研究所研究员。

亦从不同角度作出解说。有对苏轼在宋代文人画发展中的作用展开论述①；也有对王维与苏轼文人画的关系进行纵向梳理②；还有从横向的关联性切入关注以苏轼为代表的宋代文人画对院体画的影响③；更有小视角的聚焦，对苏轼本人文人画思想的形成及其实践做具体探讨④。本文则是从思想史的背景入手，以苏轼的三幅画作——《枯木怪石图》《潇湘竹石图》和《雨竹图》为例，尝试从美学角度分析苏轼画作中呈现的宋代文人世界。

一、从“笔墨”入画到画中之“笔墨”

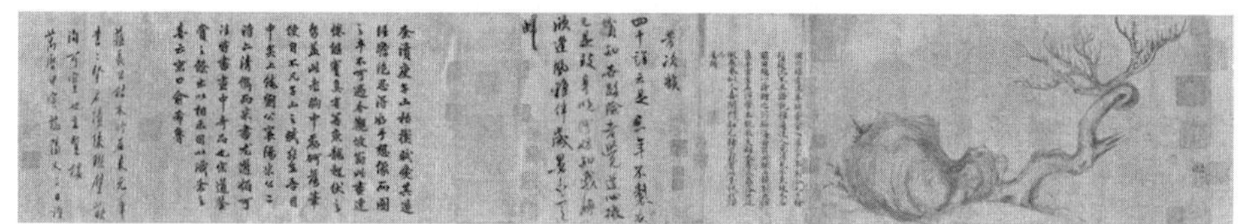

图1 苏轼《枯木怪石图》，纸本，墨笔，纵26.5厘米，横50.5厘米，私人收藏

《枯木怪石图》（图1）又名《木石图》《枯木竹石图》《古木怪石图》，为纸本水墨画。⑤因无明确标志，该画的创作年代尚无确切定论。依据画作笔墨所内含

① 对于苏轼与宋代文人画关系不同思路的解说，代表性论文有王逊的《苏轼与宋代文人画》（《美术研究》1979年第1期）、霍然的《苏轼的“离形得似”与宋代文人画》（《天府新论》2004年第4期）以及王政的《苏轼与〈宣和画谱〉——浅析北宋文人画的兴起》（《明日风尚》2015年第8期）。

② 对于王维与苏轼文人画理论的历史追溯，代表性论文有尹沧海的《从王维到苏轼——论诗画交融及文人画的历史实现》［《天津大学学报》（社会科学版）2003年第2期］和杨娜的《王维与苏轼的文人画理论》（《美术观察》2011年第7期）。

③ 对于以苏轼为代表的文人画与其同时代不同画派的关系，代表性论文有何海峰的《从宋代画院看宋代文人画的影响》（《新疆艺术学院学报》2009年第4期）和王志刚的《试析院体画与文人画在绘画语言上的差异》（《雁北师范学院学报》1998年第6期）。

④ 对于苏轼本人的文人画思想及其实践的研究，代表性论文有严明的《论苏轼诗歌的绘画美》（《长沙大学学报》1998年第1期）和张萍则的《由苏轼的禅宗历程观其文人画美学思想及实践》（《兰台世界》2014年第30期）。

⑤ 此画原为日本私人收藏，后被佳士得公司从日本寻回，并于2018年11月26日佳士得香港秋季拍卖会中被拍卖，目前收藏于国内。自画作现世以来，其真伪问题一直受到质疑。如熊言安在《苏轼〈枯木竹石图〉卷中的鉴藏印和米芾题跋献疑》［《南京艺术学院学报》（美术与设计）2019年第1期］、《苏轼〈木石图〉卷本幅及刘良佐、俞希鲁题跋考辨》（《荣宝斋》2019年第4期）均对画作的真伪问题从鉴藏印和题跋方面作出详细考证。其实，不只是这一画作，本文此后将要分析的另外两幅画作也存在相同的问题，其真伪也有待进一步的鉴定。如苏晓晗、王世雯的论文《戏墨犹堪绝后尘——关于苏轼〈潇湘竹石图〉卷的考识》（《浙江艺术职业学院学报》2007年第3期）与熊言安的论文《苏轼〈潇湘竹石图〉真伪新考》［《南京艺术学院学报》（美术与设计）2017年第3期］从正

的特殊意蕴，研究者一般认为画作的创作时期应在对苏轼的一生带来重要影响的“乌台诗案”（1079 年）之后。[①]从构图上看，《枯木怪石图》画面结构相对简略，一株枯木，一具怪石，少许新竹，不过苏轼所钟爱的绘画主题一应俱全。就技巧而言，画作用笔疏野，不求形似，然而枯木的扭曲挣扎、怪石的尖峻盘旋、新竹的奋力探伸别具神采。总括这两个方面特点，该画作确如人们所认为的，集中体现出苏轼的文人画理论。在《又跋汉杰画山》（二）中，苏轼通过士人画与画工画的对照，提出了文人画的基本要求：“观士人画，如阅天下马，取其意气所到。乃若画工，往往只取鞭策、皮毛、槽枥、刍秣，无一点俊发，看数尺许便倦。”[②]他强调要把文人画与画工画区别开来，反对完全追求形似的画工风格，推崇不拘形似、真实抒发自我胸臆的意境。当然，不求形似，却也不是全无技巧，在摆脱艺术技巧限制的同时，文人画发展出一种特殊的“技巧”——“笔墨”，用以表达胸中之意。这原本是来自书法的一种技巧，引入文人画作后，旋即成为其最重要的艺术手段。

不过，此处强调笔墨入画，并非是指“文字”以书法形式出现在画面之中，虽然这也是文人画强调诗书画统一时不可缺少的一个因素。[③]将书法引入绘画，首先关注的是以“写”的方式呈现绘画之中的景色，是通过绘画而“写”胸中之意。在苏轼的绘画实践中，对笔墨的追求是相当重要的环节。比如在《枯木怪石图》中，新竹与怪石、枯木的明暗对照；在《潇湘竹石图》中，远处山水与近处竹石的显隐衬托；在《雨竹图》中，墨竹叶形不同状态之间着墨浓淡的区分。当然，相较于其他两幅画作，《枯木怪石图》与笔墨的关联更具特色。在将远景推致空无，从而空白成为画面背景的总体基调之下[④]，向右前方斜伸出的

（接上页）反两方面对《潇湘竹石图》做了考辨。不过，本文的关注重心并不在画作的艺术成就，而在于画作所呈现的审美世界。就此而言，重要的并不是画作是否出于苏轼之手，而是画作与苏轼有关。这意味着，画作所呈现的结构性的变化，关联的是苏轼乃至宋代人的审美世界的重要变化，本文的关注重心正在于这一变化。

① 徐关镇在《从北宋文人思想看苏轼的〈枯木怪石图〉》（《美术观察》2022 年第 4 期，第 23 页）中认为，“苏轼一生仕途不顺，‘乌台诗案’后更是急转直下，《枯木怪石图》是苏轼通过笔墨抒发内心情感的作品之一”。邵仄炯也在《我在苏轼〈枯木怪石图〉中看到了什么》（《书与画》2019 年第 4 期）中持相似观点，认为枯木的扭曲盘旋表达的是苏轼心中的郁结之气。

② 俞剑华编著《中国历代画论大观》第二编，江苏凤凰美术出版社，2016，第 227 页。

③ 在本文的第三部分还会进一步讨论“文字”作为书法对于文人画作结构呈现的意义。

④ 空白与山水世界的关系、从山水到空无的变化对于文人画的空间构图具有重要意义。因篇幅所限，此处不做展开分析，宜待另做专章探讨。

扭曲着的枯木、在盘旋中起伏不平的怪石以及从石后冒出的星星点点的矮竹，显得格外醒目。简单的线条通过行笔的轻重缓急，呈现无限生机，笔墨的韵味由此彰显出来。(图2)

图2　《枯木怪石图》局部

然而，还须进一步关注的是，强调笔墨入画，指出笔墨对于文人画作的重要性，是否意味着笔墨只是充当文人绘画的一种工具？

追根溯源，笔墨与文字相关联，最初是作为书写的工具。文字是有形的存在，它需要通过这一书写工具来完成记录语言内容的实用功能。不过，从书写工具到书法艺术，笔墨在汉魏时期迅速经历了脱离实用目的的蜕变。这一方面当然是因为文字自身的特殊性，单以文字来看，它也是一种形象，只不过这一形象是一种特殊的形象。它从一开始就不是具象化的存在，而是以抽象化的方式来呈现生活的内涵。因而一旦文字摆脱实用的纠缠，其自身的普遍性势必彰显出来。而当文字形式脱离内容获得自身的独立性时，其对自身存在方式的关注即是对笔墨的关注，笔墨的另一层意义由此显露出来。

回顾历史，笔墨也因为在关注自身存在时所呈现出来的特质应合了思想史发展的内在要求。摆脱了书写工具的存在后，笔与墨建构的是一种特别的存在状态。行走在石碑空白中，笔的深浅、平直、弯曲，呈现的是动与静各具特色的转化过程；挥洒于纸绢的空白里，墨的浓淡、湿枯、畅涩，显示的是有与无形式多样的变化过程。这就让我们看到了那一沉浸在老子所要效法的自然之中的道。老子因为这一道而向往自然，而《周易》则通过“仰则观象于天，俯则观法于地”①描绘出这一自然之道。与亚里士多德对这一理念的概念规定不同，易经认为，作为一种普遍的道，它处于变化之中，易经要研究的就是这一变化之道。它将这一道在总体上归结为“一阴一阳之谓道”②，展示的正是自然在动静转化之中的变化之道。它是变化的，因为阴与阳相互转化；它是不变的，因为这一变化过程是永恒不变的，具有自身的普遍性。

深入中国思想的内在精神，易经所呈现的变化之道无疑构筑了笔墨的深层基础。由此，当这一自然之道通过董仲舒的“天人感应”而与人世产生关联时，笔墨之成为艺术便是一个自然的结果。如果说书法还是以笔的形式呈现时，笔墨也还只是以书法的形式存在，那么当笔墨以墨的形式呈现时，笔墨便拥有了自身的独立性。它不只是书写的艺术，还是变化之道的艺术。在这一意义上，笔墨与绘画之间拥有复杂的关联。③笔墨之能够入画在于它是呈现特殊技巧的工具，而进入绘画艺术之后，画中之笔墨却因自身的特殊性而呈现另一重内涵：变化之道。在后一层意义上，苏轼文人画的重要性显示出来。

自王维将笔墨带入绘画创作，笔墨渲染下的山水世界呈现独特的意境。不过，王维所着重描绘的是超然的山水世界，而非文人的世界。从魏晋至唐，自然山水虽已不再是佛教的寺庙，成为遁入空门的凭借，却依旧是人们所认为的隐匿环境。山水与空门最大的不同在于，空门是非世间的存在，山水却关联着世间的景象。不过，山水之进入世间并不意味着山水之与俗世相关，进入世间的山水，同样也可以全无世俗气息，这是隐匿的内在本质。真正说来，隐匿在山水之中所要摆脱的只是人事，而非世界。因而，当我们说山水是士人隐匿的场所时，意味着我们所关注的山水世界还只是一个与人无关的山水世界。落实于绘画艺术中，笔墨的关注重心指向的是山水，它要通过笔墨来彰显山水世界之作为整体存在时的变化之道，逸是这一变化之道以艺术方式所透露出的独特韵味。

从朱景玄的《唐代名画录》于能、妙、神三品之外加入逸品，将画格外“不拘常法”④的画家归入这一品类，到宋初黄休复的《益州名画录》将逸格界

---

① 《周易译注》，周振甫译注，中华书局，1991，第256页。

② 同上书，第234页。

③ 人们常常以“书画同源”来描述二者之关系，因为二者使用着相同的工具。然而，当我们在这一意义上来理解书与画的关系时，并没有触及笔墨书法的本质。

④ 俞剑华编著《中国历代画论大观》第一编，第114页。

定为“画之逸格，最难其俦。拙规矩于方圆，鄙精研于彩绘，笔简形具，得之自然，莫可楷模，出于意表，故目之曰逸格尔”①，并由此将这一品格提升到能、妙、神三格之上，逸的本质逐渐显示出来。所谓不拘常法，其实是无法可寻。在这一意义上，逸格就与能、妙二格区分开来，而与神格同归入一类。前二者主要涉及的是绘画中具体形式的技巧层面，后二者则明显摆脱了对具体技巧的依赖。而当逸格还进一步强调“笔简形具”时，则其最终也与神格区分开来。后者虽然不再依赖于具体技巧，却依旧需要于彩绘中呈现其“神”；而前者则强调对形的进一步简化，因为笔墨所要呈现的是非具体形象所能展示的整体山水世界，对具体形象的削减是其内在要求。而当黄休复将逸格置于其他三格之上时，就不只是强调逸格与其他三格不同，还同时指出了这一呈现对山水世界而言的重要性。

与此不同的是，苏轼在将笔墨引入绘画时，笔墨所意图呈现的不仅是自然的山水景物，还是文人的山水世界。②从唐至宋，思想世界的一个重要变化在于，由空门转向世俗。当禅宗指出，“劈柴担水，无非妙道”③，强调的是佛法与世间的关联，暗含的却是一个重要的转向，思想的眼光落入了尘世之中。宋代以来理学思想被称作“新道学”，意图显示的正是这一新的方向。在将传统的天道与心中之“性”相关联时，之所以强调“性是体，情是用，性情皆出于心，故心能统之”④，表明宋代理学不仅关注到心中之性，也关注到心中之情，要通过这一方式让天理落实于人心。在这一思想熏染下，艺术的审美追求也随之发生相应的变化。

如果说在文人画之前的山水画作中，对笔墨韵味的强调是以“逸格”为上，从宋代文人画的绘画实践开始，对笔墨韵味的追求则是以“趣味”为先。就前者而言，“笔墨”的“不拘常法”是为了呈现整体山水世界的变化之道，对后者来说，“笔墨”的“不求形似”则是为了彰显具体物象的生机与灵气。以文人身份作画的苏轼将笔墨引入绘画，是为了生活的意趣，而苏轼文人画中的“笔墨”，通向的是人生的情味。在苏轼所特意选择的绘画题材中，之所以木是

---

① 俞剑华编著《中国历代画论大观》第二编，第168页。

② 人们一般认为，文人画之区别于传统山水画之处在于，将书法引入绘画。这样的说法并不准确。书法引入绘画的真正标志是水墨山水。在这一意义上苏轼也将王维称作文人画的鼻祖。然而，与水墨山水不同之处在于，苏轼强调的并不是笔墨之野逸，而是情趣。

③ 冯友兰：《中国哲学简史》，涂又光译，北京大学出版社，1985，第295页。

④ 《张载集》，章锡琛点校，中华书局，1978，第339页。

枯木，竹是墨竹，石是怪石，是因为需要呈现的重心并不是木、竹、石，而是由枯、墨、怪所呈现的人的情状。在这一意义上，王维虽被称作文人画的鼻祖，却在内在精神上与文人画不相契合。真正文人画的内在精神是经由笔墨而来的个体趣味的呈现，正如米芾对苏轼画作的评论："子瞻作枯木，枝干虬屈无端，石皴硬。亦怪怪奇奇无端，如其胸中盘郁也。"①因而人们难免会将其与苏轼个体的生活经历相关联。然而，恰恰是经由苏轼这一个体的存在具象，另一个重要的因素得以彰显：普遍意义上的个体之"我"融入画作之中，而绘画通过笔墨呈现的是蕴含生机的人生趣味。

二、从"山水"入画到画中之"山水"

图 3　苏轼《潇湘竹石图》，绢本，墨笔，纵 28 厘米，横 105.6 厘米，中国美术馆藏

《潇湘竹石图》（图 3）属于绢本水墨画。据画卷之末所题"轼为莘老作"可知，这幅画作是苏轼在黄州期间为友人孙莘老所画，时间约在 1080 年至 1085 年。从构图上看，画作采用的是长卷式构图，以潇、湘二水的交汇点为中心，远处的云山烟水与近处的瘦竹苍石相互映衬。相比于《枯木怪石图》直接从近景勾勒，远景做空白处理，《潇湘竹石图》显示的则是另一番景致。整体的山水出现于画作之中，以远景切入的方式与作为近景的竹石物象相结合，呈现画作的两层结构，使画作的山水意象显示出不同的意味。因而，不同于《枯木怪石图》中集中分析苏轼画作笔墨趣味的效果，在《潇湘竹石图》中，我们着重陈述文人画中山水意境的特质。

从文人画的历史发展过程来看，山水景致与文人画作有着密切关联。一方面，山水物象是文人画最初的主要表现题材，也因此拓展了山水画境界；另一方面，在文人画将绘画拓展到花鸟、人物之后，山水物象依旧是画作不可缺少

① 俞剑华编著《中国历代画论大观》第二编，第 182 页。

的素材。但是仅就这一层面而言，山水物象充其量也只是文人画作的一种主题，与其他主题之间并无本质区别。然而，一旦将这一主题与中国思想的传统相关联则会发现，山水之能够成为中国思想的一个特殊意象——即山水意象，在于山水景致从一开始就拥有特殊的意义。

作为生活世界中具象性的存在，山水离不开作为自然物的山山水水。然而，即使是在作为具体事物时，山水也显示出自身的特殊之处。它呈现的不是具体的某一物的存在状况，而是围绕着山水并包含在山水中的相关事物的群体存在状态。树木、山石、流水等自然的景象固然成为山水意象的主体，房屋、船只、渔樵等人的生活场景也是山水世界中不可缺少的要素。正是因为这一特殊之处，山水不但呈现出其不同于具体事物的普遍性特质，而且在很早时期就摆脱具体物象的身份，上升为整体性的生存意象，包括以整体方式存在的山水世界。孔子云："智者乐水，仁者乐山。"①这里的山水不再是作为具象存在的山水，而是由山或水所呈现的某种生存意象。

就这一特质而言，山水在其内在精神上通向的是道家学说中的自然。在道家学说中，老子之所以将大道与自然相关联，是因为自然是一个整体意义上的自然。从道家思想的发展可看出，虽然老子强烈反对人为，主张顺应自然，却不意味着道家眼中的自然是西方天人相分意义上的自然。后者作为质料意义上的自然，与人相对；前者作为混沌意义上的自然，并不可以通过人为"凿七窍"的方式相分立。因为老子眼中的自然是一个作为整体而存在的自然，一旦分门别类，这一自然便不复存在。这就让自然拥有了独特的品性。我们常常在整体的意义上强调自然的普遍性，以此与日常生活中的自然事物相区分。后者虽然也可以在最大范围的意义上将整个自然包括在内，却依旧呈现各种不同的自然事物，而前者通过整体呈现的则是一种普遍性。然而，这一整体更为本质的意义在于它呈现出独特的思想之道。西方思想之所以将人与自然相区分，恰恰也是为了获得普遍性，因为正是这一分立，理念才得以纯粹的形式呈现自身。与此相对照，老子的自然却呈现的是另一种普遍性，一种因为不可分割、内在相融而呈现的普遍之道。老子之所以强调"人法地，地法天，天法道，道法自然"②，其缘由正在于，道就内含在这一形式的自然中。

不过，道家的自然虽然为艺术作品中的山水提供了内在精神上的依据，却

① 《论语译注》，杨伯峻译注，中华书局，2006，第69页。

② 陈鼓应：《老子注译及评价》，中华书局，1984，第163页。

不能因此将二者相等同。对于道家学说，混沌意义上的自然，是一种“大象无形”①意义上的自然，它可以是对大道进行解说的理论化的存在，却尚未获得现实形态。在这一意义上，由道家的自然到审美世界中的山水并不是一个自然而然的结果，中间必得经历佛教思想的洗礼。人们通常认为，中国思想对山水的关注与佛教寺庙密切相关，正是因为佛教寺庙远离世俗、入住山林，为与其相伴的山水世界的呈现提供了机缘。然而，仅仅停留于这一层面，呈现的也只是现实层面的偶然机缘。

佛教自汉明帝时期传入中国后，对中国思想的最大贡献并不在于提升了中国思想的品质，而恰恰在于从学理层面提供出这一现实化的必然性。从先秦道家到魏晋玄学，将道以“无”的形式明确与普遍意义上的“有”相区分，表明普遍性不仅获得了自身的独立性，它还通过从“无”到“有”的过程而呈现普遍性自身的现实存在。然而如何真正使“无”和“有”相关联并呈现这一现实存在的必然性，却是佛学的贡献。通过佛性中所内含的一种化掉一切执念的力量，普遍性作为既非无也非有的空，却拥有了将无与有同时内含于其中的可能性。于是，混沌意义上的自然第一次获得了现实内涵，并将自身呈现为山水。所谓“老庄告退，而山水方兹”②，虽讲的是诗文内涵的变化，却也离不开思想背景的更替。由玄言到山水，告退的固然是作为文学体裁的玄言诗，也是渗透在玄言中的老庄气质；方兹的固然是以文学形式呈现的山水诗，更是含融在山水诗中的山水世界。

于是，在山水诗于魏晋时期方兴未艾之际，此后对中国艺术产生重要影响的山水画也于同一时期悄然登场。虽然初期的山水画还难免局限于对艺术技巧的探寻，亦未能完全摆脱对自然山水风光的摹写。至唐代中期，山水画已然由青绿山水转向以王维为代表的水墨山水，尝试将笔墨的运用作为表情达意的主要途径。这表明，山水画作已经走出自然山水风光，探寻作为整体的山水世界。正如宋代郭熙在《林泉高致》中所说：“山水大物也，人之看者，须远而观之，方见得一障山川之形势气象。”③这里，“大物”固然指向的是“山水”在实际形貌上“大”，更强调的则是“大物”将诸多景象含括于自身的整体存在。指出这一大物“须远而观之”，正是意图表明，作为“大物”的山水，通向的是

---

① 陈鼓应：《老子注译及评价》，第228页。

② 《文心雕龙译注》，周振甫译注，江苏教育出版社，2006，第117页。

③ 俞剑华编著《中国历代画论大观》第二编，第40页。

以整体形象呈现的山水。在这一意义上，与其说山水之入画是绘画发现并接纳了山水这一素材，不如说是山水世界找到并使用了绘画这一呈现自身的感性方式和现实途径。

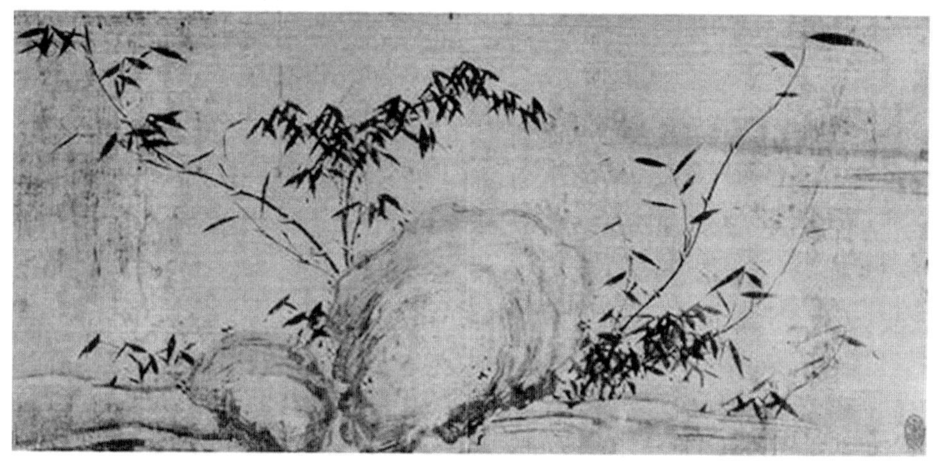

图 4 《潇湘竹石图》局部

在面对山水景致时，苏轼关注的正是承载着大道的山水意象，其文人画呈现的亦是作为整体的山水世界。不过，身处于宋代思想背景中的苏轼并没有停留于此。文人画在勾勒山水世界时，还对出现于画面中的因素做了关键性的改变：山水世界中不只是以整体方式存在的山水景致，具体的物象也以新的身份出现于画作之中。如出现于《潇湘竹石图》中的瘦竹与苍石（图 4），就其所呈现的独特气质而言，它们并不属于整体的山水世界，然而却也出现在画作之中，且占据前景的核心位置。人们通常将这一变化归之于新的绘画题材的发掘。回溯这一时期文人画的绘画主题，似乎也显示出这一方面的变化。在传统的山水景致之外，文人画作者还拓展了诸多绘画的主题，墨竹、梅兰、枯木、奇石、墨花、墨禽等都曾被文人所喜爱。依据美国学者卜寿珊的统计与归类，宋代以来文人画主题的变化远不止上述几种，且处于不断地拓展之中。①

然而，反思这一时期对绘画主题的探索过程，这些自然素材之所以会受到画家的重视，根本在于它们所呈现的特质象征着某种品质，笔墨的运用更强化

---

① （美）卜寿珊：《心画——中国文人画五百年》，皮佳佳译，北京大学出版社，2017，第 166-186 页。

了这些主题与个体人格的关联性。且不说枯木与怪石极富苏轼的个体色彩，“云山”更是成为米家父子的标志。发展到明朝，梅、兰、竹、菊则以其代表高人逸士的高洁品格而并称为“四君子”①。在这一意义上，这些自然素材之进入画作，并不能单纯归之于绘画主题的拓展，而是在根本上指向一种新因素的发现，它要将不同于整体山水的另一种因素引入画作之中。

如果山水意象并非通常意义上的主题，而是构成文人世界之底色的山水世界，那么山水便不是可随时被替代的因素。它始终存在于文人画作之中，即使在画作物象只剩下如《枯木怪石图》中的三种物象时，山水也依旧构成画作的背景，虽然这时的山水已不再是“淡远”意义上的山水，而且将这一淡远推向极致的“空无”。正是基于这一前提，新的因素——即具体物象的出现才从根本上改变了画作的空间结构。整体的山水世界与具有个性特征的具体物象，共同出现在文人画的画作中，使画作呈现双层结构。双层结构的存在，使文人画中的山水世界发生了值得关注的变化。对于画作而言，真正重要的并不是出现在画面中的某一处景色，而是因为这一景色，山水的世界得以与“我”的存在发生了关联，而山水世界也因为这一意趣的呈现而成为拥有人间气息的山水世界。在这一意义上，王维虽可被称作文人画的鼻祖，却尚未真正进入文人画的世界。与王维画作所蕴含的淡远意境形成反差的是，呈现于文人画的世界是有人情在其中的山水世界。其中所存在的差异，表征的其实也是传统山水画与文人画在呈现山水世界时的不同。

与宋代将天理落实于人心的主体思想相一致，苏轼亦不喜“高处不胜寒”的天上仙境，认为在那里“起舞弄清影，何似在人间”②。因而当苏轼将笔墨引入文人画时，他的笔墨所要呈现的就不只是整体的山水世界，而是内含此情此景的山水世界。对于整体的山水，笔墨所能够呈现的是逸的意境，而面对与人相关联的景物时，笔墨呈现的是生活的情趣。在这一意义上，文人画的山水世界即玄远又亲近，即呈现意境，又饱含着情趣。而当山水被逐渐地淡远化，与主体物象形成明显的衬托时，空灵中所彰显的更多的是笔墨的趣味。苏轼正是通过这一笔墨趣味将山水世界引入世间，使其转化为审美的山水世界。

① 卜寿珊：《心画——中国文人画五百年》，第172页。

② 《苏轼词集》，上海古籍出版社，2009，第49页。

三、“题画诗”以诗入画的两重路径

《雨竹图》（图 5）亦属于绢本水墨画。依据画中苏轼的自题跋“元丰三年六月轼为子明秘校”可知，该画作于 1080 年，与《潇湘竹石图》大体属于同一时期。在苏轼的三幅绘画作品中，这是构图最为单一的一幅作品，出现于画面中的只有浓淡不同的墨竹，没有了怪石与枯木的点缀，画面显得相对平和。即使是作为背景的雨雾，也是通过画中所附宋代秦观题画诗《题苏轼雨竹图》而获知。在这首写于画面空白的题画诗中，不仅前两句“叶密雨偏重，枝垂雾不消”点出了将所有背景都隐入其中的雨雾，而且后两句“会看晴日后，依旧拂云霄”点出了象征高洁品性的墨竹。然而，正是通过这一处理方式，文人画作中“诗”与“画”的特殊关系得以呈现。

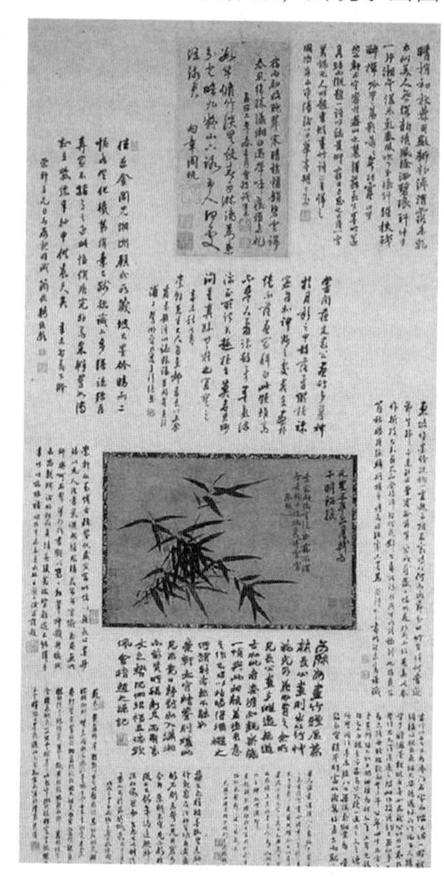

图 5　苏轼《雨竹图》，绢本，墨笔，纵 28.8 厘米，横 42.8 厘米，台北故宫博物院藏

自山水画作进入中国艺术后，“诗”与“画”之间始终存在着密切关联。在对王维诗画的评价中，苏轼所说“味摩诘之诗，诗中有画；观摩诘之画，画中有诗”①，是对诗画亲缘关系的直接描述。而当苏轼在《书鄢陵王主簿所画折枝二首》中强调“诗画本一律，天工与清新”②时，则是进一步指出了诗画一致的深层缘由。徐复观将这一现象称作“画与诗在精神上的融合”③，一方面表明这一一致是构成“以诗入画”的内在基础，另

① 俞剑华编著《中国历代画论大观》第二编，第 222 页。

② 同上书，第 228 页。

③ 徐复观：《中国艺术精神》，辽宁人民出版社，2019，第 446 页。

一方面意图强调，“诗”与“画”在精神层面的一致并不能直接促成“以诗入画”。因而，正如笔墨、山水都是在各自不同的条件下进入画作之中，诗这一明显不同于绘画的体裁又何以能入画，也需要对此作出必要说明。

人们通常将诗能够入画的主要缘由归结为诗文是对绘画作品的品评，后人也因此以“题画诗”来界定以“品评”方式与画作发生关联的诗文①。这当然是一个重要的因素，一个全然与画作无关的诗必定不能入画，因而，能够入画的诗的首要前提是获得“题画诗”的身份。然而，满足这一条件的诗一定能入画么？答案显然也是否定的。从历史的发展可看出，人们对绘画作品的品评很早就有，但是直到唐代为止，题画诗仍旧“在形式上是诗与画各自别行，两不相涉”②。李白的《当涂赵炎少府粉画山水歌》、陈子昂的《山水粉图》、杜甫的《戏为韦偃双松图歌》就属于这一类型。而画之款识，也如清代钱杜在《松壶画忆》中所说：“唐人只小字藏树根石罅，大约书不工者，多落纸背。至宋始有年月纪之，然犹是细楷一线，无书两行者。”③这表明，只是满足内容上的相关性，“题画诗”固然与画作相关，却不一定能成为画作的结构要素。诗何以入画，还须提供进一步的路径。

在这一意义上，徐复观认为诗与画在形式上的融合“须要文人进入到画坛里面这一条件的出现”④，就显示出深层旨意。从绘画创作自宋代以来的发展过程来看，正是伴随着文人画的出现，“以诗入画”才成为普遍现象。文人雅士们不只是相互题诗入画，还在自己的画中题诗。究其根由，则在于文人的特殊身份。宋代以后，能够作画的文人，并不单纯是一个“画工”。他们从事绘画创作的目的也不只是艺术上的追求。文人的关注重心始终指向的是自身的修养。为了这一目的，绘画实践固然是一个必然的途径，却不妨碍其同时也从事书法实践。苏轼在诗、词、文、书、画等方面同时取得成就，体现的正是宋代文人的典型特质。由此，将“题画诗”与文人相关联，就带来了一个易被忽略却至关

① 在通常意义上，题画诗主要以诗词为主。然而，我们其实很难从含义上将入画的诗词与出现在画面上的其他文字形式区分开来。比如，对画作之缘由的介绍，虽然不是诗词形式，却同样有助于我们对绘画作品的理解。这一状况在更为极端的入画的印章中同样存在，因为即使是单纯印章也表达了绘画作品的认可。而如果将入画诗界定为非绘画意义的艺术形式，着重关注的是其文字的笔墨呈现，则诗、词、文、印章可以同归于一类。对于本文而言，后一种方式更具有本质意义，因而本文的入画诗取泛义，将诗、词、文、印章以书法艺术的方式包括在内，不再做进一步区分。

② 徐复观：《中国艺术精神》，第448页。

③ 俞剑华编著《中国历代画论大观》第二编，第15页。

④ 徐复观：《中国艺术精神》，第451页。

重要的变化。文人对画作的品评不仅以“诗”的形式呈现与画作相关的内容，而且以“书”的形式呈现这一品评内容的外在形貌。后者作为“笔墨”的书法形式显然与文人画追求笔墨趣味的整体基调相契合，也由此构成以诗入画的形象路径。

对于诗文而言，无论是以怎样的方式品评，能够出现于画面，必得借助于书写文字的笔墨方式。诗固然是以品评方式与画作发生关联，只有当诗同样也是以书法的方式书写出来时，才获得其进入文人画作品的现实可能性。这不单纯是因为诗与绘画采用了笔墨这一相同的表达方式，当诗以书法的形式被书写出来时，书法的本质使得笔墨得以脱离文字的内容拥有自身的独立性。于是，这一脱离内容的书法之笔墨与画中之笔墨产生了共鸣，它因为这一共鸣而呈现进入画中的必要条件。而在绘画艺术从山水画到文人画的转变中，“空白”因为整体山水世界由“淡远”向着“空无”的转化而稳定地成为画作的基本要素后，更是推进了“以诗入画”的整体进程。

因而，从宋代文人画开始，出现于画作中的诗文不再是一个外在的附属现象，而是同样组建了画作的整体结构。通观苏轼的三幅画作，各有不同形式的题跋，如《枯木怪石图》卷中附有刘良佐、米芾、俞希鲁、郭淐的题跋，《潇湘竹石图》更为夸张，有杨元祥、叶湜、钱复等元明时期 26 位名家计 3000 多字的题跋。这些题跋有的叙事，有的赏析，有的仅是发表赞叹之情。《雨竹图》中除苏轼自己的题跋外，也有其他 15 位历史名家的题跋。虽然就数量而言少于《潇湘竹石图》，但《雨竹图》的特殊之处在于，题画诗在这里不只是对画作的评价，还实际参与了画作的建构，呈现其与画作的内在关联性。如前述秦观的题画诗《题苏轼雨竹图》就通过“叶密雨偏重，枝垂雾不消。会看晴日后，依旧拂云霄”这四句话所提供的说明，实际参加了《雨竹图》画作的背景建构。

正是在这一内在关联中，题画诗对于文人画作的特殊意义呈现出来。就“题画诗”的内容层面而言，诗与画无疑有着相同的主题，诗就是对画的品评，画因诗而丰盈；然而一旦落实到“题画诗”的形式层面——笔墨，彰显的反而是二者之间的差异，题画诗的呈现形式是文字，而文人画的呈现形式则是绘画。通过笔墨所提供的平台，诗文虽获得进入画作的现实路径，却不意味着“题画诗”的存在方式与画作的存在方式彼此相融。这不仅仅是因为两种不同文学艺术体裁所带来的差异，而是在本质上指向两个不同的存在状态。如前所述，当笔墨进入文人画作时，对个体趣味的彰显同时是对个体存在的呈现；当山水进入文人画作时，隐匿的山水世界正是因个体的存在而落实于当下，成为审美的山水世界。在这一意义上，题画诗之进入画作意图带入的则是不同于当下存在的另一个存在方式，一种品评的存在方式。在这一存在状态中，谁来题跋、在什么时代进行并不重要，甚至是作者本身自题跋也不造成本质影响。重要的是参与方式发生了变化，是以“题画诗”的方式，是对画作的品评。因为正是当这一本质上不同的存在又通过笔墨而共处一体时，现实的存在才得以打破自身的界限，张开历史的维度。

在文人画作中，题画诗的呈现在形式上依旧是有限的，就这一点而言，诗文的存在与画作具体物象的存在有着相同的存在状态，它们都指向的是文人世界中的当下情状，是对某一特殊生活境遇的展示。然而，借助“品评”的身份，题画诗获得了一种“外在性”的身份。它显然与以“绘画”方式所呈现的世界不同，并与以具体物象方式呈现山水世界的“画象”显示出重要差异。当具体物象以当下情况直接呈现山水世界时，题画诗则是以这一外在性的身份参与了绘画作品的建构。①然而，正是因为这一外在性，题画诗打开了有情的山水世界，让这一世界呈现无限的开放性。它可以随时接纳“未来”而“将至”的“题画诗”，并在这一接纳中呈现自己作为历史的存在。

结语、文人世界——诗书画一体的当下呈现与历史展开

通过对苏轼三幅画作以专题为导向的分析，文人画的艺术世界呈现三条重要的存在状态。《枯木怪石图》中对画中之笔墨的特殊运用，固然可以与苏轼一生宦海浮沉的人生经历相关联，并从中品味其身处逆境时的痛苦、愤懑、郁结之情，却也通过将怪石、枯木、新竹与笔墨相关联而超出某个个体的具象存在，在艺术的思想世界中彰显出个体生存中的趣味。《潇湘竹石图》对画中之山水双层结构的呈现，固然可以和苏轼傲视苦难与超越痛苦的人生境界相关联，并从中体会其“江山如画，一时多少豪杰”的豪情、“人生如梦，一樽还酹江月”的悲凉、“多情应笑我，早生华发”②的豁达等诸种复杂感受，却也通过远景山水与近景物象的对照而从根本上超越了私人的生活境况，呈现一种有情的山水

① 伽达默尔曾在对游戏的审美感受的分析中，强调了“观赏者”的这一外在性所构成的存在对于审美存在的意义，可参看［德］伽达默尔《诠释学Ⅰ：真理与方法——哲学诠释学的基本特征》，洪汉鼎译，商务印书馆，2007，第155-177页。

② 《苏轼词集》，第93页。

世界。《雨竹图》中，诗借助于文人的笔墨这一特殊路径现身画作，使得题画诗一方面在内容上与整体的文人画作相关联，另一方面又恰恰通过笔墨而与画作相区分。于是，文人画作中的笔墨显示出自身的双重意义，它在通过具体物象，将山水世界有情化的同时，又通过“题画诗”的引入而打破了具体物象所带来的个体存在的限度，呈现山水世界的历史维度。

在这一意义上，苏轼提倡文人画，并非要在北宋院体画外另立画派与之抗衡，而是要让这一新的绘画方式成为其人生的一部分。苏轼虽然以稍显极端的方式申明，“曲尽其形”是“画工”做的事，而文人则不必在这件事上耗费自己的时间，应该把精力放在个人修养和意境表现之中，但这显然不是对绘画技巧的贬斥。如果真正面对的艺术作品，技巧的掌握自是无法忽略的前提。然而，苏轼的画作意图呈现的却不是艺术的世界，而是文人的世界。与技巧保持应有的距离，是为了让自己走出单纯艺术的世界；提升自身的修养，则是为了进入属于文人的世界。而正是伴随着个体的修养，苏轼发现了中国传统文化中诗词、书法与绘画之间的内在契合性。这一契合性不仅体现为书法的笔墨可以融入绘画的创作之中，诗词的情趣意味可以渗入到画作的意境之中，还在于笔墨、山水和题画诗以各自独立的方式共处一体，从而成就新的绘画方式——文人画。

在文人画作中，笔墨、山水与题画诗这三种结构要素，虽彼此相异，却又内在关联。它们彼此相异，是因为每一个要素指向的是与自身相关的存在状态——笔墨的趣味、山水的有情、题画诗的外在性；它们内在相关，是因为三个不同的要素共同组建了一个现实的世界。因而，正是在这一特殊的关联中，画作得以走出作为艺术的存在，而进入文人的世界，呈现这一世界的本色：通过笔墨情趣，个体的存在得以彰显；通过山水意象，个体得以与山水世界同在，山水通过个体而成为有情的审美世界；通过题画诗，山水世界呈现历史的维度，审美的存在同时也是一种历史的存在。

江湖性气，风月情怀

——邵雍生活美学的实践形态

石长平

摘　要：生活美学中的“生活”，除了维持生命活动的日常物质生活外，还有道德修养和性情涵咏，也应包含以探索宇宙自然内在规律为目标的玄思幽想即认识论哲学。“江湖性气，风月情怀”是北宋理学家邵雍生活美学理想的精神表现，其生活美学理想可以概括为简朴平淡、闲适安乐、宣情寄意与观物玄思。他的生活美学实践是多形态的，从审美的对象或构成他生活美学的“生活”内容来类分，其生活审美形态可以分为外审美和内审美。外审美可分为日常生活审美、居所审美，闲游与交游；内审美可分为玩物尚志的诗歌创作和玄思天地的哲学探究。

关键词：邵雍　生活美学　外审美　内审美

生活美学是近年来美学界兴起的一种新的理论样态。它以生活为审美对象，从美学的维度来发现和阐释生活中蕴含的美的因素，倡导生活与审美二者的融合，以“日常生活审美化”或“审美日常生活化”为追求目标。生活美学最初由迈克·费瑟斯通（Mike Featherstone）、沃尔夫冈·韦尔施（Wolfgang Welsch）等人倡导。舒斯特曼直接在杜威思想基础上，试图直接重建一种生活化的美学，之后逐渐成为一种比较有理论活力的美学思想。在国内，刘悦笛等学者立足中

本文作者石长平，现为华北水利水电大学艺术与设计学院教授。

国社会现实，同时从传统文化和美学思想中发掘研究，取得了一定的理论成就，成为当代中国美学在实践美学、生态美学、身体美学以及生命美学等之外的一种美学理论形态。

在对中国古典美学和古人的审美生活方式的认识上，刘悦笛认为在一定意义上说，中国古典美学就是一种活生生的“生活美学”。浸渍在其中的人生就是一种“有情的人生”，亦即“日常生活审美化”。在对“生活美学”的范畴界定中，国内学者将生活美学的领域进行了分类，包括服饰美、行为美、饮食美、居室美、环境美等“有意味的形式”。复旦大学的田鹏认为，上述界定看似十分广泛，实则狭隘。它窄化了日常生活的范围，将传统的艺术、道德、哲学等排除在外。①费瑟斯通说：“一切事物，即使是日常事务或平庸现实，都可归于艺术之记号下，从而都可以是审美的”，又说“任何东西都可以以审美的态度来欣赏，包括日常生活中所有的事物”。②但这又过于广泛，因为真正的生活美学只表明生活中存在美，但不意味着构成生活的一切都是美的。尽管由于美的差异性会出现因人而异的情形，但美的普遍性又使得生活之美需要接受美的规定性，构成生活美学的内容必然要符合这一规定性。如北宋理学家、诗人邵雍（1011—1077年）的《欢喜吟》所言：“欢喜又欢喜，喜欢更喜欢。吉士为我友，好景为我观。美酒为我饮，美食为我餐。此身生长老，尽在太平间。”③他所欢喜的是吉士、好景、美酒、佳肴，而非与之相反的内容。刘悦笛教授对生活美学的认识也有一个逐渐宽泛的过程，他在后来的论述中加入了艺术美学。他认为“生活美学”在中国具有世界其他文明难以企及的广度与深度，它主要包括三个层面：第一就是“生理的”生活美学，这是关乎广义之“性”的，如饮食、饮茶等。饮茶在东方传统当中不折不扣成了“生活的艺术”，所以才有“茶道”的艺术。第二乃是“情感的”生活美学，这是关乎广义之“情”的，交往之乐趣就属此类，如闲居、交游、雅集、人物品藻等，这些在中国古典文化当中都被赋予了“审美化”的性质。第三则是“文化的”生活美学，这是关乎广义之“文”的。在文化当中，艺术就成为精髓，中国传统的诗、书、画、印、琴、曲是，但是文化在古典中国亦很重要，园林之美、游艺之美、游山玩

---

① 田鹏：《“生活美学”的问题、建构与反思——以邵雍为视角》，《中国美学研究》第十一辑，2020年。

② （英）费瑟斯通：《消费文化与后现代主义》，刘精明译，译林出版社，2000，第99、103页。

③ 邵雍：《伊川击壤集》，郭彧点校，中华书局，2013，第152页。

水之美都是如此。后来，刘悦笛在另一篇文章《“生活美学”的学与道》所进行的分类中又包含了德之美与性之美，但这依然有着“此在”的意味。我们赞成田鹏的理解，认为“生活美学”中的“生活”，除了道德锤炼和吟咏性情，应该包含思想探索宇宙自然和内在规律的认识论哲学，比如邵雍的玄思天地探究天理真乐等。

虽然作为一种理论形态或者一门学科的生活美学的出现时间十分晚近，但以“美的”方式进行生活却早已被历史上的许多人实践过。中国古代的文人骚客，几乎无不是这样，北宋时期的邵雍更是如此。他一生不仕，自称安乐先生，把生活与美学有机融合，把世间当审美实践的道场，真正地做到了“日常生活审美化”。生活美学具有世俗性，肯定现世生活的乐趣，其审美对象形式多样。“对邵雍而言，衣食住行、吟诗作赋、道德锤炼与玄思天地，统统是日常生活的内容”①，也就是他的审美生活方式或生活美学的基本形态。我们认为，这样的说法依然比较粗放，可以对邵雍的生活美学理想及其实践形态进行更合适的界说和更深入的阐释。

一、邵雍的审美生活理想

“江湖性气，风月情怀”是邵雍的夫子自喻，在很大程度上是其对人生、对生活所追求的审美情怀，也是他的生活审美理想的精神实质。他的生活美学理想可以简单地概括为简朴平淡、闲适安乐、宣情寄意与观物玄思，这是一个从内到外，从物质到思想的完美构成。

（一）简朴平淡

邵雍在搬迁到洛阳之前的生活并不殷实，到洛阳后随着他的社会声誉的提高，当然也由于众多达官贵人对他的馈赠帮助，生活逐渐平康。由于以前的生活习惯，更是由于儒家仁爱节俭、安贫乐道的思想和道家节物止欲、随安处顺思想的影响，简朴平淡是他一生的生活方式，也是他修养人格的美学追求。儒道两家思想的融合不仅能完善人的知识结构，也能提高人的精神境界，塑造人格之美。他不反对生活上的丰裕，不反对生活用度上对物质欲望的满足，但主张秉持“尽人情，合天理”的原则来满足物质性情欲。如饮食、酌酒等讲究

① 田鹏：《“生活美学”的问题、建构与反思——以邵雍为视角》。

“度”，明确反对任由人之情的无节制放纵，对“任情”持批判态度：君子任性，小人任情。任性则近，任情则远。“情”毕竟是常人生活的实然状态，是不可避免的，但不能陷于欲望之中，必须用“天理”去规范，不违背天理的原则。“天道远，人道迩。尽人情，合天理。”①他还用“利”“义”来区分君子和小人，认为只有小人才只注重“利”。他说：“岁俭心非俭，家贫道不贫。谁知天地内，别有好乾坤。”②注重内心的丰富，而淡泊生活上的物质享受。

林语堂说过：“享受悠闲的生活是不需要金钱的，有钱的人也不一定能真正领略悠闲生活的乐趣，只有那些轻视钱财的人才真正懂得此中的乐趣，他必须是有丰富的心灵，爱好简朴的生活，对于生财之道不放在心头。”③实际上，不惟邵雍，北宋士人大都注重饮食等日常生活的素俭清淡，而着意提升日常饮食用度的诗意化，倡导践行简朴清欢，并把它作为一种生活审美理想。

（二）闲适安乐

闲适是中国传统生活审美的一种状态和境界。明代张萱有言：“闲有二：有心闲，有身闲。辞轩冕之荣，据林泉之安，此身闲也；脱略势利，超然物表，此心闲也。”④身之闲是身能摆脱官责事务之累，能让身体处于一种休息放松状态；心之闲是超脱功名富贵，从世俗名利中超拔出来而获得的自由与闲适。邵雍之所以能实现日常生活的审美化，这与他追求闲适的审美生活理想密切相关：“不作风波于世上，自无冰炭到胸中。”闲适是邵雍安乐人生境界实现的前提，也是安乐的最基本的表现和审美特征。闲适是安乐人生境界形成与实现的现实基础与心理机制，正因为有着对闲适的审美追求和智慧运用——“闲来观万物，在处可逍遥”，邵雍才进一步实现了安乐的审美人生境界。但这个闲适不是无所事事，百无聊赖，而是在闲适中追求人生价值，实现审美人生理想。清人张潮在《幽梦影》中说：“人莫乐于闲，非无所事事之谓也。闲则能读书，闲则能游名胜，闲则能交益友，闲则能饮酒，闲则能著书。天下之乐，孰大于是？”如邵雍诗所言：“闲人亦也有官守，官守一身四事有。一事承晓露看花，一事迎晚风观柳。一事对皓月吟诗，一事留佳宾饮酒。从事于兹二十年，欲求同列谁能否？”（《林下局事吟》，《伊川击壤集》卷九）因为有了樵渔之志，山林之意，

① 邵雍：《伊川击壤集》卷十五《大人吟》。

② 邵雍：《伊川击壤集》卷十四《岁俭吟》。

③ 林语堂：《生活的艺术》，中国戏剧出版社，1991，第148页。

④ （明）张萱：《两园闻见录·知止前言》第三册卷21，明文书局，1991，第385页。

所以邵雍才实现了身之闲暇："人言无事贵，身为无事人。"（《游山二首》，《伊川击壤集》卷三）"安乐窝中快活人，闲来四物幸相亲。一篇诗逸收花月，一部书严惊鬼神。一炷香清冲宇泰，一樽酒美湛天真。"（《安乐窝中四长吟》，《伊川击壤集》卷九）

正是在闲适中建构的审美心胸，使邵雍实现了日常生活的审美化及诗意化。这样的审美心胸才能使作为生活主体的人能够超越物质功利的层面去看待日常生活中之事物，以审美的态度去对待欣赏它们。日常生活中之事物就会得以审美呈现，生活于他而言就是一个不断审美的过程。邵雍正因为有了这样一种宁静安详、充满诗意的审美心胸，才不断发现了日常生活的情趣。以审美的眼光去欣赏生活中看似平常的一事一物，由此日常生活之美也才不断地向其开显敞亮。①

（三）宣情寄意与观物玄思

邵雍以学养心，把做学问作为最高的生活审美形式。这构成他生活美学的主要内容和最重要的实践形态。他一生留下的著述主要有两部，即《皇极经世书》及《伊川击壤集》。前者主要是他易学思想体系的著作，后者是他所作的诗歌集。邵雍曾评价自己的哲学思想和诗歌创作："一篇诗逸收花月，一部书严惊鬼神。"《皇极经世书》是邵雍以理观物、玄思神悟的结果。朱熹也曾对之评述道："康节之学，其骨髓在《皇极经世》，其花草便是诗。"南宋魏了翁在《邵氏击壤集序》中言："邵子平生之书，其心术之精微在《皇极经世》，其宣寄情意在《击壤集》。凡立于皇王帝霸之兴废，春秋冬夏之代谢，阴阳五行之运化，风云月露之霁，山川草木之荣粹，惟意所驱，周流贯彻，融液摆落。"②也就是说，邵雍一生心术之精微在《皇极经世书》，其宣情寄意则在《伊川击壤集》。一是审美情感，二是思想遨游，两者共同构成了他形而上的"风月情怀"。

《伊川击壤集》中"击壤"一词出自古代《击壤歌》："日出而作，日入而息，凿井而饮，耕田而食。帝力于我何有哉?"邵雍用它命名其诗集，"传达了他隐居乡野，躬耕自适，追求自然淳朴、逍遥自在的人生审美理想"③。

邵雍对自己编著的囊括宇宙万物的著作《皇极经世书》也很自矜："安乐窝中一部书，号云皇极意何如？春秋礼乐能遗则，父子君臣可废乎？浩浩羲轩开

---

① 赵春艳：《邵雍"安乐"人生境界及"闲"之生活艺术研究》，浙江大学出版社，2014。

② 魏了翁：《鹤山集》，文渊阁四库全书影印本，第52页。

③ 骆德林：《邵雍美学思想研究》，华中师范大学出版社，2013。

辟后，巍巍尧舜协和初。炎炎汤武干戈外，恂恂桓文弓剑余。日月星辰高照耀，皇王帝伯大铺舒。”（《安乐窝中一部书》，《伊川击壤集》卷十二）邵雍对《周易》的探究与一般术士完全不同，他是自己能将儒家的性命之理老庄之道融入易学哲理之中，强调其学的根本在于达到为学养心的目的。他说：“为学养心，患在不由直道。去利欲由直道任至诚，则无所不通。天地之道直而已，当以直求之。若用智数，由径以求之，是屈天地而徇人欲也，不亦难乎？”①也就是说，研学《周易》并著作出《皇极经世书》正是他观物玄思的结果，是他哲学玄思的审美生活的实现。

二、邵雍生活美学的实践形态

“安乐先生，不显姓氏。垂三十年，居洛之涘。风月情怀，江湖性气。色斯其举，翔而后至。无贱无贫，无言无责。无将无迎，无拘无忌。窘未尝忧，饮不至醉。收天下春，归之肝肺。盆池资吟，瓮牖荐睡。小车赏心，大笔快志。或戴接篱，或著半臂。或坐林间，或行水际。乐见善人，乐闻善事。乐道善言，乐行善意。……不出户庭，直际天地。……”（《安乐吟》，《伊川击壤集卷十四》）邵雍这首诗以夫子自言的形式在很大程度上概括了他生活美学的实践形态。从审美的对象或构成他生活美学的“生活”内容来类分，他的生活审美形态可以分为外审美和内审美。外审美形态可以分为：日常生活审美、居所审美、闲游与交游；内审美形态可以分为：玩物尚志的诗歌创作、玄思天地的哲学探究。实际上，这样的理解也符合邵雍自己所谓的三乐：人世之乐、名教之乐和观物之乐。这是一个由外乐到内乐生发的过程，也是从外在对象到内心世界，由客观物质到主观精神的延展过程。

（一）有世俗生活对象观照品鉴的外审美

所谓的外审美就是有外在的具体实在的关照品鉴对象的审美活动，是有身体感官直接参与审美活动，与下面将要论述的内审美是相对而言的。邵雍的外审美是以他的日常世俗生活为观照对象，在平常生活中实现自己的审美理想，亦即“日常生活审美化”或“审美日常生活化”。他曾说他有五种喜欢：一喜多善人，二喜多好事，三喜多美物，四喜多佳景，五喜多大体。②这实际上就主

---

① 《宋元学案》《百源学案》上，中华书局，2013。

② 《邵雍集》，郭彧整理，中华书局，2010，第335页。

要包括了日常生活审美、居所审美、闲游与交游审美等实践形式。

1. 日常生活审美：衣食、饮酒、观花

日常生活审美就是要身安，身安才能心乐，才能实现“日常生活审美化”：已把乐作心事业，更把安作道枢机。而身安就要满足基本的衣食住行等物质生活要求，因此审美实践就是与感官密切联系的身体欲望。对于人的感觉器官，邵雍认为这是外审美必备的物质条件：“人之所以能灵于万物者，谓其目能收万物之色，耳能收万物之声，鼻能收万物之气，口能收万物之味。声色气味者，万物之体也。目耳口鼻者，万人之用也。”①“身者，心之区宇也，身伤则心亦从之矣。”身安才能心乐，“身闲心更闲”“身安心自逸”。那么如何才能实现身安呢？邵雍认为首先必须要满足身的物质需要，用物质去滋养、延续身的存在，这是实现身安的首要一步。所以邵雍才接着说：“物者，身之舟车也，物伤则身也从之矣。”②身体的生存必然要依赖外物的资养，因此物是身的舟车。如果没有外物对身的资养，身体的存在就失去了保障，那么也必然使心乐失去了相应的基础。他说：“日月星辰天之明，耳目口鼻人之灵。皇王帝伯由之生，天意不远人之情。”邵雍不仅不排斥物质之乐，还对之进行了赞美：“饱食高眠外，自余无所求”，“美酒为我饮，美食为我餐”，“昼睡工夫未易偕，羲皇以上合安排。心间无事饱食后，园里有时闲步回。未午庭柯莺屡啭，已残花径客稀来。请观世上多愁者，枕簟虽凉无此杯？”（《伊川击壤集》卷四、卷十、卷十九）邵雍从不掩饰自己对口腹之欲的满足，时常赞誉自己在这方面的满足与欢愉，表达了他对于饮食的审美态度。

他同时又从简朴平淡的美学理想出发，强调物对身的满足必须适度，必须符合中庸之原则：“饱食丰衣不易过”，“爽口物多终作疾，快心事过必为殃”。在《爽口吟》中更是明确提出了“爽口之物少茹，爽心之行少虑；爽意之言少语，爽身之事少做”③的生活原则，即要做到节制自己的欲望，不要为人的欲望所束缚，这样才能实现身安。时行则行，时止则止。“纵然时饮酒，未肯学刘伶。”（《知非吟》，《伊川击壤集》卷十八）因为不是贪图物质享受，而是把它作为达到“外乐”审美境界的物质条件，因此，他很辩证也很乐观地说：“心安身自安，身安室自宽。心与身俱安，何事能相干。家用平康贫不害，身无疾病

① 《邵雍集》《观物内篇》第二篇。

② 《邵雍集》《伊川击壤集序》。

③ 邵雍：《伊川击壤集》卷十六。

瘦何妨。”（《心安吟》，《伊川击壤集》卷十一）

饮酒是邵雍日常生活审美的重要构成部分。饮酒在邵雍这里代表着一种恬静自然的人生态度，一种闲适安乐的生活方式。饮酒后的微醉状态是一种至和的审美人生之境：“尧夫喜饮酒，饮酒喜全真。不喜成酩酊，只喜成微醺。微醺景何似，襟怀如初春。初春景何似，天地才氤氲。不知身是人，不知人是身。只知身与人，与天都未分。”（《喜饮吟》，《伊川击壤集》卷十八）饮酒在他的生活审美中不仅关乎生活的质量，还关乎生命的存在：“每逢花开与月圆，一般情态还何如。当此之际无诗酒，情与愿死不愿苏。”（《花月长吟》，《伊川击壤集》卷六）邵雍强调饮酒一定要讲究度，达到一种“微醉”状态：“饮酒莫教成酩酊，赏花慎勿至离披”，通过适量饮酒使自己进入一种审美的状态。因此，饮酒赏花对邵雍而言不是愉悦眼目、愉悦口腹的过程，而是通过饮酒来达到一种理想的氛围，打通一个进入更高审美层次的通道。在微醉间进入我与天地万物之合的审美状态，实践审美的人生。

在《伊川击壤集》中，有很多诗歌记载了邵雍观花赏草的审美生活。在其诗集中有对桃、李、杏等花的欣赏，还有对芍药、白菊、牡丹、牵牛花及梅、竹等的喜爱。牡丹是洛阳名花，他写道：“牡丹花品冠群芳，况是其间更有王。四色变而成百色，百般颜色百般香。”（《牡丹吟》，《伊川击壤集》卷十七）与诸友一起观梅、品梅也是邵雍重要的审美生活方式：“谁道闲人无事权，事权唯只是诗篇。四时雪月风花景，都与收来入近篇。初春洛城梅开时，赏梅更吟梅花诗。梅花虽开难远寄，唯寄梅诗伸所思。”（《答人吟》，《伊川击壤集》卷十三）他还在自己的园林中种花、养花：“……天下唯洛十分春，邵家独得七八分。牡丹一株开绝奇，二十四枝娇娥围。满洛城人都不知，邵家独占春风时。”（《伊川击壤集》卷六）

在观花中寻理悟道是他审美的较高层次。他认为看花不仅仅在貌，更重要的还在于能观花之精神：“人不善观花，只爱花之貌。……花妙在精神，精神人莫造。”（《善观花吟》，《伊川击壤集》卷十一）他又说：“造化从来不负人，万般红紫见天真。满城车马空撩乱，未必逢春便得春。”（《和张子望洛城观花》）由对外部形式的感悟，深入内部意蕴的领悟，再潜沉到深层的天道至理的体悟，从而获得高层阶的审美境界。

饮酒与观花又常常一起发生，他认为面对美景之时要饮酒以达到微醺的审美境界来增添欢愉之情：“头上花枝照酒卮，酒卮中有好花枝。……酒涵花影红光溜，争忍花前不醉归？”（《插花吟》，《伊川击壤集》卷十）甚至认为在观花之时，假如没有酒的相伴，便辜负了美景："春在对花饮，春归花亦残。对花不饮酒，欢意遂阑珊。酒向花前饮，花宜醉后看。花前不饮酒，终负一年欢。"（《花前劝酒》，《伊川击壤集》卷八）不仅是酒，茶也能提高观花的兴致，悟道成理："太学先生善识花，得花精处却因茶。万红香里烹余后，分送天津第一家。"（《谢王平甫教授观花处惠茶仍和元韵》，《伊川击壤集》卷八）邵雍不厌其烦地在诗歌中记述和表达对风花雪月等自然美景的喜爱领悟，正说明了观花赏景是他日常审美生活的重要内容。更进一步，他认为"物皆有至理。吾侪花异于常人，自可以观之妙"。邵雍观花不仅停留在悦目悦情，而是为了与万物同荣，最终把握万化之机，获得安乐之上的天理真乐。

2. 居所：优美的自然和优雅的庭园

邵雍的居所审美可以分为大自然的环境和庭院庄园的小环境。

首先是自然大环境。邵雍出生在景色秀丽的太行山深处，也就是今天的河南林州，自小与大自然结下了亲近之缘。他十二岁迁居共城，即今天的河南辉县南太行山区。此后，邵雍有二十七年都生活在苏门山，苏门山风景秀美，山下的百泉湖碧波荡漾，山清水秀，风光旖旎。他讲学的百泉书院也是山林幽静，景色宜人。元代诗人、政治家王恽曾描述过："苏门山水明秀为天下甲，盖有东南佳丽，潇洒之胜，而无卑湿蒸炎之苦，诚中州之江南也。"①邵雍正是生活在这样的环境中，从小就接触大自然并在自然美的涵养下长大，对山泉林水有着天然的亲近立场。他三十九岁自共城迁居洛阳，也是爱其山水风俗之美。邵伯温《邵氏闻见录》卷第十八曰："康节先公庆历间过洛，馆于水北汤氏，爱其山水风俗之美，始有卜筑之意。至皇佑元年，自卫州共城奉大夫伊川丈人迁居焉。"②洛阳周围为伏牛山脉，比太行山更加雍容秀丽，龙门山、嵩山、锦屏山、女几山等耸立周遭，洛水、伊水绕城而流，风景绝佳。他说："为士幸而居盛世，住家况复在中都。虚名浮利非我有，绿水青山何处无。选胜直宜寻美景，命俦须是择吾徒。乐闲本属闲人事，又与偷闲事更殊。"（《闲适吟》，《伊川击壤集》卷九）对洛阳的自然环境表现出满足和惬意。

其次是庭院庄园的小环境。邵伯温说："嘉祐七年，王宣徽尹洛，就天宫寺西、天津桥南五代节度使安审琦宅故基，以郭崇废宅余材为屋三十间，请康节

---

① 王恽：《秋涧集》卷四十一，文渊阁四库全书本。

② 邵伯温：《邵氏闻见录》，中华书局，1983，第194页。

还居之。富韩公命其客孟约买对宅一园，皆有水竹花木之胜。”① 另外，邵雍还有一处庄园，名延秋庄，《宿延秋庄》《七日溯洛，夜宿延秋庄上》等诗说的就是此地。这个庄园在洛阳城西、洛水河畔，每年为他提供源源不断的食物供给。

早在共城居住时期，邵雍就说：“予家有园数亩，皆桃李梨杏之类，在卫之西郊。自始营十余载矣，未尝熟。观花之开，属以男子之常事也。”②对于仁宗嘉祐七年迁居的安乐窝更是满意：“洛水近吾庐，潺湲到枕虚。湍惊九秋后，波急五更初。依河而住，水声潺潺。予客洛城里，况复在天津。日近先知晓，天低易得春。时光优化国，景物厚幽人。自可辞轩冕，闲中老此身。”（《天津幽居》，《伊川击壤集》卷四）在《天津新居成谢府尹王君贶尚书》中，他描写到：“槛仰端门峻，轩迎两观雄。窗虚响湟涧，台迥水伊嵩。好景尤难得，……水竹腹心里，莺花渊薮中。”（《伊川击壤集》卷三）“篱倒戴芰荷畔，谈麈轻摇杨柳边。陌彻铜驼花烂漫，堤连金谷草芊绵。”“花行竹径紧相挨，每日须行四五回。因把花行侵竹种，且图竹径对花开。”这个庭园“不仅是现实世界的‘安乐窝’，是日常快乐生活展开的寓所，是实现安身立命的场所，更是精神世界的‘安乐窝’，是表达知识、思想与信仰的平台，是与士大夫谈古论今、吟风弄月的集雅之地”③。所以他说：“尧夫何所有，一色得天和。夏住长生洞，冬居安乐窝。莺花供放适，风月助吟哦。窃料人间乐，无如我最多。”（《尧夫何所有》，《伊川击壤集》卷十三）

3. 闲游与交游

依据方梦《北宋邵雍〈伊川击壤集〉相关问题研究》④中所附的年谱记载，邵雍的远游近玩主要有：宋真宗乾兴元年，十二岁的邵雍随父母迁居卫州共城。宋仁宗天圣六年，邵雍十八岁，读书而叹曰：“昔人尚友于古，而吾独未及四方。”于是他外出游学，“逾河、汾”。邵雍晚年有诗“忽忆太原为客日，经秋纵酒未成归”。太原，即在河、汾。宋仁宗明道二年，李挺之后改任河阳司户曹，邵雍亦从之。宋仁宗景祐三年，邵雍再次外出游历，“涉淮、汉，周流齐、鲁、宋、郑之墟”，数年乃归。淮、汉即东吴地区，邵雍晚年有诗“忽忆东吴为客日，当年意气乐从游”。宋仁宗皇祐元年，邵雍三十九岁，奉伊川丈人及继母

① 邵伯温：《邵氏闻见录》，第195页。
② 邵雍：《伊川击壤集·集外诗》。
③ 赵春艳：《邵雍“安乐”人生境界及“闲”之生活艺术研究》。
④ 方梦：《北宋邵雍〈伊川击壤集〉相关问题研究》，郑州大学出版社，2020年。

杨氏、幼弟邵睦，自共城迁居洛阳，春三月，出游温县，经过巩县神尾山下的石窟寺。宋仁宗皇祐四年，邵雍游京师。宋仁宗皇祐五年，邵雍游于东海海州。宋仁宗至和二年，邵雍游秦川，是年十月左右，邵雍游河阳三城（今济源与孟州附近）。宋仁宗嘉祐二年秋，邵雍游郑州宋园，作诗示于管城簿周正叔。重阳日，他再到共城百源故居，登苏门山。宋仁宗嘉祐三年，邵雍出游陕西，走的是洛阳到长安的古道，路过陕州、潼关、华山到长安，后又到凤州（今宝鸡市凤县），作《过陕》《题黄河》《过潼关》《题华山》等诗。仁宗嘉祐五年春，邵雍常游洛阳城，过金谷园、铜驼街、积翠池、上阳宫旧地。秋，邵雍再次出游陕地，过商山。此时，邵雍好友宋敏修为商州太守，作《和商洛章子厚长官早梅》《寄商守宋郎中》等。宋仁宗嘉祐六年新岁，邵雍在商州，后经天柱山返回洛阳。同年春，邵雍游龙门，临洛水、女几祠，登太室山，游天坛。

宋英宗治平三年秋，邵雍出访友人，作诗《访姚辅周郎中月陂西园》。登封刘、李、裴三君约邵雍登嵩山，邵雍作诗以谢。宋英宗治平四年春，他赴商洛，秋乃回。八月出游，六日晚出洛城西门，宿奉亲僧舍，听张道人弹琴；七日溯洛夜宿延秋庄上；八日渡洛，登南山观喷玉泉，与寿安县张、赵、尹三君同游；九日登寿安县锦屏山下宿邑中；十日西过永济桥、宜阳城；十一日至福昌县，遇雨；十二日同福昌令王赞善游龙潭；十三日游上寺及黄涧；十四日题留福昌县宇之东轩；十五日离开福昌县，是夕宿至锦屏山下；十六日依韵酬福昌令有寄；十七日锦屏山下，城中张、孙二君惠茶，邵雍作诗以谢；十八日逾牵羊坂南达伊川坟上，思念程氏父子兄弟，作诗以寄之；十九日归洛城，游龙门。宋神宗熙宁三年重阳日，邵雍登石阁，作诗三首。秋，和王安之同游龙门。宋神宗熙宁八年邵雍出游秦川，又过绛县。游历南阳内乡，于天春亭、兼隐亭有诗。宋神宗熙宁九年春，邵雍时年六十六岁，仍策杖出游，在洛阳瀍河上观赏杏花。

“春看洛城花，秋玩天津月。夏披嵩岑风，冬赏龙山雪。”（《闲适吟》，《伊川击壤集》卷十二）远游之外，就是近玩。他自己的园林是其常游之所，亲朋好友的园林也是其闲游的主要对象，如司马光的独乐园、富弼的富郑公园、王拱辰的环溪园、张氏会隐园等。他这样描绘自己的近游：“半醉上车儿，车儿稳碾归。轻风迎面处，翠柳拂头时。意若兼三事，情如拥九麾。这般闲富贵，料得没人知。半醉小车行，世间无此荣。凉风迎面细，垂柳拂头轻。”（《半醉吟》，《伊川击壤集》卷十一）南宋的魏了翁在艳羡之余，认为邵雍的远近游玩已经达到了曾点气象：“若邵子者，使犹得从游于舞雩之下，浴沂咏归，毋宁使曾皙独见称于圣人也欤！洙泗已矣！秦、汉以来诸儒，无此气象。”①其实早在共城居住之时，他已经把近处的闲游作为自己审美生活的重要方式。《共城十吟》包括十首诗，如《其一日春郊闲居》《其二日春郊闲步》《其三日春郊芳草》《其十日春郊花落》等莫不是记述近处的游乐之事。

关于交游。迁居洛阳后，邵雍的社会交往构成了生活审美的主要内容之一。由于声誉日高，加之能够卜算预测人事国运、福寿荣昌，因而不同阶层人士都想与之往来。《宋史・邵雍传》描述：“春、秋时出游城中，风雨常不出，出则乘小车，一人挽之，惟意所适。士大夫家识其车音，争相迎候。”程颢在邵雍墓志铭中评述：“讲学于家，未尝强以语人而就问者日众。乡里化之，远远尊之。士人之道洛者，有不至公府而必先至先生之庐。……接人无贵贱亲疏之间，群居燕饮，笑语终日。”②“喜醉岂无千日酒，惜春还有四时花。小车行处人欢喜，满洛城中都似家。”（《小车行》，《伊川击壤集》卷八）与政治人物如司马光、富弼、吕公著等的交往不仅得到他们物质与钱财的惠赠，而且与他们在思想和情感上的沟通，使邵雍也得到了情趣相同的知己。

邵雍不仅出去访朋交友，也经常邀人来家中赏花观景、游玩唱酬，“家无檐石宾常满”。邵明华在《邵雍交游研究》中对此做了详细论述：“与人品学识俱佳的邵雍交游是身心的放松，心灵的休憩。”③其实不止这样，更重要的是获得精神层面的愉悦和道德层面的养成，是他生活审美的一种实践方式。司马光曾在诗中对邵雍“安乐”闲适的生活作了描述：“荒园才一亩，意足以为多。虽不居丘壑，尝如隐薜萝。忘机林鸟下，极目塞鸿过。为问市朝客，红尘深几何?”（《花庵独坐呈尧夫先生》，《伊川击壤集》卷九）邵雍也作诗唱和，阐释了自己能过上这样闲适的生活的原因，同时也进一步表达了自己的心志：“静坐养天和，其来所得多。耽耽同夏宇，密密引藤萝。忘去责臣度，能容野客过。系时休戚重，终不道如何。”（《和君实端明花庵独坐》，《伊川击壤集》卷九）司马光是一位能与之共享此乐的志同道合的挚友：“谁能相与共此乐，坐对年华不知老”。富弼对邵雍闲适的心境及安乐的生活也是赞誉有加：“贯穿百代尝探古，吟咏千篇亦造微。珍重相知忽相访，醉和风雨夜深归。”《伊川击壤集》中附载他与邵雍的唱和诗有十二首，成为除司马光外附载诗歌数量最多的诗人，而现

---

① 《宋元学案》卷十《百源学案下》，中华书局，2017，第 470 页。

② 《宋史》，中华书局，1985。

③ 邵明华：《邵雍交游研究》，博士学位论文，山东大学 2009。

存二人的唱和诗更是多达十六首。与二程兄弟这样的理学家论及易学之理，与达官显贵交往中谈“易”、论“易”，甚至与一般平民子弟的往来中也常用到“易”。“每到一家，子弟家人争具酒。”邵雍的交游面极广，郑定国先生统计说，“总计雍之交游者约可得近二百人”，“其交游至好二十六人”①。在洛阳本地交游圈中，闲退耆宿、世家大族、各级官吏与之皆有交往。此外，他还有不少寄诗、与慕名而来者的唱酬诗等，证明他有着洛阳之外的大交游圈。

（二）无客观对象的内审美之一：玩物尚志的诗歌创作

在审美中，有一个特殊的美学现象，那就是“无对象性审美”的内审美问题。无对象性审美就是在没有审美对象的情况下产生美感，就是荀子所说的“无万物之美而可以养乐”的内在审美境界。这是一种超越功利、物我两忘的人生审美境界，是人生境界与审美境界融为一体的特殊审美现象。孔子的“孔颜乐处”是“他的”而非别人的，是个人的而非大家的，是特殊的而非普遍的，是内心世界的而非外在对象的，是主观精神的而非客观物质的。

内审美亦即“无对象性审美”，是上海师范大学王建疆教授提出来的一个概念。他认为，内审美是不依靠外在对象，脱离外在感官的精神性、内景型、境界型审美，是相对于具有外在客观对象的视觉听觉审美而言的一种完全内在的、封闭的、独特的个人审美体验，是无须外在对象引起、无须外在感官（眼、耳、口、鼻）参与的纯粹大脑型审美，②是一种与感官型审美相对的内在精神型审美。内审美又可分为这样几种情况：没有形象的纯粹精神型审美，即悦乐，如“孔颜乐处”“无美而乐”；大脑呈现内景的审美，如由禅定和心斋而产生的止观和默照；现实生活中的内景呈现；作家艺术家创作时的想象和联想。

内审美的重要心理机制是自调节审美。“所谓自调节审美，指的是人们为审美目的所支配，在审美前或在审美中，在审美欣赏或在审美创造中通过对自我的心理结构、心态、行为的有意识的或无意识的调整、校正，来实现审美目的，达到最佳审美效果。”③他将审美分为“有为”和“无为”两种。“无为”指审美主体原有的心理图式对审美对象的契合或“同化”。“有为”则是审美主体原有的心理图式无法“同化”审美对象而进行的有目的的自我调节。在中国美学

① 郑定国：《邵雍及其诗学研究》上册，台湾花木兰文化出版社，2013，第25页。

② 王建疆：《审美的另一世界探秘》，《西北师大学报》2004年第4期。

③ 王建疆：《自调节审美学》，甘肃人民出版社，1993，第82页。

史上，最富有自调节审美特色的理论当属虚静说、玄鉴说、审美观照说、澄怀味象说以及审美心胸说等。

内审美是人生修养和人生境界的必然产物。只有在人生境界和审美心理上不断建构和不断完善的人，才会产生这种特殊的、高级的审美经验，邵雍正属于这一类人。依照上述内审美类分的几种情况，邵雍的宣情寄意的诗歌创作与以理观物的哲学玄思是他内审美两种主要类型和两种不同实践形态。邵雍把诗歌和对易学的思考看作生活审美的最重要组成部分，自称和四物最相亲：一编诗、一卷书、一炷香和一樽酒，而诗和书排在第一第二。

对诗歌创作，邵雍认为是“玩物尚志”的表现。他一生作诗达三千余首，保存至今的仍有一千六百余首，在形成独具特色的诗歌风格的同时，也形成了“击壤集”诗体。邵雍说：“安乐窝中诗一编，自歌自咏自怡然。”可见作诗确实是邵雍日常生活中另一重要的内审美方式。诗歌创作主要是大脑呈现内景的审美，现实生活中的内景呈现，是止观和默照，是创作时的想象和联想。

《伊川击壤集》所照之物、所起之志的范围是没有局限的，包括说理说易、咏物叙事、写景抒情、咏史博物等各种题材，从我到物，从风花雪月到古往今来、天地宇宙都在其观照思考之内。邵雍诗歌的创作是在“乐物时”“乐事时”“乐静时”“自乐时”“欢喜时”“自喜时”和“谈笑时”等进行。其中，“乐静时”“自乐时”“欢喜时”“自喜时”等都是无对象审美，而“乐物”和“乐事”如果不是即兴之作，也应该是在无外在观照对象时，大脑呈现内景的审美。在诗歌创作时的想象和联想中，诗歌作成后所获得的愉悦中，以及诗歌本身所表达的天理真乐等都是内审美的具体体现。

除了写景抒情诗和唱酬诗，邵雍有很多首咏史诗，有总论历史的，也有品评历史人物的，如《三皇吟》《五帝》《观五代吟》《荆轲吟》《题留侯庙》等，这些咏史诗是在其“皇帝王伯”思想指导下创作出来阐释自己历史思想的。他的哲理诗也为数众多，《仁者吟》《君子与人交》《仁圣吟》《为善吟》《求信吟》等诗是邵雍对儒家道德仁义思想的直接继承与发扬：“宇宙人生的真谛并非纯粹的名言所能表达，而诗歌能够表现人类心灵深处与环境世界接触相感时的波动，因此许多哲人和诗人认为哲学的最高境界就是诗。”①

邵雍将诗与哲学完美的融合，“这说明诗歌这种文体在他眼中，已经不再是

① 王利民：《〈伊川击壤集〉与先天象数学》，《周易研究》2003年第3期。

言志与缘情的个人欲望和痛苦等内在情感的抒发载体，而是成了表现其精神修养和对于儒家哲学思想灵思妙悟的最自然的工具。”①在《无苦吟》中他说：“平生无苦吟，书翰不求深。行笔因调性，成诗为写心。诗扬心造化，笔发性园林。所乐乐吾乐，乐而安有淫。”②他写诗是为了抒写心性，追求自然而然。

既然是自由无碍的审美，除了对待诗的无功利态度，还要外在摆脱形式的束缚，“不复以文字为长，意所欲言，自抒胸臆”，“脱然于诗法之外”③。邵雍在《伊川击壤集》序中对自己的诗评价道：“谓其所作异乎人之所作也。不限声律，不沿爱恶，不立固必，不希名誉。”不为声律所束缚，不为个人喜欢和厌恶所影响，不为条条框框所限制，不为虚名而作。在邵诗中很难找到严格的完全合平仄和押韵之作。除了“不限声律”，邵雍诗歌在形式上可谓是自由无羁，不拘一格。格律诗对诗歌定句、定言、节奏等形式要求，都被邵雍突破了。④

程颐在与邵雍的和诗中也对此作了明确的表述：“先生非是爱吟诗，为要形容至乐时。醉里乾坤都寓物，闲来风月更输谁。死生有命人何与，消长随时我不悲。直到希夷无事处，先生非是爱吟诗。”⑤邵雍在《和人放怀》中明确指出了诗歌的目的是“优游情思莫如诗”，强调用诗来止观默照、愉悦性情，在诗歌创作的想象和吟咏中获得人之情的满足与快乐。因为人之情本来就是人之为人的一个构成部分：“闲读古人诗，因看古人意。古今时虽殊，其意固无异。喜怒与哀乐，贫贱与富贵，惜哉情何物，使人能如是。”所以其在《独坐吟》中写道：“闲吟乐性情”，在闲适的吟咏中实现自己的性情之乐。完全将饮酒、著书、吟诗作为自己生活审美的内容，把外审美与内审美圆融地结合起来。

“文章天下称公器，诗在文章更不疏。到性始知真气味，入神方见妙工夫。闲将岁月观消长，静把乾坤照有无。辞比离骚更温润，离骚其奈少宽舒。”（《谢富相公见示新诗一轴》，《伊川击壤集》卷九）和“气四时均，何时不是春。都将无事乐，变作有形身。静把诗评物，闲将理告人。虽然无鼓吹，此乐世难伦。”（《静乐吟》，《伊川击壤集》卷十一）诗只是其“经道之余，因静照物”状态之见道之乐的产物。邵雍依随心灵的自由自在的创作，是其审美生活的诗

① 邓红梅：《论“邵康节体”诗歌特征及其对于宋代诗坛的意义》，《山东师范大学学报》2005年第2期。

② 《邵雍集》，第459页。

③ 同上书，第570页。

④ 骆德林：《邵雍美学思想研究》。

⑤ 《伊川击壤集》卷二十《和首尾吟》。

意呈现，达到的是超尘脱俗的天地万物与我齐一的内审美境界。

（三）无客观对象的内审美之二：玄思天地的哲学探究

“不出户庭，直际天地。”（《安乐吟》，《伊川击壤集》卷十四）这是邵雍在庭院斗室之间而心游太玄、神思无极的内审美方式。“先天之学，心也；后天之学，迹也。”①邵雍的易理哲学主要包括宇宙自然哲学和人类社会历史哲学两个方面，前者是以“元会运世”的象数学探讨宇宙自然的演变史，后者是以“皇帝王伯”的社会学和道德哲学探讨人类社会发展规律史。邵雍称前者为先天之学，称后者为后天之学。先天之学即用象数学建构的宇宙自然的发展史，是后天之学得以宇宙发生演变规律的基础。推演人类社会历史发展和规律，亦即“推天道以明人事”“以天时验人事”。

邵雍玄思默会的内审美不为外部环境所限所扰，是一种心斋坐忘，是禅定而产生的止观和默照，他对易学和天地之理的思索的过程属于典型的虚静说。虚明与静闲的心境，让其能进入坐忘的内审美状态。朱熹曾说：“邵康节，看这人须极会处置事，被他神闲气定，不动声色，须处置得精明……被他静极了，看得天下之事理精明。”②黄自家说：“大名王豫尝于雪中深夜访之，犹见其俨然危坐。盖其心地虚明，所以能推见得天地万物之理。即其预知，亦非术数比。”他们都看到了邵雍能“预知”的重要原因在于其心境之虚静与空明。③这种雪夜之中俨然危坐是“有为”的自我调节审美，需要坚忍意志支撑和较高的审美理想的指引，是“有目的的合目的性”内审美。“静坐”是邵雍达到心性自由的一种重要途径，通过入“静”入“定”，净化心灵，超越外审美的感官欲望和现实束缚，进入无对象的自由审美状态。邵雍说：“仙家气象闲中见，真宰功夫静处知。”（《首尾吟》，《伊川击壤集》卷二十）以静定之心通过自然界去观宇宙之大化，体悟天道之流行，启动对天地至理探究的思想之旅。

邵雍从青年时期拜李之才为师后，其一生都致力于研究易学，建构集天地人于一体的易学思想体系，究查宇宙自然和人类社会发展规律亦即“至理”“天理”，从而达到“天理真乐”的人生审美境界。《皇极经世书》是他观物玄思、深研易学的理论结果，是他哲学玄思的审美生活的实现。如邵雍自己所言：“其

① 《邵雍集》《观物外篇》下之中。

② 《朱子语类》卷一百《邵子之书》。

③ 《宋元学案》《百源学案》上。

见至广，其闻至远，其论至高，其乐至大”①，古人观天象以知人文，邵雍对“元会运世”宇宙自然哲学探究归根结底是为“皇帝王伯”的人类社会历史哲学提供形而上的依据。这正如余敦康先生指出：“虽然邵雍易学的理论特色表现为‘尊先天之学，通画前之《易》’，但其理论的旨归却是落实于后天的天人之学。对后天的人文关怀毕竟是邵雍的用心所在，所以他的研究也就由自然史而落实于文明史，强调人事之用，把古今成败治乱之律作为易学的旨归。”②“皇帝王伯”只是邵雍依据其“元会运世”的宇宙自然观编定的一种人类社会发展史观。此“皇帝王伯”的人类社会历史模式也不是单纯的线性发展，而是互容、交叉、变易式的发展模式。即皇政中可能会包含帝政、王政、伯政；帝政中也可包含皇政、帝政、王政、伯政；王政及伯政亦可以此类推。邵雍自己所言：“皇之皇，以道行道之事也。皇之帝，以道行德之事也。皇之王，以道行功之事也。皇之伯，以道行力之事也。帝之皇以德行道之事也；帝之帝以德行德之事也；帝之王以德行功之事也；帝之伯以德行力之事也。王之皇以功行道之事也；王之帝以功行德之事也；王之王以功行功之事也；王之伯以功行力之事也。”③朱熹曾赞誉《皇极经世书》：“自有《易》以来，只有康节说一个物事如此齐整。”④张岱年先生说：“邵子的哲学是一个庞大的体系，以数的关系贯穿一切，牵强的地方虽不少，但其博大整齐也是很可惊的。”⑤如此体周虑深，其心机之缜密，思想之深邃令人叹服。

正因为对“元会运世”自然哲学和“皇帝王伯”历史哲学的思考，使其能够做到以一心观万心，一世观万世，从而使自己的视野更加宏阔，心胸更加明朗。在玄思天地、探究哲学的内审美中，邵雍获得了人生境界与审美境界融为一体的宏大时空意识及宽广的审美心胸。程颢在为其所作的《邵尧夫先生墓志铭》中云：“其学益老，德益劭，玩心高明，观天地之运化、阴阳之消长，以达乎万物之变，然后颓然其顺，浩然其归。”⑥朱熹也曾感叹道：“邵子这道理，岂易及哉！他腹里有这个学。能包括宇宙，终始古今，如何不做得大，放得下？”⑦

① 《邵雍集》《观物内篇》第二十篇。

② 余敦康：《内圣外王的贯通——北宋易学的现代阐释》，学林出版社，1997，第197页。

③ 《邵雍集》《观物内篇》第十篇。

④ 《朱子语类》卷一百《邵子之书》。

⑤ 张岱年：《中国哲学大纲》，中国社会科学出版社，2008，第21页。

⑥ 《邵雍集》《邵尧夫先生墓志铭》。

⑦ 《朱子语类》卷一百《邵子之书》。

他腹里的这个能包括宇宙、终始古今的“学”，正是他玄思探究的内审美的结果。也正是由于把握了万物变化之理，胸中天理流行，邵雍才做到了无往而不至，无至而不乐的人生审美境地。①

对邵雍而言，外审美与内审美两种生活美学实践方式并非截然分开，而是相互影响、相互转换、相互融合，进而相得益彰的。在生活中，对事理的认识和生活实践形式受世界观的影响和支配，邵雍一生自在闲适的外在审美生活方式得益于对天地玄思的内审美的规导。作为大思想家，他玄思宇宙起源和人世兴替，致思深远而成为贯通天人的《皇极经世书》。在探幽析微的哲学思考中，以学养心，使他具有了宏阔的视野和高远的心胸，从而又在日常生活中表现出审美化的实践方式，使得他的外审美有了思想的支撑和终极的旨归。

通过外审美获得耳目口腹等生理意义上的外乐，进而转化迁跃到心意层次上的内乐，通过内审美获得更高层次的精神上的内乐，是邵雍生活美学的两种重要的实践形态。哲学与美学最初都是生活的一部分，任何人的生活都受到一种或潜或显的生活观念的引导，这种观念当然包含着审美理想和审美情趣。邵雍实现了思想与生活的完美融合：他探求宇宙与人世奥秘的观念深刻影响了他对生活的认识和态度，而这些生活观念又融入他的日常生活里。《人生一世吟》所言：“前有亿万年，后有亿万世。中间一百年，做得几何事？又况人之寿，几人能百岁？如何不喜欢，强自生憔悴！”② 正是通过玄思天地的内审美，邵雍才能进入这样的审美境界。

总之，邵雍作为北宋理学家之一，是这一时期士人的杰出代表。其在简朴平淡、闲适安乐、宣情寄意与观物玄思审美理想的规导下，把生活与美学有机融合，把外审美与内审美结合起来，实现了多种生活美学实践形态的互补交融。他把俗世当作审美实践的道场，在日常生活审美、居所审美、闲游与交游等外审美的实践形态上，在玩物尚志的诗歌创作和玄思天地的哲学探究等内审美的实践形态上，都抵达了人生最高的审美境界。这样的“诗性生存智慧”和实现诗意人生的审美实践方式，既让我们更明晰地了解到北宋士人阶层在日常生活和治学致思中涵养胸襟、锤炼道德、提升审美人格、实现审美理想的路径和方式，也对当代人所追慕的日常生活审美化，具有宝贵的启示意义和实际价值。

---

① 王诚：《先天后天——邵雍哲学思想研究》，博士学位论文，北京大学2009。

② 邵雍：《伊川击壤集》，第131页。

苏轼的赏物观及其在园林审美领域的践行

汤凌云

摘　要：苏轼的赏物观是一个重要却未得到充分探讨的理论问题。苏轼的赏物观是周游三教的产物，具有四重内涵：游心物外、借物明理、观物自在、寓意于物。中隐为苏轼赏物观建构奠定了思想坐标，园林为苏轼赏物观践行提供了审美场域，由此形成处世哲学、审美观念与审美生活三位一体的格局，为宋代以来园林审美理论建构和审美生活实践提供了范式，也为当今生活美学建设提供了历史借鉴和理论启示。

关键词：苏轼　赏物观　园林审美

赏物是指对事物的欣赏、鉴赏和赏玩，赏物观是关涉审美态度、观照方式以及审美价值判断等的观念形态。苏轼是中国古代后期社会杰出文人代表，他不仅有丰富的赏物实践，而且形成了较为系统的赏物观。然而，学界在阐释苏轼的美学思想或分析其艺术创作时，多少会触及这一问题，但较少基于赏物观这一视角的考察和评述。苏轼的赏物观不是抽象的概念演绎，它是苏轼赏物实践经验的总结，也是其审美生活的理论指导，在园林审美领域得以践行，为宋代以来园林审美理论建构和审美生活实践提供了范式。

本文作者汤凌云，现为湖南师范大学文学院教授。主要研究方向为美学。文章为2018年度国家社会科学基金一般项目“三教融合与唐宋园林审美观念转型的关系研究”（批准号：18BZX137）的阶段性成果。

一、周游三教与“中隐”处世哲学的形成

解读苏轼的赏物观，先要了解其“中隐”的处世哲学。苏轼的赏观物建构及其园林审美活动与这一处世哲学存在高度的精神契合关系。

儒释道思想发展至北宋中期，其融合趋势超越前代。苏轼学识广博，有周游三教的思想经历。他初好贾谊、陆贽书，论古今治乱，既而读《庄子》，深得于心。“后读释氏书，深悟实相，参之孔、老，博辩无碍，浩然不见其涯也。”① 苏轼受其父之命研习《周易》《论语》，研读《庄子》，并对此进行辨伪与分章。接受庄子的思想，道家关键词汇在苏轼诗文中经常出现。他认为，儒释道三教异门，如河海虽殊，汇归则一。早在凤翔生活时期，苏轼就开始接触佛教，任杭州通判时拜访高僧，被贬黄州后研读佛经，晚年自称“佛弟子”，足见他与佛教渊源颇深。苏轼对佛教的接受更多的属于心性认同，并非像某些学者指出的那样，纯属其遭遇贬谪后的被动选择。他在 26 岁时已有“雪泥鸿爪”的感慨，至不惑之年，宣扬“游于物之外”“无所往而不乐”。此时，苏轼尚未遭贬，却流露出随缘自适的心理。元丰二年（1079 年），他刚出狱就表现出“此灾何必深追咎，窃禄从来岂有因”的达观心理。第二年，由于乌台诗案受诬，他被贬黄州任团练副使，对贬谪生活淡然处之，对身外浮名体验深切。元丰五年（1082 年）春，苏轼谪居黄州作词《定风波》，面对得失而心境坦然。元丰七年（1084 年）前，苏轼已与大觉、辩才、参寥、太虚等禅师交往较深。苏轼交往的禅僧甚多，被《五灯会元》卷十七列为东林常总禅师法嗣。当然，他对儒释道三教各有相应批评，并未奉为教条。他批判佛老之学有欺世盗名之嫌，也未非此即彼。与其三教会通的论调相比，这类批判性话语较少，且出现在公文中，与苏轼融摄三教的实际情况似有出入。他强调儒佛并行无碍，“相反而相为用”，从心性论的角度说明儒释相通之理。苏轼对儒释关系的理解属于士大夫禅学范围，不违背儒家伦理法则。他主张打破佛教戒律形式的束缚，从精神深层调和儒释，表现出极强的主体意识。

在北宋文人阶层，苏轼周游三教的行为具有典范性的意义。他融摄儒释道，却不囿于某端，指认儒释道是把握世界的法门，不能执定其一而鄙弃其余。苏轼从心性论角度会通三教，反映出宋人的实用理性立场，也与其儒者底色有关。

① 《苏辙集》，陈宏天、高秀芳点校，中华书局，1990，第 1127 页。

无论是强调“相反而相为用”，还是注重儒道契合，他都只是得出结论而缺乏严密清晰的论述。整体而言，他的基本立足点仍在儒家，因为他始终不向往仙山佛国，而对人间世满怀深情。

苏轼有周游三教的思想经历，形成了融摄儒释道的知识结构，这直接影响着他“中隐”处世哲学的形成。宋人研习易理，对《易经》凶吉、刚柔、得失、动静、进退之道的理解超过唐代。苏轼撰有《东坡易传》，其直面现实处境的人生选择深受易学滋养。同时，道教得到北宋政府扶持，禅宗一枝独秀，文人阶层禅悦之风盛行，纷纷在庙堂外寻求精神慰藉。宋人为了安身立命，出入佛老，仕途坎坷，以佛教的禅修、道教的无为思想和修道术调适自我。平衡出处，使之接受唐宋之际流行的居士情结，成为“中隐”处世哲学的广泛而自觉的主体。苏轼服膺佛教的不二中道，称赞维摩诘的生活。他有诗云：“暂借好诗消永夜，每逢佳处辄参禅。”①在处理仕与隐的关系时，他比中唐文人显得圆融，面对人生困境的态度也更达观和超然。

苏轼是北宋中期“中隐”处世哲学的倡导者和践行者。他谪居黄州，始称“东坡居士”。周必大指出：“本朝苏文忠公不轻许可，独敬爱乐天，屡形诗篇。盖其文章皆主辞达，而忠厚好施，刚直尽言，与人有情，于物无著，大略相似。谪居黄州，始号东坡，起原必起于乐天忠州之作也。”② 苏轼一生奔波，缺乏白居易那样的闲职经历，但他倾慕白居易，自号“东坡”。“东坡”之名源于白居易营建之地，其池上风景有白居易的悠闲风味。他还以“香山老居士”自况，便是对白居易倡导的“中隐”处世哲学的服膺。他们有相似的人生经历和处世态度。白居易谪居江州后被召还回朝，以主客郎中知制诰，拜中书舍人。苏轼自黄州后量移汝州，直至元祐元年除中书舍人，升翰林学士，仕途回转也较为迅疾。他们都有在杭州任职的经历。苏轼两次卷入党争而出任杭州。第一次是遭到王安石排挤及他人诬告，第二次是由于陷入洛蜀党争，为了避祸而请求外任。第二次赴杭时，他经历了乌台诗案，心态平和，与白居易接近。他们在杭州任职期间的经历也很相似。这使苏轼对白居易产生深切的认同。苏轼追慕白居易的行踪和事迹，在杭州大兴水利，浚西湖，疏六井，赈济黎民，生活艰辛，心胸旷达。这段生活使苏轼避开了党争，处理政务之余有机会结交文友，畅游山寺湖畔。

---

① 《苏轼诗集》卷三十，孔凡礼点校，中华书局，1982，第 1616 页。

② （清）何文焕辑《历代诗话》下册，中华书局，1981，第 656-657 页。

苏轼与白居易都属于文坛巨匠，为人真实醇笃，不立城府，流落天涯而不失操守。他们身为官吏而妙契同尘，其心态、才能、学养皆有相似处。苏轼不喜欢天马行空般的李白，而认同悠闲于园池的白居易，主要是其处世哲学所致。他在熙宁年间任杭州通判时，表现出对“中隐”处世立场的认同：“未成小隐聊中隐，可得长闲胜暂闲。我本无家更安往，故乡无此好湖山。”①他不仅倡导“中隐”，且在贬谪生涯中接续并深化这一处世哲学传统。他效法白居易的生活态度。年过半百，意识到平日“出处依稀似乐天”，自谦才名不如白居易，安分寡求则近之。苏轼在园林诗文中阐发“中隐”思想，《醉白堂记》表达其退居园林、享受山水之乐的心愿，身强体健，称赞白居易退居“日与其朋友赋诗饮酒，尽山水园地之乐”。

北宋中期，由于政治变法失败，新旧党争不断升温，士大夫忧谗畏讥的心理加剧，其济世热情相应减退，他们在政务之余和仕途不顺时觉解人生的意义。不过，他们始终怀有强烈的社会责任意识，即使身处逆境，厌倦官场，缺乏主导政治生活的能力，也不漠视社会，更不逃离世界，依然充满人间情怀，彰显出卓绝的人格风范。这是北宋文人对“中隐”处世哲学的展开与深化。在苏轼这里也有集中体现。苏轼有心忧天下的责任感和使命感，有强烈的社会关怀意识，在园林审美领域寻求精神寄托。在他看来，承担社会责任与追求个体自由并不矛盾，通过主体的静观内省，化解社会动荡造成的痛苦，使理想信仰与现实人生保持平衡。

前面提及，苏轼对白居易处世在和谐的认同，实际上，二者的差别也很明显。尽管他们都属正直之士，都有周游三教的思想经历和融摄儒释的知识结构，但由于他们的生活时代、人生阅历和精神境界等不同，他们在人生价值、审美观念等方面存在很大差异。与白居易相比，苏轼既有文人的浪漫，又不乏担当，他在政治上遭遇排挤和折磨，并未真正忘却朝政和家国天下。他希望实现自身的社会价值，起初积极入世，但由于社会矛盾和朋党之争严重，使之对仕途充满忧虑，关怀人间疾苦，心系家国民生。或者说，他怀抱儒家的入世理想，也受到佛道思想的滋养，面对人生波折和仕途失意，并没有也不可能真正走向归隐，而是始终坚守正直的人格，身处困境不弃世，饱含济世而忧民的情怀。苏轼在岭南随遇而安，离开这一弃地后也不以悲喜扰怀。元符三年（1100年），

---

① 《苏轼诗集》卷七，第341页。

宋徽宗即位，苏轼遇赦北归，他把离别海南视为远游，齐观江南塞北，销尽分别心，处处自在行。他表现对祸福、是非、出处、聚散的透悟，坦然处之，所谓“此心安处是吾乡”。他有“缥缈孤鸿影”的孤独体验，又能超越世俗化生存而心境自在。这是“知足之情”与“干世之意”的差别。①

在唐宋文人处世哲学转型过程中，苏轼周游三教而认同“中隐”的选择具有典范性意义。他使文人处理进取与退隐之间的复杂心理推向新的境地。北宋文人有一种“归田”情结，欧阳修撰《归田录》，苏轼也不忘归隐之志。这是文人退隐心理的反映，屡遭贬谪，济世之道难行，身处逆境而渴望自由，表现出独立的精神，而非消极退隐。李泽厚认为：“苏（轼）一生并未退隐，也从未真正‘归田’，但他通过诗文所表达出来的那种人生空漠之感，却比前人任何口头上或事实上的‘退隐’‘归田’‘遁世’要更深刻更深重。因为，苏轼诗文中所表达出来的这种‘退隐’心绪，已不只是对政治的退避，而是一种对社会的退避；……而是对整个人生、世上的纷纷扰扰究竟有何目的和意义这个根本问题的怀疑、厌倦和企求解脱与舍弃。”② 这一判断大体符合苏轼的人生选择和处世之道。苏轼坚守独立的人格，不放弃精神超越，终生抗击悲剧性的命运。他不像白居易那样一边畅谈委顺自然，一边陶醉于世俗享乐，而是不断对人生和存在的终极意义进行形而上的追问。其思想深度和理论广度超过白居易等中唐文人，扩展与深化了唐宋之际“中隐”处世哲学，表征着北宋文人新型处世哲学之确立。

苏轼反驳理学的性善情恶论，提倡性情合一，认为性情与道德无关。追求快乐本属人性，君子以仁义道德为乐，小人以获取私利为乐，只是所乐有别。他关注个体的悲剧性和存在的永恒性。至于如何超越悲剧性的人生，感受快乐，从而获得幸福，苏轼持自适的态度。他消解出世与入世的分别，摆脱物质束缚和精神桎梏，追求自性完满，获得心灵自由。在调节情绪和分享愉悦方面，园林审美活动发挥了重要作用。

北宋园林艺术繁荣，士大夫寄情园林的意识高涨。白居易倡导“中隐”，且

① 这一区分来自袁中道：“乐天当朋党甫动时，即奉身而退，为散官，为分司；而子瞻自元祐以后，徘徊公卿间，如食蔗然，曾不为引决之计，故宜未几而祸生也。乐天怀知足之情，子瞻多干世之意，然而祸福之几，亦可畏矣。”（明）袁中道：《珂雪斋集》卷之十二《白苏斋记》，钟伯城点校，上海古籍出版社，1989，第534页。

② 李泽厚：《美的历程》，天津社会科学院出版社，2001，第262-263页。

以园林为践行处世哲学的场所。苏轼不仅接受与认同“中隐”，且以此为园林建筑命名，如“吏隐亭”即含此意。他游览过风景园林数百处。他喜欢游览山地和风景优美的寺观园林，终生所居住宅27处，购买与建造住宅4处，参与建造风景园林50多处。如在开封南园和惠州白鹤峰苏宅造园，他还营建凤翔廨宇小园、杭州官居小园和密州西园，留下200多篇描绘风景园林的诗文。苏轼造园讲究布局简约、内涵雅致。

元丰二年（1079年）三月，苏轼为张氏园亭撰亭记。他说：“古之君子，不必仕，不必不仕。必仕则忘其身，必不仕则忘其君。譬之饮食，适于饥饱而已。然士罕能蹈其义、赴其节。处者安于故而难出，出者狃于利而忘返。于是有违亲绝俗之讥，怀禄苟安之弊。今张氏之先君，所以为子孙之计虑者远且周，是故筑室艺园于汴、泗之间，舟车冠盖之冲，凡朝夕之奉，燕游之乐，不求而足。使其子孙开门而出仕，则跬步市朝之上，闭门而归隐，则俯仰山林之下。于以养生治性，行义求志，无适而不可。故其子孙仕者皆有循吏良能之称，处者皆有节士廉退之行。盖其先君子之泽也。”① 该文所记张氏灵璧园乃其祖辈为后代所建，筑室于汴泗之间，朝夕之奉，燕游之乐，不求而足，可谓远虑而周全。苏轼指出，对于出仕不必刻意追求，也不必刻意逃避。理想的生活状态是，既享受城市生活的便利，又能保持心境自在，“养生治世，行义求志”，由此可见庄子“自适其适”的理想，也流露出大乘佛教不二中道的印迹。觉悟性空之理，而不落有无，对世相不取不舍，于事物不沾不滞，被苏轼转化为“无适而不可”的态度。在他看来，张氏园亭为文人出处提供了两全的范式。苏轼所谓“无可无不可”的出处之道，便是“中隐”处世哲学。士大夫的名节意识，使之不变志易节以图进取，其儒者底色明显。苏轼认为，出仕应“志于得”，这是对唐宋之际“中隐”处世哲学的深化，并使之提升到新的层次。他崇尚君子人格，却没有囿于儒家道德规范。它介于仕与不仕之间，园林既是步入仕途的隐喻，又是回归真我、享受隐逸的标志。隐于园林不废仕途之志，又能感受山林之趣，体证江湖之乐。

中隐，为苏轼赏物观的建构奠定了思想坐标；园林，为苏轼赏物观践行提供了审美场域。以赏物观为中心，逐渐形成一种处世哲学、审美观念与审美生活相结合的格局。接下来，结合苏轼的园林审美实践，分别介述苏轼赏物观的

---

① 《苏轼文集》卷十一，孔凡礼点校，中华书局，1986，第369页。

理论内涵。

二、游心物外

游心物外是苏轼赏物观的第一重内涵。它是道禅哲学合流的产物。

游心物外是一种心性颐养的功夫，也是一种精神超越的境界。苏轼经历过生活磨难，有对苦难的深切感受，身处逆境而排解内心困苦，在矛盾中挣扎，却心境淡泊。他明知无从实现政治理想，却不以个人得失、荣辱、福祸扰怀，注重心性超越，立足现实生活，不甘沉沦于俗世。

苏轼诗文经常引用《庄子》典故，达30余次，像“虚舟”“物外游”“人生如梦”“吾生如寄”等感叹，就是其旷达心境的哲性表达。他常以“达人”自况，不以悲欢扰怀，不因得丧动心。穷达不移于志，视世相为幻化，虚空不实，故不必计较，足见道禅思想的影响。苏轼《超然台记》开篇演绎庄子齐物论，主旨不在于描绘亭台景观，而是借此倡导超然的人生观，表达超然物外之旨。超然台原在州治城北偏西，建于北魏。熙宁八年（1075年），苏轼在朝被人排挤，知密州，利用城上废台增饰修葺，名为“超然台”，取《道德经》“虽有荣观，燕处超然”之义，登高望远，饮酒赋诗。密州虽地处偏远，“予既乐其风俗之淳，而其吏民亦安予之拙也”，于是治其园圃，与同僚登临游乐，寄寓超然物外的情怀。“台高而安，深而明，夏凉而冬温。雨雪之朝，风月之夕，予未尝不在，客未尝不从。撷园蔬，取池鱼，酿秫酒，瀹脱粟而食之，曰：乐哉游乎！”①苏轼还邀请文同、鲜于侁、张耒、文彦博等题超然台，司马光也有寄题超然台赋。在此，他主张“无所往而不乐者，盖游于物之外”。当时，苏轼被贬密州，次年陷入政治斗争，反对王安石新党变法而被外放任职。苏轼仕途失意，治世理想受挫，但他并未就此消沉，而是超越个人得失荣辱。他在台上不思故人故国，且将新火试新茶，诗酒趁年华，有及时行乐之意。

苏轼重视艺术鉴藏的品位，对沉溺于物质诉求和精神幻象、却缺乏鉴赏力的行为表示不满。他对物的诱惑心存戒备。苏轼在《超然台记》中指出，人们感受不到快乐，是由于物有尽而欲无穷。世间物类繁多，诱人耳目，既包括美食、华服等生活物件，也指向各种精神需求物，如对艺术、名望、事功等的追求，都不应心生执念。有人把追逐外物作为实现自身价值的手段，把对物的征

① 《苏轼文集》卷十一，第352页。

服和占有视为快乐的源泉，把实现物欲的满足程度视为衡量自我实现的标准，对此，苏轼均持冷静批判的态度。他警示性地指出，造化无偏私，应以“无情”的态度对待物欲，才能保持精神愉悦。倘若过分追逐私利，放纵欲望，就会遗患无穷。因此，真正的快乐必须“游心于物外”，不使自己成为物的奴役，而要有超然物外的志趣。

苏轼游心物外，也能从宋人对苏轼与韩愈的比较中体察一二。例如：“凡人能处忧患，盖在其平日胸中所养。韩退之，唐之文士也，正色立朝，抗疏谏佛骨，疑若杀身成仁者；一经窜谪，则忧愁无聊，概见于诗词。由此论之，则东坡所养，过退之远矣。”①宋人强调心性涵养对于提升精神境界的作用，故以苏轼与韩愈为例，比较二者同样身处忧患境地却态度迥异。韩愈面对困境顾虑重重，不如苏轼超脱和坦然。苏轼谪居海南，简居茅屋而不思华屋玉食，喜好图史诗文而不见衰惫之气。他透悟此身非己有，人生无法摆脱命运的安排。但他在困顿的现实面前，不像韩愈那样充满痛苦和焦虑，也不像白居易那样兹兹乐道于世俗享乐，甚至有意识地表现出对物欲的警惕。可见，其游心物外的选择夹杂着些许自律的用意。

北宋文人对陶潜的仰慕与推崇超过前代。苏轼喜好陶诗，有和陶诗百余首，苏门学士也尊陶为典范。江西诗派折服于陶潜“不为五斗米折腰”的人格境界和精神风范。苏轼心境趋于平淡，以超然的态度观物应世，其园林建筑题名有崇尚陶潜的意味。例如，苏轼贬谪黄州时，在东坡建“雪堂”而居。雪堂虽属住宅，却注重布景造境，周围环境堪与陶潜游斜川的风物媲美。躬耕于东坡、身处于雪堂，不由得想起先贤的隐逸风流。苏轼题寄傲轩云：“仕进固有余，不肯践场屋。通阛何所傲，傲名非傲俗。定知轩冕中，享荣不偿辱。岂无自安计，得失犹转毂。先生独扬扬，忧患莫能渎。得如虎挟乙，失若龟藏六。茅檐聊寄寓，俯仰亦自足。东坡无边春，方寸尽藏蓄。醉哦旁若无，独侑一樽醁。”② 韦深道不事科举，筑室，榜名“独乐”。元符年间，诸公遭贬，遇过江者，乐善以待。苏轼称赞他有陶潜般的人格境界，故为其寄傲轩题诗。这首诗几乎没有描绘风景，主要是对园主精神与陶潜人格境界关系的说明。

---

① （宋）胡仔：《苕溪渔隐丛话》卷四十一《前集》，廖德明点校，人民文学出版社，1962，第283页。

② 《苏轼诗集》卷三十一《寄傲轩》，第1640页。

三、借物明理

苏轼赏物观的第二重内涵，就是借物明理。这里的“物”主要指园林景物，“理”主要包括伦理，也有事理。这在苏轼的园林审美活动中得到了落实。

先看第一个层次的借物明理，景物被赋予伦理道德的内涵。北宋园林构景常赋予花木以精神，使之成为理想化人格的象征。当时普遍重视景物的体性，并把人格理想寄托于植物景观，形成理学化的审美表达。竹作为高尚节操、品质和气节的象征物，为北宋文人阶层广泛接受。富弼爱竹，其洛阳园中有从玉亭、夹竹亭，以竹为主要构景元素。苏轼也好竹成癖，他说：“可使食无肉，不可使居无竹。无肉令人瘦，无竹令人俗。人瘦尚可肥，士俗不可医。”① 文同志洁博才，善于画竹，以水墨象竹之形容，建墨君堂而居之，托苏轼撰文以颂之：“君又疏简抗劲，无声色臭味，可以娱悦人之耳目鼻口，则与可之厚君也，其必有以贤君矣。世之能寒燠人者，其气焰亦未至若雪霜风雨之切于肌肤也，而士鲜不以为欣戚丧其所守。自植物而言之，四时之变亦大矣，而君独不顾。”② 苏轼以“君”称之，赞许其得志而不骄、不得志而不辱的品格，“群居不倚，独立不惧”。此文沿袭先秦儒家比德的思维方式，突出文同园居环境与其个人品德修养的关联，竹成为园主的贤良德行和高洁志趣的对应物。

北宋文人爱梅成癖，咏梅成风，苏轼也不例外。“寻常一样窗前月，才有梅花便不同”，花木属于园林植物景观，通过种花植木而组景。梅是隐逸文化的象征，代表四时之景中的冬景。林逋有“梅妻鹤子”之誉，其《梅花》诗“疏影横斜水清浅，暗香浮动月黄昏”，“曲尽梅花体态”③ 。林逋品行高逸，深受苏轼称叹。王居卿在扬州时，刚好苏轼等与之相会。王居卿置酒道：“‘疏影横斜水清浅，暗香浮动月黄昏。’此和靖《梅花》诗，然而为咏杏花与桃、李，皆可用也。”苏轼说：“可则可，恐杏花与桃花不敢承当。”④ 此语既出，满座为之大笑。这表明，苏轼仰慕林逋神清骨冷、超逸出群的风姿。苏轼有《忆黄州梅花五绝》《次韵杨公济奉议梅花十首》《再和杨公济梅花十绝》等诗，赏玩梅花的

---

① 《苏轼诗集》卷九《于潜僧绿筠轩》，第448页。

② 《苏轼文集》卷十一《墨君堂记》，第356页。

③ （宋）司马光：《司马温公集编年校注》第六册附录卷四《温公续诗话》，李之亮笺注，巴蜀书社，2008，第200页。

④ （宋）赵令畤：《侯鲭录》卷八《东坡论和靖梅花诗》，孔凡礼点校，中华书局，2002，第202页。

声色、气味和体态。他赏爱梅花的高洁品质和独特神韵，有借物明理的意味。

因此，苏轼把花木种植视为园主德行的培育，体现出道德化的景物构造思想。北宋处士王复居钱塘，多技能，淡名利，筑室治圃，作亭榭，与士大夫游。世人只知其勤于接花艺果，“而不知其所种者德也，乃以名其亭，而作诗以遗之”①。苏轼基于士大夫身份和宋人普遍的道德立场，为王复的“种德亭”赋诗，把植树与种德联系在一起。他还在其他场合提及树木与种德的关系，如：“人皆种榆柳，坐待十亩阴。我独种松柏，守此一寸心。君看闾里间，盛衰日骎骎。种木不种德，聚散如飞禽。老时吾不识，用意一何深。知人得数士，重义忘千金。西园手所开，珍木来千岑。养此霜雪根，迟彼鸾凤吟。”②《礼记》讲松柏有心，贯四时而不改柯易叶，“种德”成为园主道德修养的体现，植物被视为人格品德的延伸。在普遍崇尚道德理性的北宋，苏轼在赏景时强调接花艺果通往道德境界。因为园林树木靠培植而成，就像士大夫名节靠自觉而立，理无二致。这方面的观念深受儒学滋养，却常为学界所忽视。

再看第二层次的借物明理，园林景物作为参悟物态、物趣、物理的契机。苏轼以园中草木观赏为例说明造化无情，或在观赏景物时体证物有荣枯之理。他记园中草木有感：“荒园无数亩，草木动成林。春阳一以敷，妍丑各自矜。蒲萄虽满架，困倒不能任。可怜病石榴，花如破红襟。葵花虽粲粲，蒂浅不胜簪。丛蓼晚可喜，轻红随秋深。物生感时节，此理等废兴。飘零不自由，盛亦非汝能。”③具灵心妙慧，荒园数亩也能见出无限生机。春华秋色，各擅其妙。苏轼认为造化无情，物无贵贱，从荒园草木也可静观物态变化。苏轼从草木观天地造化：“起行西园中，草木含幽香。榴花开一枝，桑枣沃以光。鸣鸠得美荫，困立忘飞翔。黄鸟亦自喜，新音变圆吭。杖藜观物化，亦以观我生。”④从西斋观物察己，万物各得其时，可赏绿苔微花，体证春来草自青花自开的物趣。北宋园林使自然山水融入人居环境，在一花一草、一树一木上凝注对景物之爱，由此培植仁爱之心。北宋理学主张“仁民爱物”，从与人亲善到爱惜万物，对他者怀有慈悲心，使园内景物具足神性，与人类一起生活在大地上，互不干碍。尊重其他生命的存在权利，培育高尚的道德境界。

---

① 《苏轼诗集》卷十六《种德亭并叙》，第 823 页。

② 《苏轼诗集》卷十七《滕县时同年西园》，第 883 页。

③ 《苏轼诗集》卷五《和子由记园中草木十一首》，第 203 页。

④ 《苏轼诗集》卷十三《西斋》，第 630 页。

苏轼晚年被贬儋州，宅院前有竹林，清脆苍劲，蕴含生命伟力。他在《和子由记园中草木十一首》中交代，自己喜好原生态景物，任凭植物遵循自然界的生存法则随季节更替，一派“荒景”“野趣”。苏辙讲南园芦生井栏，萧骚如竹，移植堂下，生命短暂。他抱怨芦容易枯黄，苏轼却表示“不爱当夏绿，爱此及秋枯”。南园荒芜草木成林，其周围“皆高槐古柳，一似山居，颇使野性”。又如，苏轼居住定慧院，保持老枳木，称赞其“性瘦韧，筋脉呈露”，以为古野。他以“古”“野”“老”“淡”等词形容园中草木，赞许内敛的刚劲力量，显示出顽强而坚忍的生命精神。

苏轼的赏石观念也有借物明理的内涵。宋仁宗庆历七年（1047 年），少年苏轼在居宅隙地得异石为砚，直至宋徽宗建中靖国元年（1101 年），他仍然眷恋李正臣的异石。此石跟随他历尽世事沧桑，他也无愧于以石为友。对于苏轼而言，万物无所不适，嶙峋怪石尤其可人。他看重怪石蕴含的人格象征意义。石阴黑阳白，契合《周易》“一阴一阳之谓道”，“温玉声”“精钢色”象征君子之德，“坚操不移”“孤标自隔”象征文人不甘流俗的格调。石无俗格，彰显出尚雅抑俗的情趣。孔子讲“友直，友谅，友多闻”（《论语・季氏》），苏轼以寒梅、瘦竹、丑石为“三友”，借怪石之口表达与之“比德”的意愿，身处尘埃，面对怪石的冰雪容颜而感到羞愧。儒家有使自然物人格化的比德传统，苏轼在赏石时把主体感情移注其中，发挥类比联想的作用，渗透着儒家的道德意识。

北宋中期理学盛行，苏轼在园林审美活动中对论理、悟理、穷理体现出浓厚兴趣，或引经据典，或阔论古今，或表达存在之思。他运用古今对比手法传达赏园体验，或从当下追忆往昔，感慨世事沧桑，岁月无情；或由此地此景勾连起历史风云，拓展了园林景物的人生感和历史感，丰富了园林审美的文化意蕴。苏轼有词：“东武南城，新堤固、涟漪初溢。隐隐遍、长林高阜，卧红堆碧。枝上残花吹尽也，与君更向江头觅。问向前，犹有几多春，三之一。官里事，何时毕。风雨外，无多日。相将泛曲水，满城争出。君不见兰亭修禊事，当时坐上皆豪逸。到如今、修竹满山阴，空陈迹。”① 风流俱寂寞，松竹常萧森，令人惆怅不已。由眼前所见所感引出所思所悟，这是苏轼园林诗词意境生成的常见方式，其穷理的意味颇为明显。苏轼观赏风景时，经常感慨万物兴废无常，

---

① 《苏轼词编年笺证》卷一《满江红・东武会流杯亭》，薛瑞生笺证，三秦出版社，1998，第 159 页。

不再像唐人那么感伤，而是把物之兴废视为常理，进而坦然面对，多了对人生和世相的感悟，流露出通透的智慧。

太守陈公让工匠凿山，造方池，筑凌虚台，求苏轼为之记。苏轼借此纵论物有兴废成毁之理："昔者荒草野田，霜露之所蒙翳，狐虺之所窜伏，方是时，岂知有凌虚台耶？废兴成毁相寻于无穷，则台之复为荒草野田，皆不可知也。尝试与公登台而望，其东则秦穆之祈年、橐泉也，其南则汉武之长杨、五柞，而其北则隋之仁寿，唐之九成也。计其一时之盛，宏杰诡丽，坚固而不可动者，岂特百倍于台而已哉！然而数世之后，欲求其仿佛，而破瓦颓垣无复存者，既已化为禾黍荆棘丘墟陇亩矣，而况于此台欤？"①台的存在且不长久，何况人事得丧，忽然往来。他从台之存亡联系起人事得丧，兴废无常，说明外物"不足恃"的事理。苏轼也批判中唐文人对物的占有现象，多次以历史事件告诫自我，"洛阳泉石今谁主？莫学痴人丽与牛"，指向对牛僧孺占有怪石的批评。

苏轼常从眼前个别具体的事例引发对物有成坏、家国兴废等普遍事理的形而上思考。熙宁四年（1071 年）十一月，孙莘老从广德移守吴兴，次年二月，于府第之北造墨妙亭，广泛搜罗汉代以来古文遗刻以充实之。吴兴山水清远，风俗淳朴，民众安居乐业，寡欲无求，郡守以风流啸咏、投壶饮酒为事。孙莘老主政期间赈灾救民，重视地方文化建设，善待宾客，以赋诗饮酒为乐。苏轼途经该地，孙莘老向他求文。苏轼由此论及万物兴废之理："或以谓余，凡有物必归于尽，而恃形以为固者，尤不可长，虽金石之坚，俄而变坏，至于功名文章，其传世垂后，乃为差久，今乃以此托于彼，是久存者反求助于速坏。此既昔人之惑，而莘老又将深檐大屋以锢留之，推是意也，其无乃几于不知命也夫。余以为知命者，必尽人事，然后理足而无憾。物之有成必有坏，譬如人之有生必有死，而国之有兴必有亡也。虽知其然，而君子之养身也，凡可以久生而缓死者无不用，其治国也，凡可以存存而救亡者无不为，至于不可奈何而后已。此之谓知命。是亭之作否，无足争者，而其理则不可不辨。"②这是借亭记辨析物理，借物明理的旨趣显然。所辨之理不在于亭该不该建，而是指物有成住坏空，不以个人意志为转移。明智之士应顺应造化，毋刻意为之，这就是"知命"，或曰"知常"。这类园记富有深沉的人生感和历史感，留下了北宋尚理的时代特征。

---

① 《苏轼文集》卷十一《凌虚台记》，第 350-351 页。

② 《苏轼文集》卷十一《墨妙亭记》，第 355 页。

园林是人的生活空间，也是人与万物共生之地，景物营构应注重人与环境的和谐共处。当今社会物质文明发达，人居环境得以改善，随着现代化设施的应用，人们的生活更加便利，反而发现人与人之间的交流减少，人与自然物相互隔离，缺乏与其他生命分享愉悦的机会。这样的居住环境难以满足人的精神需求。同时，植树是园林构景的基本元素，当代有些园林构景对树木的种植过于单一，仅仅采用名贵树种支撑门面。完全不考虑树种的生态习性或文化寓意，也不重视树种与其他景物的关系协调，不利于形成稳定的生态环境。此外，某些园林构景奢侈豪华，耗资巨大，铺张浪费，不识物有兴废成坏之理。当代园林建设要满足人的精神需求，符合人类身心发展的规律，应通过合理的环境配置与吸引其他物类栖息，为园林增添生机和活意。对此，可从苏轼借物明理的赏物观吸取智慧。

四、观物自在

观物自在是苏轼赏物观的又一内涵，即以圆融无碍的方式观物，物我无间，各各自在。从思想上溯源，这是庄子齐物论与般若空观融合而形成的观照方式。先秦道家持天人一体的整体和谐观，道作为宇宙万物的根本，也是事物生成与存在的依据。既然道无偏私，对待千差万别的事物就应一视同仁。可是，人们在观照事物时，往往从自身立场和个人利益出发，区别对待。由于各人价值取向、思想水平和思维方式等的差异，观照事物的眼光和态度不尽相同，对事物真相的把握必然存在差别。人与世界对立，就会产生矛盾，因此，庄子主张消除小我，同万物，齐物我。“天地与我并生，而万物与我为一”，破除物与我、主与客的对立，实现人与万物的无间。庄子借北海若之口提出“以道观之，物无贵贱。以物观之，自贵而相贱。以俗观之，贵贱不在己”。“物无贵贱”旨在打破人与物、物与物之间的不平等关系，提倡人与万物平等共存。道家批判人为地破坏自然物的天性，如伯乐治马、鲁侯养海鸟，“是之谓不以心捐道，不以人助天”，要求顺任物性自由发展。庄子学派认为，物不可不任，人获得自由不能以消除物或抛弃物为代价；相反，人的存在不能脱离由物构成的整体环境。因此，人与物之间应维持和谐的关系，所谓“物物而不物于物”（《庄子·山木》），“胜物而不伤”（《庄子·应帝王》）。人不能成为物的奴役，而要摆脱对物的依赖，不受私情牵绊，不受欲念束缚，齐同万物，泯灭差别，道通为一，则无所不适，心灵才能实现真正的自由。坦然面向生死、是非、祸福、贵贱、成败、安危、毁誉，而无动于心，获得彻底的精神解放。

观物自在的另一渊源在于般若空观。禅宗认为，事物体性虚空，毫不实在，真空幻有，一体双面，务必“于一切处而不住相，于彼相中而不生憎爱，不取不舍”①，以此了悟“一相三昧”，才能照亮事物的本来面目，“于相而离相”是其基本功夫。所谓无住于相，是指“外离一切相，是无相。但能离相，性体清净，是以无相为体”②，从根本上切断对世相的执念。离相意味着不执定相，心境自在。观照事物不生取舍，远离颠倒心，不落分边见，才能显现真相。

在促成圆融自在的观照方式方面，苏轼不遗余力，贡献尤大。他消除事物因对待造成的分际，呼吁心性的自由。他认为，人的欲念和成见导致事物分别，物我隔离。人们在看待事物时习惯于从主观意志出发，使自我与外物彼此对立，事物的真相被遮蔽。他认同庄子物我齐一的思想，“天下为量，万物一家”，以此观物应世，“无物不可”，不因人生得失、荣辱、是非而困扰不安。因此，苏轼《醉白堂记》提出“齐得丧，忘祸福，混贵贱，等贤愚，同乎万物，而与造物者游”。又其题观鱼台诗云：“欲将同异较锱铢，肝胆犹能楚越如。若信万殊归一理，子今知我我知鱼。”③观鱼台位于凤阳县城东濠水之上，此诗为咏观鱼台所作，援引了庄子的齐物论。苏轼拈出“万殊归一理”，典出“自其异者视之，肝胆楚越也；自其同者视之，万物皆一也”（《庄子·德充符》），且与《庄子·秋水》中的濠梁之辩有一定关联，还能见出理事无碍的华严思维。苏轼融合释道思想于一炉，旨在破除对立之见，“子”“我”“我鱼”其理为一。

苏轼在拳石与崇山之间搭建平等的价值桥梁，体现出观物自在的特征。他将颍州西湖与杭州西湖等量齐观。在他看来，万物本原一体，之所以产生差别，主要是比较和分别所致。使之置于广阔的宇宙，以平等的态度处之，则能明了万物齐一之理。苏轼为南都妙峰亭所撰榜题云：“俯仰尽法界，逍遥寄人寰。亭亭妙高峰，了了蓬艾间。五老压彭蠡，三峰照潼关。均为拳石小，配此一掬悭。”④苏轼的登临游览之作气象豪迈、心境阔朗、境界旷远，有即色即空的禅意在焉。他游览真山，基于宇宙视域，使之缩为一掬拳石；当他身处官衙和书

① 静、筠二禅师编撰《祖堂集》卷第二《惠能和尚》，孙昌武等点校，中华书局，2007，第128页。

② 《六祖坛经》，杨曾文校写，宗教文化出版社，2001，第19页。

③ 《苏轼诗集》卷六《观鱼台》，第287页。

④ 《苏轼诗集》卷二十四《南都妙峰亭》，第1326页。

斋时，又把案头的怪石、盆中的假山放大为天外奇峰。这样流动不居地观物，摆脱具体时空的限制，由此及彼，由近及远，从有限以至无限，映现出腾挪自在的心境。总之，苏轼不被物囿，物之大小、真幻不再截然对立。再看一例。元祐年间，周焘游天竺灵山教寺，观看激水并赋诗："拳石耆婆色两青，竹龙驱水转山鸣。夜深不见跳珠碎，疑是檐间滴雨声。"苏轼以诗和之："道眼转丹青，常于寂处鸣。早知雨是水，不作两般声。"此诗暗用佛典传颂，而以"道眼"包摄五眼。据苏诗（冯注）引傅大士《金刚颂》："天眼通非阂，肉眼阂非通。法眼惟观俗，慧眼真缘空。佛眼如千日，照异体还同。"①"道眼"如"天眼"通观事物，也能像"慧眼""法眼"那样观照事物。讲究"通"而非"阂"，便可领会雨水体性不二。

苏轼在赏石时流露出以"道眼"观物的态度，如："禅师尝以道眼观一切，世间混沦空洞，了无一物，虽夜光尺璧与瓦砾等，而况此石！"②他在赏石时援引即色即空的思想，心无沾滞，活泼玲珑。他又云："苏子既以怪石供佛印，佛印以其言刻诸石。苏子闻而笑曰：'是安所以来哉？予以饼易诸小儿者也。以可食易无用，予既足笑矣，彼又从而刻之。今以饼供佛印，佛印必不刻也，石与饼何异？'参寥子曰：'然。供者，幻也。受者，亦幻也。刻其言者，亦幻也。夫幻何适而不可。'"③人们以怪石为坚固之物，以此象征永恒。苏轼深受般若空观启发，指认万物虚空，毫不实在，怪石也只是觉悟法门。由此可感悟人生，以澄明之心体证存在的意义。

苏轼的赏石活动体现出观物自在的特征。"坡平生爱奇石，尝取文登弹子涡石，以诗遗垂慈堂老人；得齐安江石，作怪石供以遗佛印；又从程德孺得仇池石，以高丽大铜盆盛之。湖口李正臣蓄异石，九峰玲珑，坡欲以百金置之，名之曰'壶中九华'，赋诗云：'念我仇池太孤绝，百金归买小玲珑。'集中别有醉道士石、怪石、石斛诗，要皆以坡传耳。"④苏轼晚年赏玩之石主要是仇池石和"壶中九华"。前者有穴达于背，取杜甫《秦州杂诗》"万古仇池穴，潜通小有天"命名。九峰异石玲珑宛转，苏轼购之，与仇池石为伴，并赋诗记述此事：

---

① 《苏轼诗集》卷二十八《次周焘韵》（冯注），第1668页。
② 《苏轼文集》卷六十四《怪石供》，第1986-1987页。
③ 《苏轼文集》卷六十四《后怪石供》，第1987页。
④ （清）王士祯：《带经堂诗话》卷二十二，夏闳校点，人民文学出版社，1963，第628页。

“清溪电转失云峰，梦里犹惊翠扫空。五岭莫愁千嶂外，九华今在一壶中。”①“壶中九华”因一石九峰得名，神仙壶公之“壶”也，别有天地山川。这组怪石的命名与苏轼晚年的隐逸意识有关。此诗撰于绍圣元年（1094年）惠州贬所，“壶中九华”这一称呼寄寓小中见大、大小圆融的意趣。同样是观赏园林景物，苏轼《吏隐亭》表现出纵横忧患而悠闲自在之心，其《涵虚亭》则表达出虚涵万有之境。拿它们与刘禹锡《海阳十咏》对比，不仅能发现苏轼以圆融无碍之心观物的方式，而且能在一定程度上体证唐宋园林赏景观念的转向。

苏轼深受北宋文人阶层禅悦之风的感染，进入观物自在的鼻观法门。《维摩诘所说经》讲“虽说饮食，而以禅悦为味”。禅悦使现象世界、感觉世界与心灵世界深度交涉，使人的感官欲望升华为诗意和禅意，这对于园林风景美感生成而言有不可忽略的意义。中国佛教有历缘修止观法门，六缘分别是指行、住、坐、卧、作、言语。佛教又讲对境修止观法门，六尘境分别为眼对色、耳对声、鼻对香、舌对味、身对触、意对法。以闻香为例，鼻嗅香味修止观，闻香而知其虚空不实，不起执着心，不生乱念。苏轼有诗：“四句烧香偈子，随香遍满东南。不是闻思所及，且令鼻观先参。”②“鼻观”富有佛学意蕴，与禅悦之风相关。苏轼多次提及这一说法，其词云：“公子眼花乱发，老夫鼻观先通。领巾飘下瑞香风。惊起谪仙春梦。后土祠中玉蕊，蓬莱殿后鞓红。此花清绝更纤秾。把酒何人心动。”③在闻香的过程中修观，是指闻香虚空无实，觉悟其根尘缘合，而生鼻识，次生意识，强取香相，是名闻香。反观闻香之心，不落定相，由闻香觉悟事物毕竟虚空，是名修观。④历缘对境修止观，顺情色、香、声、味、触、法，不起贪着之念。这为宋代园林香景构造与赏玩提供了思想依据。六尘境和合而生，不可强以为真，因为万物毕竟空寂，并非实体。香禅的出场离不开鼻观，宋代闻香（焚香）活动频繁。文人以此为雅举，作为日常生活诗意化、禅趣化的表征，经由鼻观法门而开启性灵的愉悦。在苏轼看来，生活世界之香带来的不是单纯的感官享乐，而是由此触发参禅悟道的愉悦体验。它已转化为禅悦之味，成为觉解人生世相的法门。

---

① 《苏轼诗集》卷三十八《壶中九华诗并引》，第2048页。

② 《苏轼诗集》卷二十八《和黄鲁直烧香二首》其一，第1478页。

③ 邹同庆、王宗堂：《苏轼词编年校注》《西江月·宝云真觉院赏瑞香三首》其一，中华书局，2002，第653-654页。

④ 石峻、楼宇烈等编《中国佛教思想资料选编》第二卷第一册《修习止观坐禅法要》卷上，中华书局，1983，第101页。

五、寓意于物

寓意于物，这是苏轼赏物观最富有原创性的内涵。它是针对书画鉴藏活动而提出来的。

书画鉴藏始于汉魏，唐宋之际兴盛。唐代以前，书画主要发挥史传功能，实现政治教化作用。中唐以来，书画的审美意义得到重视，其怡情悦性的价值不断彰显。张彦远《历代名画记》把图画规定为“有国之鸿宝，理乱之纪纲”，这是指认书画的政治教化功能；同时，他还交代自己痴迷于书画鉴藏带来的精神愉悦，甚至感慨：“不为此无益之事，何以悦吾有涯之生?”这一文本透露出唐宋之际书画功能观转向的迹象。此后，书画的审美价值和陶冶性情之功引起文人阶层广泛关注。到了北宋中期，书画鉴藏的意义和价值得到进一步确认。

当时文化氛围浓厚，艺术品收藏与鉴赏成风，文人有更多机会纵览法帖、墨迹和画卷，并对此进行精神交流。文同建墨君堂，收藏古今法书名画。王诜远离声色，雅好书画，建宝绘堂以蓄之，向苏轼求记。熙宁十年（1077 年）七月，苏轼结合自身经历劝慰他“全其乐而远其病”，并在此文中提出“寓意于物”的说法。他说：“君子可以寓意于物，而不可以留意于物。寓意于物，虽微物足以为乐，虽尤物不足以为病。留意于物，虽微物足以为病，虽尤物不足以为乐。”他还说，老子对沉溺于五色、五音、五味、驰骋田猎之弊满怀警惕，却不曾废弃世俗之物，因为物可以寓意，满足人的合理需求。以书画为例，它们足以悦人，而不足以移人。倘若留意而不释，必将招致灾祸，书画史上不乏留意之祸。苏轼反省自己年少嗜好书画的行为：“始吾少时，尝好此二者，家之所有，惟恐其失之，人之所有，惟恐其不吾予也。既而自笑曰：吾薄富贵而厚于书，轻死生而重于画，岂不颠倒错缪失其本心也哉?”① 事过境迁，蓦然回首，却发现往事缥缈，宛如烟云过眼、百鸟感耳，便不再为书画的得失、取舍所恼。坦然面对，欣然接受，书画因而化为乐事，不再成为心病。苏轼还以欣赏的眼光看待文房器物，认为笔墨精妙，贵在其精神不可复制，充满对世俗物欲的警惕。他批评李公择见墨便夺，悬墨满室，对这类占有行为表示不满。文房器物虽属雅好，但不可变成个人贪婪的物欲对象。要警惕以赏玩为名，行利欲争夺之实，成为物欲的奴役，就会丧失生命的本真和自由。毕竟人生有涯，玩物无

① 《苏轼文集》卷十一《宝绘堂记》，第 356-357 页。

穷，不必为此自寻烦恼。苏轼经常感慨人生苦短，不如器物耐用，通过对比人与物的存在及其命运遭际，引发对人生幻化的思考，提示人们不被物欲所缚。

苏轼还以鹤这一园亭景物为例，说明赏物之道。他说："盖其为物，清远闲放，超然于垢之外，故《易》《诗》人以比贤人君子隐德之士。狎而玩之，宜若有益而无损者，然卫懿公好鹤则亡其国。周公作《酒诰》，卫武公作《抑戒》，以为荒惑败乱无若酒者，而刘伶、阮籍之徒以此全其真而名后世。嗟夫，南面之君，虽清远闲放如鹤者犹不得好，好之则亡其国，而山林遁世之士，虽荒惑败乱如酒者犹不能为害，而况于鹤乎？由此观之，其为乐未可以同日而语也。"① 这是说，面对同一景物，快乐或益或损，并无固定标准，因人而异，取决于赏物者的立场和性情等因素。同样是好鹤，卫懿公玩物丧志；同样嗜酒，刘伶成就名士风流。可见，景物是否可乐，其判别标准在于赏物态度，并非由物自身决定。赏物美感的生成具有社会性和历史性，而非纯然的、抽象的概念所指，"寓意"在其中发挥关键性作用。

苏轼把老子美恶相待、庄子齐物论融入赏石观念之中。"天下皆知美之为美，斯恶已；皆知善之为善，斯不善已。"（《道德经》第二章）庄子以譬喻方式说明美丑齐一之理："毛嫱丽姬，人之所美也。鱼见之深入，鸟见之高飞，麋鹿见之决骤。四者孰知天下之正色哉？"（《庄子·齐物论》）人以为美，动物却以为丑；人以为丑，动物或以为美，可见美与丑并无定准。北宋中期，老庄对美丑问题的思考被佛教的不二中道所激活，并在苏轼的赏石活动中产生影响，汇入园林审美风潮。苏轼提到，庭院中不成材的怪石托梦给他，诉说自己的功绩，声明对人类有无用之用。此时，苏轼意识到怪石蕴藏坚贞的人格力量，从而改变了对它的看法。这一梦境表明，苏轼肯定怪石的审美价值，其画作《枯木怪石图》《潇湘竹石图》与赏石活动有关。苏轼《怪石供》对此有所说明："今齐安江上往往得美石，与玉无辨，多红黄白色。其文如人指上螺，精明可爱，虽巧者以意绘画有不能及。岂古所谓怪石者耶？凡物之丑好，生于相形，吾未知其果安在也。使世间石皆若此，则今之凡石复为怪也。"②"物之丑好，生于相形"是苏轼对怪石审美价值的概括。他认为美丑相待而存，怪石的价值因为美石的存在而彰显。苏轼在《文与可画赞》中提出"石文而丑"的说法，有《咏怪石》《题王晋卿画石》等与赏石相关的诗文。郑燮引用并评述过苏轼的说

① 《苏轼文集》卷十一《放鹤亭记》，第 360-361 页。

② 《苏轼文集》卷六十四，第 1986 页。

法："东坡又曰：'石丑而文'，一'丑'字则石之千态万状，皆从此出。彼元章但知好之为好，而不知陋劣之中有至好也。东坡胸次，其造化之炉冶乎。"① 在他看来，苏轼的赏石境界比米芾更胜一筹。他主张从丑石发掘至美，蕴含美丑不二的理路，成为生命情趣的寄托。凡此种种，都是在彰显平常普通之物的审美价值。

苏轼得废圃于黄州东坡之胁，造"雪堂"，大雪中为之，又绘雪于四壁，起居偃仰，所见无非雪景。他说："游以适意也，望以寓情也。意适于游，情寓于望，则意畅情出，而忘其本矣。虽有良贵，岂得而宝哉。是以不免有遗珠之失也。虽然，意不久留，情不再至，必复其初而已矣，是又惊其遗而索之也。"雪堂令人洗涤烦郁，远离炙手之讥，免除饮冰之疾。造雪堂非取雪之势，乃取雪之意。不是逃离世事，而是表达不染世俗之心，不趑趄于利害之途，不游走于忧患之域。"性之便，意之适，不在于他，在于群息已动，大明既升，吾方辗转，一观晓隙之尘飞。"② 此时，宋哲宗主政，苏轼再贬惠州，身处逆境而追忆雪堂。在这篇园记中，他提出"游以适意，望以寓情"的说法，也有寓意于物的内涵。

苏轼提倡"寓意于物"，不主张彻底消除欲望，在人与物的间性关系中协调个体需求。当意识到个人情感、意向属于诗意的寄寓，而非实在的占有，意向所指并非单一而固定的客观对应物，就能以通透自在之心维持人与外物的平衡。这一观念显示出宽广的文化视野，体现出博雅的人文情怀。

寓意于物是指以平常心观物，以审美的态度应世接物，需要开启妙悟之心。在园林审美活动中，妙悟对于观物意义非凡。换句话说，园林风景只对能与之精神对话的人开启。苏轼诗云："甲第非真有，闲花亦偶栽。聊为清净供，却对道人开。"③ 这表明，不存在固定不变的审美关系，赏园活动在特定的情境下展开。他又说："西湖天下景，游者无愚贤。深浅随所得，谁能识其全。"④西湖美景不择愚贤，古往今来游西湖者无数，各自生成的美感有异。这是因为各人性分不同，"深浅随所得"，取决于各人寓"意"的程度和方式等因素。

苏轼强调心境悠闲对于园林风景美感生成的决定作用，深含寓意于物的旨

① （清）郑燮：《郑板桥全集》《题画》，世界书局，1936，第24页。
② 《苏轼文集》卷十一《雪堂记》，第412页。
③ 《苏轼诗集》卷二十四《次荆公韵四绝》其四，第1253页。
④ 《苏轼诗集》卷十三《怀西湖寄晁美叔同年》，第644页。

趣。元丰六年（1083 年）十月十二日夜，他与张怀民游承天寺，“相与步于中庭。庭下如积水空明，水中藻荇交横，盖竹柏影也。何夜无月，何处无竹柏，但少闲人如吾两人耳”①。此时此地，月色澄明，寺院清幽，唯有如此“闲人”，这样的月夜风景才有意义。他在另一处表达出接近的看法：“临皋亭下八十数步，便是大江，其半是峨嵋雪水，吾饮食沐浴皆取焉，何必归乡哉！江山风月，本无常主，闲者便是主人。闻范子丰新第园池，与此孰胜？所以不如君子，上无两税及助役钱尔。”②这是苏轼为亭堂闲题，认为心境闲适才能领略江山风月美景。尽管苏轼和白居易都倡导闲适，但白居易偏重身心安逸，乐道寄身园林而衣食无忧的生活，并未摆脱对景物的依赖心理。相比之下，苏轼更注重心境自在，直面人生而旷达超然，参透万象皆空，做自己性灵的主人，物我无间，与造化同流。

苏辙对苏轼不择境遇的态度极为推崇，他说：“盖天下之乐无穷，而以适意为悦。方其得意，万物无以易之；乃其既厌，未有不洒然自笑者也。”③这是说，苏轼坦然面对得失遭遇，故不择境遇，不刻意追逐，“以适意为悦”。苏辙之辞难免溢美成分，但弟兄所见当有可信处。苏轼曾对苏辙说：“吾兄弟俱老矣，当以时自娱，此外万端皆不足介怀。所谓自娱者，亦非世俗之乐，但胸中廓然无一物，即天壤之内，山川草木虫鱼之类，皆吾作乐事也。”④他还指出，凡物皆有可观，皆有可乐，物无大小，泯灭内外，则美恶不生，忧乐不出，不加拣择，安往而不乐。

北宋施行士大夫政治，为了防止文官专权，采用三省分权制和台谏监督弹劾制。台谏是指御史台和谏议院，按照宋代职官分工，官吏可能受到言官弹劾而被贬，乃至罢免。同时，朋党之争激化，官吏之间党同伐异，意气纷争。这种士大夫政治伴生的党争现象，对于文人价值理想和审美情趣的影响不容小觑。换个角度看，以苏轼为核心的文人集团形成，彼此有大致接近的人生理想、生活情趣和审美品位，必定会对当时文人阶层的审美观念产生导向作用。关于苏轼赏物观的历史贡献和社会影响，也应作如是观。

有学者指出，苏轼的生活具有“纯美学的特质”，不仅与艺术相连，而且是

① 《东坡志林》卷一《记承天寺夜游》，王松龄点校，中华书局，1981，第 2 页。

② 《东坡志林》卷四《亭堂・临皋闲题》，第 79 页。

③ 《苏辙集》《武昌九曲亭记》，第 407 页。

④ 《苏轼文集》卷六十《尺牍〈与子由弟十首〉以下俱黄州》其十，第 1839 页。

通往觉悟的路径。“在苏轼的世界中，由‘实践’而‘开悟’的方式具有一种纯美学的特质，这种‘实践’可以是诗、书，也可以是音乐、茶艺，它们都是‘得道’之径，亦是可以‘得’入此径的法门。”①苏轼由“实践”而“开悟”的方式也体现在他的赏物观及其具体的园林审美实践中。他试图突破人生与艺术、审美与妙悟之间的界限，使日常生活诗意化，而园林生活在其中起着中介作用。基于苏轼的巨大社会影响力，这种由“实践”而“开悟”的方式对宋代以来园林审美观念建构和园林审美生活风尚形成均有引领之功。

较长时期以来，中国美学史研究受西方近代自律论美学影响极深，经常把苏轼视为超功利美学观的代表，甚至过度放大其超功利的一面。上文分析表明，苏轼的赏物观内涵丰富且复杂，需要还原到特定的历史文化语境予以考察，不可简单化处理。苏轼的赏物观确实存在超功利的方面，但他与其他历史人物一样，都受制于特定时代的文化语境。他生活在儒学复兴的北宋中期，士大夫意识和儒者底色明显，他的赏物观与当时的政治、道德紧密关联，这一点不容否认。考虑到这一点，就会发现以往研究思路和方法难免有以偏概全之嫌，甚至有意无意地遮蔽了历史的真相。结合苏轼的赏物观及其在园林审美领域的践行看，他既有游心物外的超功利性特征，也不免借物明理的道德意识和政治关怀。之所以出现这样复杂的情况，与其坎坷的人生经历、周游三教的思想背景及其驳杂多元的知识结构有关。在此不再展开，这里强调的是，苏轼的赏物观正因其复杂而充满张力而引人关注。他调和三教，并使之达成某种平衡。他虽有对物欲的警惕，却不见对物的焦虑，但也绝非像某些学者说的那样纯粹，那么超脱萧散，完全出于个人性情愉悦的表达。

① （美）艾朗诺：《美的焦虑：北宋士大夫的审美思想与追求》，杜斐然、刘鹏、潘玉涛译，上海古籍出版社，2013，第137页。

苏轼审美价值观侧议

张　晶

摘　要： 北宋文化巨子苏轼是中国文化史的高峰，其绘画批评对于中国画坛的文人画发展具有开创性意义。苏轼论画，有鲜明的文人画价值观念。他所提出的“画中有诗”，是文人画的基本特征。而所谓“画中有诗”，一是画家兼有诗人的本色，二是绘画的诗性思维，也即“运思高妙”。苏轼推崇的王维、李公麟（伯时）、王诜（晋卿）、宋迪、宋汉杰等画家，都具有这些特征。苏轼主张画以“传神”，贬低“形似”，而他主张的“传神”并不以牺牲“形似”为代价。他所谓的“形似”，其实就是缺乏思致。苏轼所高度推崇的文人画，更在于绘画的主体意趣。

关键词： 苏轼　绘画美学　文人画　传神　主体意趣

作为北宋时期的文坛领袖，苏轼对中华文化的发展，贡献了许多宝贵的精神财富，在画论方面尤为突出。习近平同志在文艺座谈会的讲话中提出“传承与弘扬中华美学精神”，对于我们今天进行民族复兴的伟大事业来说，有着非常重要的意义。中华美学精神并非抽象空洞的概念，而是体现在中华民族文学艺术辉煌成就中的审美层面，它从远古走来而又活跃于当下中国人的审美意识之中。苏轼这座中国文化史上的高峰，在他的文学艺术活动中留下了非常丰厚的美学遗产，也对其后中国人审美观念产生了深刻的影响。

本文作者张晶，现为中国传媒大学文科资深教授、人文学院院长、文艺学学科带头人。

一

苏轼不仅是一位蜚声文坛的大文学家，而且也是具有代表性的画家及绘画批评家。他的诗集中有数十首题画诗，东坡题跋中有关于绘画的题跋三十余篇，还有若干篇关于绘画的杂记。无论是对当时画坛，还是绘画史，都有开拓性的作用。

东坡论画，有很明确的文人画价值观，对于文人画传统的形成及其评价，影响至为深远。但东坡的绘画批评，并非简单地倡导文人画的审美观念，而是对唐宋以还的著名画家进行独特的分析，就此提出具有历史感的精准定位。

东坡的《王维吴道子画》一诗，明显地体现了作者的文人画价值观念，其所蕴含的绘画史内蕴值得我们寻绎。《王维吴道子画》云：

> 何处访吴画？普门与开元。开元有东塔，摩诘留手痕。吾观画品中，莫如二子尊。道子实雄放，浩如海波翻。当其下手风雨快，笔所未到气已吞。亭亭双林间，彩晕扶桑暾。中有至人谈寂灭，悟者悲涕迷者手自扪。蛮君鬼伯千万万，相排竞进头如鼋。摩诘本诗老，佩芷袭芳荪。今观此壁画，亦若其诗清且敦。祇园弟子尽鹤骨，心如死灰不复温。门前两丛竹，雪节贯霜根。交柯乱叶动无数，一一皆可寻其源。吴生虽妙绝，犹以画工论。摩诘得之于象外，有如仙翮谢笼樊。吾观二子皆神俊，又于维也敛衽无间言。①

这首诗是《凤翔八观》组诗中的一首，在其题画诗中却是极有价值的。王维和吴道子都是唐代的著名画家，东坡在这里表现出二人的轩轾。就绘画史的客观评价来说，吴道子在唐代画坛上的地位是远超王维的。唐代朱景玄著《唐代名画录》，以神、妙、能、逸四个品级论画。除逸品外，神、妙、能三品又各分三个档次，即神品上、神品中、神品下；妙品上、妙品中、妙品下；能品上、能品中、能品下，依次作为品评画家高下的品级。朱氏以吴道子（吴道玄）作为“神品上”的唯一一位画家，可见在朱景玄的排序中，吴道子是唐代画家第一人！朱景玄在《唐代名画录》序中高度评价吴道子在唐代画坛上的地位：“近代画者，但工一物，以擅其名，斯即幸矣。惟吴道子天纵其能，独步当世，要

① 《苏轼诗集》第一册，中华书局，1982 年，108 页。

可以齐踪于陆、顾。又周昉次焉；其余作者一百二十四人。”①他在正文中评价吴道子的成就时说：“凡画人物、佛像、神鬼、禽兽、山水、台殿、草木皆冠绝于世，国朝第一。”②可见其在各种绘画题材的创作方面都有突出的成就。对于释道人物画，吴道子更有创造性的发展，形成了与前代不同的艺术范式——“吴家样”。《宣和画谱》的描述，颇能见出吴道子的画风：“开元中，将军裴旻居母丧，请道子画鬼神于天宫寺。资母冥福。道子使旻屏去缞服，用军装缠结，驰马舞剑，激昂顿挫，雄杰奇伟，观者数千百人，无不骇慄。而道子解衣磅礴，因用其气以壮画思，落笔风生，为天下奇观。故庖丁解牛，轮扁斫轮，皆以技进乎道；而张颠倒观公孙大娘舞剑器，则草书入神。道子之于画，亦若是而已，况能屈骁将，如此气概，而岂常者哉！然每一挥毫，必须酣饮，此与为文章何异，正以气为主耳。至于画圆光，最在后，转臂运墨，一笔而成。观者喧呼，惊动坊邑，此不几于神耶！”③吴道子的画风形神兼备，在唐代画坛上堪称最佳。苏轼对于吴道子在佛寺中的绘画也是高度称赞的，“当其下手风雨快，笔所未到风雨吞”，形容其画风十分传神，所画佛像及佛经故事栩栩如生。邵博《邵氏闻见后录》卷二十八载：“凤翔府开元寺大殿九间，后壁吴道玄画，自佛始生修行说法至灭度，山林、宫室、人物、禽兽数千万种，极古今天下之妙。如佛灭度，比丘众辟踊哭泣，皆若不自胜者。虽飞鸟走兽之属，亦作号顿之状。独菩萨淡然在旁如平时，略无哀戚之容。岂以其能尽死生之致者欤？曰‘画圣’宜矣。”④从绘画的角度来看，吴道子的成就与地位无论如何也不能排在王维之下。朱景玄作《唐代名画录》，将吴道子置于神品上，是唯一的一位。神品中是周昉，也是唯一的一位。神品下有七人：阎立本、阎立德、尉迟乙僧、李思训、韩干、张璪、薛稷。王维则排在“妙品上”，同列有八人：李昭道、韦无忝、朱审、王维、韦偃、王宰、杨炎、韩滉。可见，王维在唐代画史上的地位是无法与吴道子抗衡的。而到了苏轼这里，却认为与王维相比，吴道子还在“画工”的范围之内，王维则有更高的境界。“敛衽无间言”，表达出更尊崇更恭敬的态度。这种翻转，究竟是出于什么样的标准？难道是苏轼的出尔反尔？

苏轼对吴道子的绘画艺术其实是推崇备至的，他认为吴道子在唐代是绘画

① 于安澜编《画品丛书》，上海人民出版社，1982，第68页。

② 同上书，第75页。

③ 俞剑华注释《宣和画谱》卷二，江苏美术出版社，2007年，第59页。

④ 《全宋笔记》第四编第六册，大象出版社，2017，第195页。

艺术最为专业化的杰出代表。苏轼评吴道子的画："智者创物，能者述焉，非一人而成也。君子之于学，百工之于技，自三代历汉至唐而备矣。故诗至于杜子美，文至于韩退之，书至于颜鲁公，画至于吴道子，而古今之变，天下之能事毕矣！道子画人物，如以灯取影，逆来顺往，旁见侧出，横斜平直，各相乘除，得自然之数，不差毫末，出新意于法度之中，寄妙理于豪放之外，所谓游刃余地，运斤成风，盖古今一人而已。余于他画，或不能必其主名，至于道子，望而知其真伪也。然世罕有真者，如史全叔所藏，平生盖一二见而已。"①苏轼对吴道子的绘画艺术的品评非常准确，从审美的角度真正揭示了吴道子人物画的特征，而且将其置于中国艺术发展史的长河中予以最高的定位。诗以杜甫、文以韩愈、书以颜真卿、画则以吴道子作为这几门艺术登峰造极的代表人物。

再看苏轼对王维作为画家的评价，可以推知他在绘画批评上的取向。如果推尊代表唐代艺术顶峰的画家，当然要数吴道子；而欲倡导绘画吸纳诗境的新变，则当推王维。《王维吴道子画》中称"摩诘得之于象外"，正是画中有诗的境界。"象外"是中国诗学的价值尺度，"象外之象""韵外之致"，在中国诗学传统中被普遍性地视为最具意境之美的诗学价值。晚唐诗论家司空图于此颇有代表性，他说："戴容州云：诗家之景，如蓝田玉暖，良玉生烟，可望 而不可置于眉睫之前也。象外之象，景外之景，岂容易可谈哉？"②"近而不浮，远而不尽，然后可以言韵外之致耳。"③中唐诗人刘禹锡更为明确提出了"境生于象外"的美学命题。"象外"是指诗歌创作在有限的语言形式中所生成的多重意蕴。苏轼以"象外"来指称诗的意境之美，并且用之于绘画，主张绘画应该有类于诗作的那种空灵的含蓄的美感。明代王鏊所撰《震泽长语》评摩诘诗云："摩诘以淳古澹泊之音，写山林闲适之趣，如辋川诸诗，真一片水墨不着色画。"④颇能道出摩诘诗的"象外"之美。

文人画（士人画）是苏轼在北宋画坛上所标举的类型。纪昀批点此诗云："摩诘、道子画品，未易低昂。"王文诰则说："道元（道子）虽画圣，与文人气息不通；摩诘非画圣，与文人气息通，此中极有区别。自宋元以来，为士大夫画者，瓣香摩诘者则有之，而传道元衣钵者绝无其人也。公（苏轼）画竹实

① 《苏轼文集》第五册，中华书局，1986，第2210页。

② 《中国古文论释林隋唐五代卷》，北京大学出版社，2011，第522页。

③ 同上书，第508页。

④ 陈伯海主编《唐诗汇评》，上海古籍出版社，2015，第422页。

始摩诘。”①这就揭示了苏轼作为文人画新画风的开启者的地位。

王维是画家，更是诗人。苏轼论王维画所云之“味摩诘之诗，诗中有画；观摩诘之画，画中有诗”（《书摩诘蓝田烟雨图》）成为对王维诗画艺术的定评，也是内在地体现了苏轼文人画审美标准的重要命题。王维画的诗意内涵，是其作为文人画先驱人物的根本特征。王维曾有诗句：“当世谬词客，前身应画师。不能舍余习，偶被世人知。”可谓自知之言。东坡在诗中高度赞赏王维诗人与画家兼为一身：“前身陶彭泽，后身韦苏州。欲觅王右丞，还向五字求。诗人与画手，兰菊芳春秋。又恐两皆是，分身来入流。”②对王维诗人兼画家的身份，予以高度肯定与赞扬。诗中还着重指出王维五言诗的成就，也与其绘画风格有密切关系。陶彭泽（渊明）、韦苏州（应物），都是以五言诗的自然澹远为其风格特征的。唐代诗论家殷璠评王维诗谓：“维诗词秀调雅，意新理惬，在泉为珠，着壁成绘，一句一字，皆出常境。”③明代诗论家胡应麟评其五言诗说：“右丞五言，工丽闲澹，自有二派，殊不相蒙。‘建礼高秋夜’‘楚塞三湘接’‘风劲角弓鸣’‘扬子谈经处’等篇，绮丽精工，沈、宋合调者也。‘寒山转苍翠’‘一从归白社’‘寂寞掩柴扉’‘晚年惟好静’等篇，储、孟同声者也。”④都是就王维的五言诗而言的。东坡诗的着眼点还是在摩诘作为画家，他的画风与他的五言诗有着深刻的一致性。

不唯是一般性的画中有诗，而且是以王维独特的诗歌意境，为文人画的发展开辟了一条道路。王维的五言诗冲和淡远，且以象外之象、韵外之致著称于诗坛。东坡称其“得之于象外”，深刻地道出了王维画的诗意特征的具体内涵。

文人画与诗的内在关联，突出的表征在于以诗的思维进行运思与构形，也即所谓“运思高妙”。诗歌创作打破现实时空，以诗人的想象来整合诗境，如刘勰在《文心雕龙·比兴》篇的赞语中所说的“诗人比兴，触物圆览。物虽胡越，合则肝胆”⑤。现实中的物象，可能是相距甚远，而诗人将其合为一个完整的意境。东坡推许文人画（士人画）而对“画工画”加以微词，如其评宋汉杰的山水画时说：“观士人画，如阅天下马，取其意气所到。乃若画工，往往只取鞭策

① 王水照：《苏轼选集》，上海古籍出版社，2014，第16页。

② 《苏轼诗集》第八册，第2543页。

③ 李珍华、傅璇琮：《河岳英灵集研究》，中华书局，1992，第149页。

④ （明）胡应麟：《诗薮》，上海古籍出版社，1958，第69页。

⑤ 范文澜注《文心雕龙注》，人民文学出版社，1958，第603页。

皮毛，槽枥刍秣，无一点俊发，看数尺便倦。汉杰真士人画也。”[1]这里不仅是评宋汉杰的画，而且明确昭示了自己的文人画价值观，因此影响广泛。宋汉杰在北宋时期算不得非常有名的画家，而只是他的画风较为典型地代表了文人画（士人画），“意气所到”，不止于皮毛。宋汉杰是北宋画家宋迪的侄子，宋迪绘画以山水画见长，对他影响至深。“意气所到”也即画中的“气韵生动”而非流于形似。宋迪作画，即颇有士人画之风。《宣和画谱》载：“文臣宋迪，字复古，洛阳人，以进士擢第为郎。性嗜画，好作山水，或因览物得意，或因写物创意，而运思高妙，如骚人墨客，登高临赋，当时推重，往往不名，以字显，故谓之宋复古。又多喜画松，而枯槎老卉，或高或偃，或孤或双，以至于千株万株，森森然，殊可骇也。”[2]宋迪作画的运思方式及题材，对文人画的影响至为深远。“运思高妙”，这也是苏轼推重文人画的一个重要方面。宋迪对陈用之绘画运思方式的启发，可以理解文人画在这方面的优势所在。沈括记载：“度支员外郎宋迪工画，尤善平远山水。其得意者有《平沙雁落》《远浦帆归》《山市晴岚》《江天暮雪》《洞庭秋月》《潇湘夜雨》《烟寺晚钟》《渔村落照》，谓之八景，好事者多传之。往岁小窑村陈用之善画，迪见其画山水，谓用之曰：‘汝画信工，但少天趣。’用之深伏其言，曰‘常患其不及古人者，正在于此。’迪曰：‘此不难耳，汝先当求一败墙，张绢素讫，倚之败墙之上，朝夕观之。观之既久，隔素见败墙之上，高平曲折，皆成山水之象。心存目想，高者为山，下者为水，坎者为谷，缺者为涧，显者为近，晦者为远，神领意造，恍然见其人禽草木飞动往来之象，了然在目，则随意命笔，默以神会，自然境皆天就，不类人为，是谓活笔。’用之彼此画格进。”[3]陈用之的“殊少天趣”，其实也就是苏轼眼中的“画工画”。而宋迪的方法则是作象外之想，通过凝视败墙而生成的想象，是自由的，充满生机的。

王维作为文人画的代表人物，其画作运思方式的想落天外，不可方物，是其“画中有诗”的重要意涵。在文人画的立场上与苏轼一致的大诗人黄庭坚，从画的角度评价王维，有《摩诘画》一诗：“丹青王右辖，诗句妙九州。物外常独往，人间无所求。袖手南山雨，辋川桑柘秋。胸中有佳处，泾渭看同流。”山谷的绘画价值立场，与东坡相当一致，都是力主文人画的画风的。谈论的是作

---

① 《苏轼文集》第五册，第2216页。

② 俞剑华注释《宣和画谱》卷十二，第266页。

③ 《全宋笔记》第二编第三册，第129页。

为画家的王维，山谷却指出他的“诗句妙九州”，暗示了王维绘画的诗性特征。“胸中有佳处”也体现出文人画与画工画的不同在于前者的主体性特征。也即画家的内在世界有很高的境界，且自有丘壑，而非仅是模仿外物。这种运思的高妙，在于超以象外，脱略客观外物的位置关系。沈括曾论王维画的构思时如是说：“书画之妙当可以神会，难可以形器求也。世之观画者多能指摘其形象位置，彩色瑕疵而已，至于奥理冥造者罕见其人。如彦远《画评》言：‘王维画物，多不问四时，如画花，往往以桃、杏、芙蓉、莲花同画一景。’予家所藏摩诘画《袁安卧雪图》有雪中芭蕉，此为得心应手，意到便成，故造理入神，迥得不愿意，此难可与俗人论也。谢赫云：‘卫协之画，虽不该备形妙，而有气韵凌跨群雄，旷代绝笔。’又欧阳文忠《盘车图》诗云：‘古画画意不画形，梅诗咏物无隐情。忘形得意知者寡，不若见诗如见画。’此真为识画也。”①如果仅为形似之笔，那是苏轼等士大夫指为“画工画”的，显然这远非苏轼的绘画价值观。只有在绘画中体现了诗性思维，超以象外，方能进入文人画的范畴。

苏轼所主张的“画中有诗”，其意蕴如上所言，主要在于绘画要以诗歌的“神思”作为内在神理，对于王维的推崇，也在于此。在摹写物象方面，更应有诗的灵动。诗歌的创作本身就应该是有着内在的视觉审美因素的，也即意象和意境的创造。刘勰在论文学创作思维时所说的“思理为妙，神与物游”，也即物象伴随着艺术思维。《文心雕龙·神思》篇开端时所说的“古人云：‘形在江海之上，心存魏阙之下’，神思之谓也。文之思也，其神远矣。故寂然凝虑，思接千载；悄焉动容，视通万里，吟咏之间，吐纳珠玉之声；眉睫之前，卷舒风云之色：其思理之致乎”②也正是诗歌创作思维的特征。而从绘画的角度讲，谢赫提出的“绘画六法”，第一条的“气韵生动”，就不是一个具体的绘画方法，而是一个关乎绘画发展走向的总体美学原则。“气韵生动”又是如何得以实现的呢？诗性思维作为绘画的底蕴或构思，则是从苏轼这里成为文人画的基本意涵的。这种“气韵生动”在很大意义上是超越对现实的自然摹写的，苏轼在《韩干马》中云：“少陵翰墨无形画，韩干丹青不语诗。此画此诗真已矣，人间驽骥漫争驰。”③苏轼以杜甫和韩干这两位具有代表性的诗人和画家为例来说明诗的内视美感和画的诗性思维。而诗画艺术中的神骏比之现实中的“驽骥”，则更胜

① 《全宋笔记》第二编第三册，第126页。

② 范文澜注《文心雕龙注》，第493页。

③ 《苏轼诗集》第八册，第2630页。

一筹了。杜甫在其《丹青引》这首名诗中以韩干和曹霸相比，更为推崇后者，乃以“干惟画肉不画骨，忍使骅骝所凋丧”加以揄扬，其实，子美更多借此以表达自己“瘦硬通神”的审美观念。杜甫在其《画马赞》中则又高度称赏韩干画马：“韩干画马，毫端有神。骅骝老大，騕褭清新。鱼目瘦脑，龙文长身。雪垂白肉，风蹙兰筋。逸态萧疏，高骧纵恣。四蹄雷雹，一日天地。御者闲敏，云何难易。愚夫乘骑，动必颠踬。瞻彼难骨，实惟龙媒。汉歌燕市，已矣亡哉。但见驽骀，纷然往来。良工惆怅，落笔雄才。”①颇能见出韩干画马的神气。苏轼认为韩干画马是不语之诗。苏轼有《欧阳少师令赋所蓄石屏》一诗，赞石屏云：“神机巧思无所发，化为烟霏沦石中。古来画师非俗士，摹写物象略与诗人同。”②东坡认为真正的画师应该远离尘俗，其摹写物象的思理应与诗人略同。苏轼所谓的“画中有诗”的内涵正在于此。苏轼有《次韵吴传正枯木歌》称：“古来画师非俗士，妙想实与诗同出。”这里的观念与前面同出一辙，都是主张画家去俗，此即文人画的最根本之处。与苏轼在文人画的立场上完全一致的黄庭坚，在非俗去俗的态度上是非常明确的，其评书画诗词等，都以“超轶绝尘”为高致。如《跋子瞻醉翁操》云：“人谓东坡作此文因难以见巧，故极功。余则以为不然，彼其老于文章，故落笔皆超佚绝尘耳。”③评苏轼的《卜算子·缺月挂疏桐》词说：“东坡道人在黄州时作，语意高妙。似非吃烟火食人语。非胸中有万卷书，笔下无一点尘俗气，孰能至此。”④苏轼的文人画审美观，在非俗去俗这一点上，也是非常明确的。体现在绘画的思理上，则是“妙相与诗同出”，这是“画中有诗”最重要的意涵。

画家兼诗人，这似乎也是文人画家的必要条件，而这样的身份，吴道子是没有的。黄庭坚论王维的诗画成就时说：“丹青王右辖，诗句妙九州。物外常独往，人间无所求。”⑤这与苏轼对王维的诗画集于一身的身份认同是完全一致的。苏轼又有《题王维画》一首古体诗，处处言其诗人的风范，而又时时言其水墨画的境界，值得我们欣赏领悟。其言：“摩诘本词客，亦自名画师。平生出入辋川上，鸟飞鱼泳嫌人知。山光盎盎著眉睫，水声活活流肝脾。行吟坐咏皆自见，

---

① （清）仇兆鳌注《杜诗详注》，中华书局，1979，第2191页。

② 《苏轼诗集》第一册，第277页。

③ 卢辅圣编《中国书画全书》第一册，上海书画出版社，2009，第673页。

④ 同上书，第673页。

⑤ 《黄庭坚诗集注》第四册，中华书局，2003，第1249页。

飘然不作世俗辞。高情不尽落缣素，连山绝涧开重帷。百年流落存一二，锦囊玉轴酬不赀。谁令食肉贵公子，不觉祖父驱熊罴。细毡净几读文史，落笔璀灿传新诗。青山长江岂君事，一挥水墨光淋漓。手中五尺小横卷，天末万里分毫厘。谪官南出止均颍，此心通达无不之。归来缠裹任纨绮，天马性在终难羁。人言摩诘是初世，欲从顾老痴不痴。桓公崔公不可与，但可与我宽衰迟。”①此诗原载于孙绍远所辑《声画集》中，被孔凡礼先生收入《苏轼诗集》。观其诗风，应为东坡之作。东坡将王维作为诗人的高蹈与脱俗写得跃然纸上，也寓示了摩诘诗的远离尘嚣。这种高情诗意，不唯在摩诘诗中，而且化为他的水墨丹青。

苏轼对著名画家李公麟（字伯时，号龙眠居士）高度推崇，也在于画家的诗人气质。伯时博学多识，长于文学，于诗尤有造诣。《宋史》称：“李公麟，字伯时，舒州人。第进士，历南康、长垣尉，泗州录事参军、用陆佃荐，为中书门下省删定官，御史检法。好古博学，长于诗，多识奇字。自夏、商以来钟鼎尊彝，皆能考定世次，辨测款识。”②伯时浸润于诗学传统之中，其画作亦多以他所心仪的诗人或诗作为题材。如其所画之《憩寂图》，传说是与东坡取杜甫诗意所为。苏辙作诗序云：“元祐三年，子瞻、伯时为柳仲远作《松石图》，取杜子美‘松根胡僧憩寂寞’四句之意，复求伯时画此，目为《憩寂图》。”③黄庭坚为之次韵诗云：“松含风雨石骨瘦，法窟寂寥僧定时。李侯有句不肯吐，淡墨写出无声诗。”④伯时又作《渊明东篱图》，以大诗人陶渊明的“采菊东篱下”为绘画题材。东坡又题其画云：“彼哉嵇阮曹，终以明自膏。靖节固昭旷，归来侣蓬蒿。新霜著疏柳，大风起江涛。东篱理黄菊，意不在芳醪。白衣挈壶至，径醉还游遨。悠然见南山，意与秋气高。”⑤伯时多选品格高洁的诗人或典故作为绘画的题材，就中可见其诗人本色。

在《次韵吴传正枯木歌》中，东坡又称赏李龙眠的绘画成就：“龙眠居士本诗人，能使龙池飞霹雳。”认为李龙眠的本色是诗人。而他所说的“龙池飞霹雳”，则是其画作的动态，前后二句的逻辑关系是非常密切的。李伯时的绘画题材也具有丰满的文学意蕴，充满了诗意。如其所画的《山庄图》，东坡题曰：

---

① 《苏轼诗集》第八册，第 2598 页。

② 《宋史》卷四四四《文苑传》，中华书局，1985，第三十七册，第 13125 页。

③ 《苏轼诗集》第八册，第 2541 页注。

④ 《黄庭坚诗集注》第一册，第 355 页。

⑤ 《苏轼诗集》第八册，第 2542 页。

"或曰：龙眠居士作《山庄图》，使后来入山者信足而行，自得道路。如见所梦，如悟前世。见山中泉石草木不问而知其名，遇山中渔樵隐逸不名而识其人。此岂强记不忘者乎？曰：非也。画日者常疑饼，非忘日也。醉中不以鼻饮，梦中不以趾捉，天机之所合，不强而自记也。居士之在山也，不留于一物，故其神与万物交，其智与百工通。虽然，有道有艺，有道而不艺，则物虽形于心，不形于手。吾尝见居士作华严相，皆以意造而与佛合，佛菩萨言之，居士画之，若出一人，况自画其所见者乎？"①李伯时所画《山庄图》，充满了诗意，也是天机的产物。画中有很多象外之意，通于大道，达于万物，却又并非那种形于心而不能形于手者，而是心手相应，道技兼得。

二

苏轼论画最重传神。形神关系在苏轼的绘画思想中所占的位置尤为重要。一个基本的认识是，苏轼以传神作为绘画的价值标准，而认为仅有形似缺少神似是画工画的特征。苏轼在《书鄢陵王主簿所画折枝二首》中说："论画以形似，见与儿童邻。赋诗必此诗，定非知诗人。诗画本一律，天工与清新。边鸾雀写生，赵昌花传神。何如此两幅，疏淡含精匀。谁言一点红，解寄无边春？"诗人在此诗所表达的传神观念，是非常明确的。而由此带来的论争，也使中国美学中关于形神问题的理论内涵，具有了独特的时代色彩，并且深刻地影响了后代画论的走向。苏轼认为以"形似"为标准来评价绘画，如同童稚之见，当然是主张"神似"。而接下来的"赋诗必此诗，定非知诗人"与前二句连通。所谓"此诗"，即是单纯摹写客观对象，而无象外之旨。这也正是苏轼所斥形似，主张神似的内在意蕴。无论诗或画，天工与清新，才是最佳的作品。能够有"谁言一点红，解寄无边春"的效果，是诗与画的上乘，也是文人画的特征。宋人葛立方评此云："欧阳文忠公诗云：'古画画意不画形，梅诗写物无隐情。忘形得意知者寡，不若见诗如见画。'东坡诗云：'论画以形似，见与儿童邻，赋诗必此诗，定非知诗人。'或谓'二公所论，不以形似，当画何物？'曰：'非谓画牛作马也，但以气韵为主尔。'谢赫云：'卫协之画，虽不该备形妙，而有气韵，凌跨雄杰。'其此之谓乎？陈去非作《墨梅》诗云：'含章机下春风面，造化工成秋兔毫。意得不求颜色似，前身相马九方皋。'后之鉴画者，如得

① 《苏轼文集》第五册，第2212页。

九方皋相马法，则善矣。”[①]他认为苏轼排斥形似，主于气韵。明人杨慎则评此诗云：“东坡先生诗曰：‘论画以形似，见与儿童邻。作诗必此诗，定知非诗人。’言画贵神，诗贵韵也。然其言有偏，非至论也。晁以道和公诗云：‘画写物外形，要物形不改。诗传画外意，贵有画中态。’其论始为定，盖欲以补坡公之未备也。”[②]笔者以为，苏轼为了阐述自己的文人画价值观而借诗以否定“形似”，这是相当明确的，并没有太多可以商讨的空间；而在他的批评实践中，他所提倡的“传神”，并不以牺牲“形似”为代价，而是充满生机、无穷清新的形象刻画为“传神”。那种刻板静止的描摹，可能是他所认为的“形似”。如其评燕肃的画时说：“画以人物为神，花竹禽鱼为妙，宫室器用为巧，山水为胜。而山水以清雄奇富、变态无穷为难。燕公之笔，浑然天成，粲然日新已。离画工之度数，而得诗人之清丽也。”[③]燕肃作为北宋时期的著名画家，并非仅在“神似”，而是景随见生，浑然天成。著名画论家董逌评燕氏画谓：“论者谓丘壑成于胸中，既寤，则发之于画，故物无留迹，景随见生，殆以天合天者耶！李广射石，初则没镞饮羽，既则不胜石矣。彼有石见者以石为碍，盖神定者一发而得其妙解，过此，则人为已。能知此者，可以语吴生之意矣，仲穆于画盖得之于此。”（《广川画跋》）另一则中董氏对燕肃的评价就更见其能得物象之真，其云：“燕钟穆平生画皆因所见，未尝架空凿虚，随意增损。或问之，则曰：出人意者，便失自然。桃花源作洞穴，写林壑宫观，如见武陵山水。……余要邈中山百本，而荆浩画松至数万本不近，然寓物写形，非天机深到取成于心者，不可论也。”高度赞赏燕肃的寓物写形，然则应该是“天机深到”方可。苏轼贬低以形似论画，而在他的画评中，对于画家笔法的高妙又极尽赞赏，如评李伯时《卜居图》“笔迹之妙，不减顾陆”（《跋李伯时卜居图》，见《东坡题跋》卷五）。而他评价许道宁的老师屈鼎的画风时说：“善分布涧谷，间见屈曲之状，然有笔而无思致”，大概就要算是“形似”了吧。苏轼有《传神记》一文，侧重于人物画，其中所言：“传神之难在目。顾虎头云：传神写影，都在阿睹中。其次在颧颊。吾尝于灯下顾自见颊影，使人就壁模之，不作眉目，见者皆失笑，知其为吾也。目与颧颊似，余无不似者。眉与鼻口，可以增减取似也。传神与相一道，欲得其人之天，法当于众中阴察之。今乃使人具衣冠坐，注视一物，

① 丁福保辑《历代诗话续编》，中华书局，1983，第597页。

② 同上书，第897页。

③ 《苏轼文集》第五册，第2212页。

彼方敛容自持，岂复见其天乎！凡人意思各有所在，或在眉目，或在鼻口，虎头云：颊上加三毛，觉精彩殊胜。则此有意思盖在鬓颊间也。优孟学孙叔敖抵掌谈笑，至使人谓死者复生。此岂举体皆似，亦得其意思所在而已。然画者悟此理，则人人可以为顾、陆。”①如何传神？并非不顾颧颊鼻口之似，而是传达出“意思”所在。如果没有“意思”，也即不能得“其人之天”。这里所说的“天”，是指属于个体的天然特征发之于外。如果通过画家的描绘，使人感到其人生动鲜活，此乃“传神”；倘若静止呆板，即使刻画酷似，了无生气，那就是东坡所说的“形似”了。

三

苏轼的文人画价值观念，还在于画家作为士大夫的主体意趣，而非摹拟对象。他对王维、李伯时、文同、宋迪等人的推崇，都从不同的角度，表达了这种取向。如《题王维画》，就以非常生动的笔致表现了王维那种高蹈超世的主体世界。苏轼所作《宋复古画潇湘晚景图三首（其二）》中写道：“落落君怀抱，山川自屈蟠。经营初有适，挥洒不应难。江市人家少，烟村古木攒。知君有幽意，细细为寻看。”②在苏轼的视野里，宋迪是文人画的先行者。其侄宋汉杰的山水画被苏轼作为文人画（士人画）的代表，其实还是受宋迪的影响。而这首诗专写宋迪的主体情怀。“落落君怀抱”，是宋迪绘画的主体因素。画作中蕴藏着画家的“幽意”，所以值得细细寻看。对于“士人画”的欣赏，苏轼主张“如阅天下马，取其意气所到”。苏轼还在诗中描述李伯时的内在世界：“伯时有道真吏隐，饮啄不羡山梁雌。丹青弄笔聊尔耳，意在万里谁知之。”③这种士大夫的高蹈情怀，在画作中透射为作品的幽情雅韵，如东坡诗中所形容的“瘦竹如幽人，幽花如处女。低昂枝上雀。摇荡花间雨”④。文人画家身份认同，很大程度在于画家的主体精神的独立性，不为外在的功利所惑。苏轼的《书朱象先画后》就说：“松陵人朱君象先，能文而不求举，善画而不求售。曰：文以达吾心，画以适吾意而已。昔阎立本始以文学进身，卒蒙画师之耻，或者以是为君病，余以谓不然。谢安石欲使王子敬书太极殿榜，以韦仲将事讽之。子敬曰：

---

① 《苏轼文集》第二册，第401页。
② 《苏轼诗集》第三册，第900页。
③ 《苏轼诗集》第五册，第1502页。
④ 同上书，第1526页。

仲将，魏之大臣，理必不尔。若然者，有以知魏德之不长也。使立本如子敬之高，其谁敢以画师使之！阮千里善弹琴，无贵贱长幼皆为弹，神气冲和，不知向人所在。内兄潘岳使弹，终日达夜无忤色，识者知其不可荣辱也。使立本如千里之达，其谁能以画师辱之。今朱君无求于世，虽王公贵人，其何道使之，遇其解衣盘礴，虽余亦得攫攘其旁也。”①作为画家，在苏轼眼里，朱象先才是真正的文人画家。因为他为文作画，都不为外在的目的，只是达吾心、适吾意而已。苏轼以唐代著名画家阎立本为例，认为他虽是文士出身，却成为宫廷画师，东坡以之为辱。苏轼又高度推崇王子敬、阮千里，认为阎立本如果有他们的高洁自适，没有哪个人能使其居于画师的地位。“解衣磅礴”的态度，对于画家而言，是最为重要的。苏轼最为尊崇的文人画家乃是文同（与可），其诗文中和与可相关的诗文多达数十篇，而对与可的称赞，首先在于其德行之高，其诗、其画，都是从中而出的产物。如东坡的《文与可画墨竹屏风赞》：“与可之文，其德之糟粕。与可之诗，其文之毫末。诗不能尽，溢而为书，变而为画，皆诗之余。其诗与文，好者益寡。有好其德如好其画者乎？悲夫！”②在东坡看来，与可之所以能够成为文人画的代表性画家，其根基之在德行，其渊源之在诗文。在《祭文与可文》中，东坡充满深情地写道：“孰能惇德秉义如与可之和而正乎？孰能养民厚俗如与可之宽而明乎？孰能为诗与楚词如与可之婉而清乎？孰能齐荣辱、忘得丧如与可之安而轻乎？呜呼哀哉！余闻赴之三日，夜不眠而坐谓。梦相从而惊觉，满茵席而濡泪。念有生之归尽，虽百年其必至。惟有文为不朽，与有子为不死。虽富贵寿考之人，未必有此二者也。然余尝闻与可之言，是身如浮云，无去无来，无亡无存。则无所谓不朽与不死者，亦何足云乎？呜呼哀哉！”③苏轼对文同（与可）感情至深，钦敬至深。文同不仅是东坡的表兄，而且是他画竹的老师，也是文人画的代表。在东坡看来，与可在绘画方面的卓越成就，乃是以他的德行和诗文修养作为根基的。看东坡对与可墨竹画的赞叹：“风梢雨箨，上傲冰雹。霜根雪节，下贯金铁。谁为此君，与可姓文。惟其有之，是以好之。”④东坡将傲岸清正的主体性情灌注到了墨竹的形象之中。

这种主体的意趣，也是文人画的重要表征。主体意趣表现于画家的主体构

---

① 《苏轼文集》第五册，第 2211 页。

② 《苏轼文集》第二册，第 614 页。

③ 《苏轼文集》第五册，第 1942 页。

④ 《苏轼文集》第二册，第 614 页。

形能力。超越于眼前的表象枝节，而以内心的艺术图式作为构图基础，所谓“丘壑内营”。东坡的好友、大诗人黄庭坚就称赞东坡所画枯木：“折冲儒墨阵堂堂，书入颜杨鸿雁行。胸中元自有丘壑，故作老木蟠风霜。”①在中国古代画论中，“丘壑”是一个使用频率很高的词语，与其说是一个概念，毋宁说是一个象喻。它喻指的便是画家（尤其是山水画家）的内心艺术图式，这在倡导文人画的画论家的画论中使用尤多。如明代大画家董其昌所说的“然亦有学得处，读万卷书，行万里路，胸中脱去尘浊，自然丘壑内营，立成鄞鄂。随手写去，皆为山水传神矣”②。“丘壑”虽是在吸取外在物象的基础之上形成，却又是主体内心生成的图式。东坡评价文同画墨竹的创造性时以“成竹在胸”论之，其云：“竹之始生，一寸之萌耳，而节叶具焉；自蜩腹蛇蚹，以至于剑拔十寻者，生而有之也，今画者乃节节而为之，叶叶而累之，岂复有竹乎？故画竹必先得成竹于胸中，执笔熟视，乃见其所欲画教者，急起从之，振笔直遂，以追其所见，如兔起鹘落，少纵即逝矣。”③所谓“成竹在胸”，也即是画家内心所产生的竹的构形。

这种主体意趣的高度重视，在文人画的理论谱系中越发彰显。郭若虚的《图画见闻志》里概括为“气韵非师”的命题。他说：“谢赫云：一曰气韵生动，二曰骨法用笔，三曰应物象形，四曰随类赋彩，五曰经营位置，六曰传移模写。六法精论万古不移。然而用笔以下五者可学。如其气韵必在生知，固不可以巧密得，复不可以岁月到，默契神会不知然而然也。尝试论之，窃观自古奇迹，多是轩冕才贤岩穴上士，依仁游艺，探赜钩深，高雅之情一寄于画。人品既已高矣，气韵不得不高，气韵既已高矣，生动不得不至，所谓神之又神而能精焉。”④郭氏认为气韵并非仅是艺术训练可致，而是与画家的出身、根器、修养直接相关。这是与苏轼的文人画观念相呼应的。

苏轼的绘画价值观念，体现在他的画论中，主要体现了文人画的立场。他推重的王维、李伯时、王诜、宋迪等画家，都属于文人画系列。苏轼对“画工”的鄙薄，并非在于画艺或艺术表现能力，而在于其仅为职业画家，缺少作为诗人的根基与身份。苏轼对王维作为画家的推崇，恰恰在于他的诗人身份及诗性

① 《黄庭坚诗集注》第一册，第 348 页。
② 卢辅圣编《中国书画全书》第五册，第 140 页。
③ 《苏轼文集》第二册，第 365 页。
④ 卢辅圣编《中国书画全书》第一册，第 468 页。

思维。对于李伯时等亦是如此。董其昌倡画史的“南北二宗”说：“禅家有南北二宗，唐时始分。画之南北二宗亦唐时分也。但其人非南北耳。北宗则李思训父子着色山水，流传而为宋之赵干、赵伯驹、伯骕以至马、夏辈；南宗则王摩诘始用渲淡，一变钩斫之法，其传为张璪、荆、关、董、巨、郭忠恕、米家父子，以至元之四大家。亦如六祖之后有马驹、云门、临济儿孙之盛，而北宗微矣。要之摩诘所谓云峰石迹，迥出天机，笔意纵横，参乎造化者。东坡赞吴道子、王维画壁亦云：吾于维也无间然，知言哉！”①董又明确说：“文人之画，自王右丞始。其后董源、僧巨然、李成、范宽为嫡子。李龙眠、王晋卿、米南宫及虎儿皆从董、巨得来，直至元四大家黄子久、王叔明、倪元镇、吴仲圭，皆其正传。吾朝文、沈，则又遥接衣钵。”②将王维在文人画系列中的开创地位凸显出来。始作俑者，其东坡乎！

① 卢辅圣编《中国书画全书》第五册，第143页。

② 同上。